JN226827

Introduction to Coaching Psychology

コーチング心理学概論

西垣悦代・堀正・原口佳典 編著
Etsuyo Nishigaki, Tadashi Hori, & Yoshinori Haraguchi

ナカニシヤ出版

まえがき

　スポーツコーチングとは異なる，対人支援の手法としてのコーチングという言葉を初めて耳にしたのは約10年前のことです。多くのカウンセリング技法を使いながら，カウンセリングとは違うと主張し，心理学者の関与がほとんどなく，ビジネスや医療の世界で「スキル」として使われているコーチングを，不思議な思いで外から眺めることから私とコーチングのかかわりは始まりました。

　その後，日本臨床コーチング研究会の医療関係者の方々，原口佳典氏をはじめとする国際コーチ連盟日本支部のプロコーチの方々など多くの出会いがあり，私自身もコーチトレーニングを受けることで，少しずつコーチングを理解・体得していきました。

　そんな折，『コーチング心理学ハンドブック』を監訳された堀正先生にお目にかかり，協同研究にお誘いし，平成25年度から科研費でコーチング心理学の研究を始めることになりました。それまでの多くの出会いや堀先生のコーチング界における人脈を通して，多くのプロおよびノンプロのコーチの皆さんのご協力が得られたことで，研究は大変実り多いものとなりました。さらに，コーチング心理学界の第一人者であるDr. Palmerをロンドンに訪ね，先生の主催されるCentre for Coaching UKでコーチトレーニングを受ける機会に恵まれたことは，大変貴重な経験となりました。

　コーチングは心理学と再び出会うことで，より確かな理論の上に立ち，明確なエビデンスに裏づけられた学問的基盤を持ったアプローチとなりつつあります。また，コーチングは一部のプロフェッショナルだけのものではなく，教員や医療者，企業の管理職などが自分の専門領域の中で活用することができるのも大きな特徴です。

　本書は日本人の執筆者によるコーチング心理学の学術書としては，本邦初のものであると自負しています。本書の執筆者には研究者と実践家が含まれてお

り，それぞれ重点の置き方や依って立つ立場には違いがあるものの，みな，科学者‐実践家（サイエンティスト‐プラクティショナー）です。また，これから発展していく領域であることから，今後を担う若手研究者（兼実践家）にも執筆に参加していただきました。欧米で出版されているコーチング心理学の専門書と比較すると，まだ足りない点もありますが，日本におけるコーチと心理学者の協力関係の記念すべき成果のひとつとして，本書を出版できることを大変うれしく思います。

　本書の執筆・編集の過程を通して，出版社の編集者との信頼関係がいかに大切か，ということを痛感する出来事が何度もありました。それらを乗り越え，当初の予定通りの期日に本書の発行ができたのは，執筆者および編集者をはじめ協力してくださった多くの方々のおかげです。おひとりずつお名前を挙げることはできませんが，心より御礼申し上げます。苦労はたくさんありましたが，目標に向かって建設的な意見を戦わせたり，期待と励ましに支えられながら作業を進めることができたのは，とても充実して幸せな日々であったと今あらためて思います。

　本書の出版前から多くの期待を寄せていただいていたコーチおよびコーチング心理学に関わる方々をはじめ，読者のみなさまには忌憚のないご意見やコメントをいただけましたら幸いです。本書によってさらに多くの出会いが生まれ，ご一緒にコーチング心理学を発展させていければと願っています。

2015年8月吉日
編著者を代表して
西垣悦代

目　次

まえがき　i

総　論

第1章　コーチングおよびコーチング心理学とは何か　3
1. コーチングとコーチング心理学の定義　3
2. コーチングとコーチング心理学の歴史　13

コラム1　国際コーチング心理学会　28

第2章　コーチング心理学のスキルとモデル　31
1. コーチの基本的態度　31
2. 基本的なコーチングスキル　33
3. コーチング心理学のモデル　35
4. ソクラテス式質問とSMARTゴール　43

コラム2　アメリカの大学院のコーチング教育の一例　48

第3章　コーチング心理学におけるアセスメント　51
1. コーチング心理アセスメントの必要性　51
2. 心理アセスメントとは　52
3. 心理アセスメントの妥当性と信頼性　53
4. コーチング心理学におけるアセスメントの方法　54
5. コーチング心理学の効果研究　63
6. 心理アセスメントにおけるインフォームド・コンセントとプライバシーの保護　67

コラム3　オーストラリアの心理学的コーチングの現状　71

第4章　高等教育で教えるコーチング心理学 ……………………… 73
1. はじめに　73
2. シドニー大学のコーチング心理学カリキュラム　74
3. レスター大学における学部生向けコーチング心理学　77
4. 文教大学における REB コーチング　81
5. 看護学生の授業に導入したコーチング心理学　84

コラム4　英国の大学におけるコーチング教育　90

背景理論

第5章　コーチングの背景理論：アドラー心理学と人間性心理学 …… 95
1. アドラー心理学　95
2. 人間性心理学　102
3. アドラー，マズロー，ロジャーズからコーチングへ　109

コラム5　国際ポジティブ心理学会（IPPA）世界大会の背景　117

第6章　ポジティブ心理学 ……………………………………………… 119
1. ポジティブ心理学とは　119
2. ポジティブ心理学とコーチング心理学　125
3. コーチング心理学の展開　133

コラム6　ハーバード大学医学部・マクリーン病院付インスティチュート・オブ・コーチングの誕生　139

第7章　認知行動コーチング …………………………………………… 141
1. 「認知行動」療法とコーチング　141
2. 認知行動コーチングの理論と技法　144
3. 問題解決技法　154
4. おわりに　158

コラム7　英国のコーチング心理学トレーニング：Centre for Coaching, London, UK の例　162

各論・実践編

第8章 プロコーチによるコーチング：契約／倫理／コーチのコア・コンピテンシー ……………………………………………………… 167
1. 前提（契約に至るまで）　167
2. コーチの能力水準と倫理　177
3. セッションの開始からコーチングの終結までのプロセス　182

　コラム8　コーチの団体　186

第9章 医療におけるコーチングの応用 …………………………………… 189
1. はじめに　189
2. コーチングに関する進歩　190
3. コーチング心理学の応用　193
4. 変化のステージ・モデルと各技法の適用　201
5. 幸せがずっと続く12の行動習慣と各手法　202
6. おわりに　202

　コラム9　世界のコーチ現状：ICFグローバルスタディの紹介　206

第10章 キャリア支援のコーチング ……………………………………… 209
1. 大学生にとってのキャリア　209
2. キャリア支援のコーチングの特徴と進め方　215
3. 事　例　221

　コラム10　日本のコーチ調査の結果より：コーチは専門職なのか？　226

参考図書紹介 …………………………………………………………………… 229

索　引　235

総 論

第1章
コーチングおよびコーチング心理学とは何か

西垣悦代

1. コーチングとコーチング心理学の定義

1-1. コーチングの定義

　従来，日本語でコーチと言えば競技スポーツの指導者のイメージが強く，コーチングはもっぱらスポーツコーチングのことを指していたが，最近はビジネスやキャリア開発，医療などの幅広い領域で個人の成長や目標達成を支援する活動に対しても使われるようになってきている。しかし，「コーチング」という語に対して人々が持っているイメージは必ずしも一致しておらず，むしろそこにはさまざまな混乱や誤解も含まれているように見える。そこで本節ではまずコーチングとコーチング心理学の定義を整理し，本書で紹介されているさまざまな理論やモデル，実践の理解の助けとしたい。

　広辞苑（第六版）によるとコーチングとは，「①コーチすること，指導・助言すること，②本人が自ら考え行動する能力を，コーチが対話を通して引き出す指導術」と説明されている。また「コーチ」については「競技の技術などを指導し，訓練すること。また，それをする人」（新村，2008, p. 973）とある。つまり日本語ではコーチングという語は競技の技術指導のことと，対話を通して考える能力を引き出す指導術，という2つの意味で使われていることがわかる。[1]

---

1) 1998年に出た広辞苑第五版には「コーチング」という語は収録されておらず，「コーチ」のみが収録されている。このことから①②のどちらの意味としても「コーチング」は1998年以降の10年ほどの間に日本語として普及してきたとみなすことができる。また，辞書を通して見る限り，少なくとも2008年時点では，日本語の「コーチ」には競技指導者の意味しかなく，対話を通して能力を引き出す指導術としてのコーチングの実践者としての意味は認められていない，あるいは普及していない，ということが言えるだろう（西垣，2014 a）。

一方，コーチングの原語である英語の coaching には，①スポーツに必要なスキルを個人またはチームに教える過程，②重要な試験や特定の状況においてどうふるまうかの準備を支援する過程（Summers, 2009），という2つの意味がある。英語の coaching には日本の辞書にあるような対話を通して引き出すといった特定の指導術の意味はなく，一般的に使われる動名詞である。また，名詞としての coach には旅客馬車[2]をはじめ，長距離バスや客車等の乗り物の意味と，スポーツ競技全般の指導者，および「特定の状況におけるふるまい方の準備を手伝う人」，という意味がある。しかしここにも特定の技法を用いてそれを実践する人，という意味は見当たらず，一般的な用語としての導き支援する人という意味だけである。よって，英語の文章や会話の中に coaching という言葉が出てきたときは，一般語として使われているのか，本書であつかっているような手法やプロセスのことを指しているのかを注意して見分ける必要があるだろう。

　次に「人の行動の支援」としてのコーチングを実際に行っている人たち（プラクティショナー：practitioner）が，コーチングをどのように定義しているか見てみよう。

　　「コーチングとは，他者のパフォーマンスと発達を促進する技能（art of facilitation）である。」Downey, M.（1999）

　　「コーチングとは，個人の潜在能力を開放し，その人自身の能力を最大限に高めることである。」Whitmore, J.（1992）

　　「コーチングは個人指導と教示（instruction）の形で他者のパフォーマンスと発達を向上させる技術－教示的なアプローチである。」Parsloe, E.

---

[2] 英語のcoachは現ハンガリーの地名Kocsの形容詞形kocsiを語源として，正式にはKocsiszeker (Kocs cart) と呼ばれた馬車を意味する。同様の語は16世紀半ばからほぼ全ヨーロッパ言語で使用されており，現在では旅客馬車，列車の客車，長距離バス，旅客機のエコノミークラス，船の船尾室など，さまざまな乗り物を意味する語として使用されている。指導者を意味するcoachは，試験に合格させるために特定科目を指導する個人教授（private tutor）を指す語として1848年に初めて使われた，オックスフォード大学の学生のスラングであった。家庭教師の力を借りて試験に合格する学生を，楽な乗り物に乗っていることにたとえて揶揄する言葉であったと思われる。その後1885年にはボート競技の指導者を意味する語としても用いられるようになっている（西垣，2013）。

（2005）

「コーチングの核心とは，発見と気づきと選択をもたらすことである。それは人々が自らの答えを見つけ，人生に豊かさと変化をもたらすような選択を繰り返すことによって自らの道を歩むことができるよう，効果的にサポートするための手法である。」Kimsey-House, H., Kimsey-House, K., & Sandahl, P. (2011 CTI ジャパン 2012)

「コーチングとは，思考を刺激し続ける創造的なプロセスを通して，クライアントが自身の可能性を公私において最大化させるように，コーチとクライアントのパートナー関係を築くことである。」(ICF 日本支部 HP)

　これらの定義に共通しているのは，コーチングとは個人の成長や発達を促すものである，ということである。コーチングの定義と実践を概観したグラント (Grant, 2005) は，その共通点として，①コーチとクライアントとの間の支援的，協同的，平等な関係，②問題の分析よりも解決法の発見を優先すること，③協同的な目標設定，を挙げている。一方ウィルソンとマクマホン (Wilson & McMahon, 2006) は，①ポジティブであること，②断定的でないこと，③解決志向であること，④挑戦的であること，の4点を挙げている。逆に言えば，これらの共通点以外は多様であるということである。コーチングが具体的にどのような手法を取るかという点では，上記の定義にあるように促進（ファシリテーション），教示（インストラクション），支援（サポート）などさまざまな言葉が使われており，決まった形はない。ウィットモア (Whitmore, J.) のようにクライアントの自己発見を強調する立場もあれば，ゴールドスミス (Goldsmith, M.) のようにコーチのアドバイスを重視する立場もある。さらに，ディルツ (Dilts, R.) のようにコーチの役割の中にティーチング (teaching)，メンタリング (mentoring)，ガイディング (guiding) を入れている場合もある (Dilts, 2003)。

　次に日本ではコーチングがどのように説明されているかを見てみよう。日本のコーチング界の草分け的存在の本間 (2006, p. 41) は，「コーチングとは，人間の無限の可能性と学習力を前提に，相手との信頼関係のもとに，一人ひとりの多様な持ち味と成長を認め，適材適所の業務を任せ，現実・具体的で達成

可能な目標を設定し，その達成に向けて問題解決を促進するとともに，お互いに学び合い，サポートする経営を持続的に発展させるためのコミュニケーション・スキルです」としている。また，コーチ資格を持つ医師の出江の編著書では，「コーチングとは『コーチ』が使うコミュニケーション技術のことで，相手の自発的な行動を促進させることにより，目標を明確化し，現状とのギャップを分析することで自身の行動計画を自ら立案し，実行することを可能にすることを目的としたものである」（出江，2009, pp. 3-4）と記している。日本のコーチによるコーチングの説明・定義では，目標設定がより強調されていることと，コーチング発祥の米国などとは違い，コミュニケーション・スキルであると強調しているものが多い。「コーチングとは『よりよいコミュニケーションを行えるようにする』という目的に対して『役に立つ技術』を集めて作り上げた，コミュニケーションスキルアップの体系なのである」と説明している書物もある（原口，2008, p. 24）。コーチングはたしかにコミュニケーションを通して行われるが，コミュニケーション技法であると説明するのはおそらく日本だけの特徴である（西垣，2014a）。もともとは米国から個人の成長の手法として伝わったコーチングが，日本では社員教育の一環として広まったため，社内のコミュニケーションを良くして経営効率を向上させ，業績目標を達成させるテクニックであるかのように一般に理解される傾向があったためかもしれない。また，コーチングの実践者にとってもそのためのコミュニケーション技法として広める方が，受け入れられやすかったという事情があるのかもしれない。

　このような日本独自の特徴は，国際コーチ連盟（ICF）が 2012 年にコーチを対象に行った世界規模の調査データにもよく表れている。「あなたにとってコーチングとは」という問いに対して，日本のコーチの 67.2％は「スキル（技法）のセット」と回答し，専門職と考えているコーチはわずか 23.0％に過ぎなかった。一方，世界のトータルでは 68.9％のコーチが「profession（専門職）」であると答えており「スキルのセット」と考えているのは 26.2％のみであった（ICF, 2012）。コーチングには多様性があり言語や文化の違いによる特色も許容されているが，コミュニケーションのためのスキルの集合体という理解のしかたは，海外と比べた場合の日本のコーチングの特異性のひとつと言えるだろう。西垣（2013）はコミュニケーション・スキルとしてのコーチングの捉え方

に対して，手軽さの半面，コーチとクライアントの関係性や，個人の成長目標や行動，コーチングのプロセス全体への視点など，コーチングの重要な部分がコーチングをこれから学ぼうとする人に十分に伝わらない恐れがある，と指摘している。このような懸念は十分なトレーニングを受けたコーチには該当しないかもしれない。しかし短期の講習受講者が職務上コーチングを利用するような場合には，人心掌握とマネジメントのための単なるスキルテクニックと誤解してしまい，その結果 ICF などのコーチ団体が掲げるコーチング本来の趣旨から外れた使い方をすることのないよう，留意する必要があるだろう。

■1-2. コーチング心理学の定義

多様なコーチングの定義に比べると，コーチング心理学の定義は明確である。心理学の学術的裏づけを持っているため，その定義もコーチング会社やプロコーチがそれぞれに設定するのではなく，学会が定めているためである。

> 「コーチング心理学は既存の成人学習理論と子どもの学習理論，および心理学研究法に基づくコーチングモデルを援用し，個人生活や職場での幸福（well-being）とパフォーマンスを高めるものである」（Grant & Palmer, 2002 の発表）

> 「コーチング心理学はポジティブ心理学の応用分野であり，確立された心理学研究法に基づき，それを発展させたものである。コーチング心理学は行動科学を体系的に応用することで，臨床的に重大な心理的健康の問題を持たず，特別な苦悩の水準にない個人の生活経験，集団，組織のパフォーマンスを高め，よい状態に保つことに資する」（オーストラリア心理学会（Australian Psychological Society）コーチング心理学部門　2007）

これらの定義でわかるように，コーチングとコーチング心理学の違いは，コーチング心理学は心理学の理論とその研究法に基づくものだと明言している点である。また，各国のコーチング心理学会を結ぶ国際コーチング心理学会（ISCS：International Society for Coaching Psychology）（コラム 1 [p. 28] 参照）は，それに加えてコーチング心理学は，心理学の学位または大学院レベルの資格を持ち，適切な継続的専門教育とスーパーバイズを受けたコーチングサ

イコロジストによって実践されるものを指すと説明している（ISCS, HP）。

コーチングが拠って立つべき主たる理論として，バヒローヴァ（Bachkirova, T.）らは社会心理学，学習心理学，人間発達心理学および組織心理学などの心理学の諸分野に加えて実存主義と現象学的哲学を挙げている。そしてコーチングの各領域とそれに適した心理学の諸理論の組み合わせを表 1-1 のように示している。また国際コーチング心理学会初代会長のパーマー（Palmer, S.）は編著書 *Handbook of Coaching Psychology*（『コーチング心理学ハンドブック』）において，心理学に基礎を置きコーチング心理学に応用されうる手法として，

表 1-1．コーチングの各領域とそれに適した心理学の諸理論の組み合わせのマトリックス
（Bachkirova et al., 2014 をもとに作成）

コーチングの理論的伝統	スキル&パフォーマンス	発達コーチング	変容的コーチング	エグゼクティブ&リーダーシップ	管理職コーチ	チームコーチング	ピア・コーチング	ライフコーチング	キャリアコーチング	異文化コーチング	メンタリング
精神力動的アプローチ	*	*		**		*			*		
認知行動コーチング	**	**	**	**	**	**	**	**	**	*	
解決志向アプローチ (SFA)	**	**		*	*		*				
人間中心的アプローチ	*	**		*		*	**	**	**		*
ゲシュタルトアプローチ	*	*	*		*	**		*		*	
実存主義的コーチング	*		*	*				*	*		
オントロジカルコーチング	*	*		*	*					*	
ナラティヴコーチング		**			*	*					
認知発達的アプローチ		**	**			**				*	
トランスパーソナルアプローチ	*	*		**		**		*	*		
ポジティブ心理学アプローチ	**			*		*		*	*		
交流分析				*	*				*		
NLP アプローチ	**	*		*	*	*	*	*	*		

行動療法，認知行動アプローチ，実存療法，ゲシュタルト療法，動機づけ面接法，ナラティヴ療法，NLP，人間性中心療法，会話的学習，力動的精神療法とシステム力動的精神療法，解決志向アプローチ（SFA）を紹介している（Palmer & Whybrow, 2007）。

コーチング心理学の特徴は，心理学の理論に基づいた実践と実証研究が行われている点と，サイコロジスト（psychologist）[3]が行うコーチングであるという点である。しかし，欧米にはサイコロジストとプロコーチの両方の資格を持つ人や，心理学の博士号を持つプロコーチをはじめ，心理学の資格はなくとも大学や大学院で心理学を勉強し，実践に取り入れているコーチも大勢おり，コーチング心理学やポジティブ心理学の国際学会にも積極的に参加している。科学的な根拠（エビデンス）に基づくコーチングを目指しているコーチの場合は，コーチングサイコロジストとの違いは比較的少なく，両者の交流はむしろ盛んであり，コーチングの理念や目標を共有できているように見える。

臨床心理学の分野では，科学者−実践家モデル（scientist-practitioner model）と呼ばれる実践家の理想型がある。実践家でありつつ研究的であることの重要性を示す言葉である。研究者寄りの実践家，実践家寄りの研究者など，仕事上のバランスの配分にはいろいろなバリエーションがあり得るが，大切なのは科学的な研究のマインドを持ちつつ，よりよい実践を目指して研鑽し，実践を積み重ねていくことではないだろうか。コーチング心理学が目指しているのは，理論や研究を知らない実践家や，実践のできない科学者ではなく，一方のみに偏らない科学者−実践家モデルであると考える。

■1-3. コーチングと近接領域との違い

心理学やカウンセリングの分野からコーチングに入って来た人が最初に抱く感想は，カウンセリングといったいどこが違うのか，という疑問だろう。コーチングにはカウンセリングから借用したスキルや概念が非常にたくさん含まれ

---

[3] サイコロジストの資格は各国によって異なるのでここでは詳しくは述べないが，日本の臨床心理士と同じ意味ではない。クリニカルサイコロジストをはじめ，スクールサイコロジスト，ヘルスサイコロジスト，組織サイコロジストなど複数の心理専門職を含んでいる。多くの国では資格取得のためには心理学の大学院の学位と，数年にわたるスーパーバイズを受けながらの実践トレーニングが必要である。

ているためである。また，組織の中で部下や後輩を指導する方法を学んできた人は，コーチングはメンタリングとどこが違うのか，と戸惑うかもしれない。

　前節ではコーチングとコーチング心理学の定義を紹介したが，人の成長を目指すという点では，メンタリングやカウンセリングも同じである。バヒローヴァらは「たいていのコーチングの本は『人々の最大の可能性を引き出すための支援の方法』といった定義から始まるが，それではメンタリング，カウンセリング，コンサルティングなどとの違いが明らかにならない」（Bachkirova et al., 2014）と指摘している。さらに，「コーチングをその目的，対象とするクライアント，プロセスとその組み合わせによって定義する試みもあるが，それでもなおメンタリング，カウンセリング，コンサルティングとの差別化は難しい。なぜならこの3つは根本的な目的がみな共通しているからだ」と述べ，「コーチングの独自性を創出するのは未解決の課題である」と述べている（Bachkirova et al., 2014）。本書においても単一の定義をあえて提示していないのは，このような理由によるものである。

(1) コーチングとカウンセリング・心理療法との違い

　カウンセリングとコーチングの違いについては，アメリカに本部を置く大手コーチ養成会社の代表も，「残念ながらカウンセリングとコーチングの間の境界線がどこにあるかは，明確なルールや条件で定義されているわけではありません」（p. 225）と述べ，両者には重複する部分が多くあり，使われる手法にも共通点が数多くあることを認めている（Kimsey-House, Kimsey-House, & Sandahl, 2011；CTIジャパン, 2012）。とはいえコーチングとカウンセリングや心理療法との一般的なすみ分けについてはある程度の合意はできている。それは，コーチングでは臨床的なレベルの心的問題を抱えた人の問題解決は扱わないということと，たとえコーチがカウンセラーやセラピストの資格も併せ持つ場合でも，コーチングの中で心理療法は行わない，という点である。コーチングが対象としているのは原則として心身の健康な人で，現在大きな問題を抱えておらず，自分をより成長させたりパフォーマンスを上げようとしている人たちである。クリニカル・サイコロジストの資格を持つプロコーチのカウフマン（Kauffman, C.）は，コーチングと心理療法の違いを，「心理療法は人の

苦痛を和らげ，コーチングは快適な安住に挑戦する」「心理療法は涙と癒しの旅，コーチングは夢と繁栄の旅である」（Kauffman, 2011）と表現しているが，コーチングと心理療法では方向性に似たところがあっても，到達目標点が異なっている。また，コーチはサイコロジストと違って心理的査定（アセスメント）のトレーニングを通常受けていない。したがってコーチは現在心身の苦悩の中にいる人がコーチングを受けたいと訪れた場合，コーチングが可能であるかを見きわめ，必要に応じて専門家を紹介できるようなネットワークを備えておくことが大切である。

(2) コーチングとメンタリングとの違い

メンターとはもともとギリシャ神話に登場する，オディッセウスの息子の家庭教師の名前である。そのためメンターは自らの豊かな知恵と経験を用いて，後輩や弟子を動機づけたりエンパワーメントする教師のようなイメージで捉えられることがある。しかしロウら（Law et al., 2007）によると，最近のメンタリングには心理学の理論が用いられることが多くなり，メンターとメンティー（メンタリングを受ける人）の立場がより平等なものになり，メンティー主導で進むメンタリングも増えている。そのため，英国ではコーチングとメンタリングの違いはかつてほど明確ではなくなってきているという。ロウら（Law et al., 2007）は，コーチングとメンタリングの主な違いは，コーチングがどちらかといえば現在のパフォーマンスを向上させることに主眼を置き行動志向であるのに対し，メンタリングは将来のキャリアを見据えた長期的な計画に関わるものが多く，コーチングよりも長期間継続されることが多い点であると述べている。

(3) コーチング・メンタリングとカウンセリング・心理療法との違い

バヒローヴァ（2007）はコーチングとメンタリング，カウンセリングと心理療法をそれぞれひとまとめにし，両者の違いを表 1-2 のように示している。両者に共通している部分と強調点の違いがあることがわかるだろう。

なおバヒローヴァ（2007）は，コーチング・メンタリングと，カウンセリング・心理療法の現実的な区別のしかたのひとつは，「誰が費用を負担している

表 1-2. カウンセリング・心理療法とコーチング・メンタリングの違い（Backirova, 2007）

側面	カウンセリング／心理療法	コーチング／メンタリング
最終的な目的と利益	個人の成長やウェルビーイング	個人の成長やウェルビーイング（資金援助を受けている場合はそれを提供する組織にとっても利益となる）
開始当初の動機	心理的な問題や機能不全を取り除くこと	人生をより良くし、パフォーマンスを向上させること
介入の内容	クライアントの生活のいずれか、またはすべての側面に開かれている	クライアントの目標、コーチの専門領域、スポンサーからの指示など、契約によって特定される
クライアントが期待する変化	極めて不満足な状態からほどほどの満足へ	ほどほどの満足からより高い満足へ
起こりうる結果	さまざまな生活領域でのウェルビーイングの向上と想定外の肯定的変化	目標の達成、ウェルビーイングや生産性の向上
理論的基礎	心理学および哲学	心理学、教育学、社会学、哲学、経営、健康や社会医療などを含むことがある
主な専門的スキル	傾聴、質問、フィードバック、特定のアプローチで使われる固有の技法や方法	傾聴、質問、フィードバック、明確な目標設定や行動計画
プロセスにおける関係性の重要度	高い	高い
クライアントの関与の重要性	高い	高い
プロセスにおけるプラクティショナーの自我（self）の役割	非常に重要	非常に重要

か」という点であると指摘している。もしある人が受けるコーチング（メンタリング）が会社や組織主導で実施されたり、費用を会社が負担している場合は、コーチングの目標は組織の都合を優先して設定されるため、純粋に個人の成長を目標とするカウンセリングとの違いが明確になる。一方、個人が費用を負担してコーチングを受けている場合には、そのような制約がないため、カウンセリングとの違いは相対的に小さくなる。

2. コーチングとコーチング心理学の歴史

■2-1. コーチング誕生の背景

　第1節で述べたように，コーチングはもともと一般的な動名詞であり，特別な技法を指す言葉ではない。また，コーチングは多くのカウンセリングや心理療法とは違って，特定の個人や特定の理論に基づいて開発されたものではないため，その歴史をたどることは必ずしも容易ではない。コーチングの創始者としてティモシー・ガルウェイ（Gallway, T.）やトマス・レナード（Leonard, T.）の名前が挙げられることがあるが，彼らとて突然無から有を生み出したわけではない。コーチングが生まれた要因として1960年代から70年代のアメリカの時代背景を無視することはできないだろう。

　ベトナム戦争とそれに対する米国内での反戦運動，学生運動が盛んであった当時，アメリカ西海岸を中心に興隆した人間性回復運動（Human Potential Movement : HPM）は社会的ムーブメントとなり，ヒッピー文化をはじめさまざまな自己啓発法やコミューン（共同体）を誕生させた。そのような時代の中，リチャード・プライス（Price, R.）とマイケル・マーフィ（Murphy, M.）は1962年にエサレン研究所（Esalen Institute）という非営利団体を創立した。2人を結びつけたのはアラン・ワッツ（Watts, A.）という禅を西洋に紹介した哲学者であった（Wildflower, 2013）。エサレン研究所では瞑想，ヨガ，芸術，音楽，ボディワークなどのセミナーが開催されていたが，そこに学術界から影響を与えたのが人間性心理学のマズロー（Maslow, A. H.）であった。1962年に出版されたマズローの著書 *Toward a Psychology of Being*（第2版邦訳『完全なる人間—魂の目指すもの』1998）はエサレン研究所で必読図書とされていた。エサレン研究所にはマズロー以外にも，ゲシュタルト心理学のパールズ（Perls, F. S.），人間中心主義カウンセリングのロジャーズ（Rogers, C. R.），家族療法のサティア（Satir, V. M.），行動分析学のスキナー（Skinner, B. F.）など多くの心理療法家が訪れ，セミナーやワークショップを開催した。これらのセミナーを受講した人の中から後に成長と成功の技法としてのコーチングが生まれることになる。なお，マズローはどちらかというと理論家で

あり，アイディアは出したが具体的な技法やプロセスは提唱しなかったという指摘（Hall & Duval, 2005／邦訳, 2010）がある。技法については今日コーチングスキルとして教えられている「傾聴」「反映」「開かれた質問」などは，ロジャーズのカウンセリング技法の影響が見て取れる。マズローとロジャーズは1961年にアメリカ人間性心理学会を設立しており，マズローの理論とロジャーズの方法論が一体となり後のコーチングの誕生に向けて車の両輪のような役割を果たしたと考えられる。HPM は人間性心理学に心理療法と東洋思想とが結びつき，さまざまな自己啓発セミナーも生みだした。そのひとつがワーナー・エアハルド（Erhard, W.）による *est*（Erhard Seminars Training：エスト）である。

　エアハルドは有能なセールスマンで，ナポレオン・ヒル（Hill, N.）やマックスウェル・マルツ（Maltz, M.）の成功哲学に強く傾倒し，エサレン研究所ではゲシュタルト心理学のセッションとエンカウンターグループに参加したほか，マズローやロジャーズの著書を読み，さらにカーネギーセミナーや交流分析のセミナーも受講した。彼はそれらをもとに1971年から *est* というセミナーを開催するようになった。*est* はその強引な手法の一部が社会問題化したため，コーチングの歴史の中で触れられないこともあるが，次項で述べるコーチングの祖と言われているガルウェイ，レナード，ウィットワースの接点は *est* である。エアハルド自身が明らかにしているところによれば（Werner Erhard HP），ガルウェイはある時期エアハルドのテニスコーチを務めており，レナードとその部下ウィットワースはエアハルドの会社の経理部で働いていた。彼らは当然，*est* のノウハウを熟知していたはずである。実際，レナードはエアハルドの会社からセミナーのアイディアを無断で借用したとして裁判を起こされている（Brock, 2010）。アンダーソン（Anderson, 2004）によれば，禅の影響の強かった HPM を，ビジネススーツに身を包んだトレーナーによって開催される自己成長と経済的成功のセミナーに変化させたのが *est* であったという。

■2-2. コーチングの創生期

　一般的な見解としては，コーチングはエサレン研究所のスポーツセンターで

「ヨガ・テニス」を教えていたガルウェイが1974年に出版したテニスのコーチングの書籍 *Inner Tennis*（インナー・テニス）に始まるとされている（O'Conner & Lages, 2007／邦訳, 2012）。しかし, ガルウェイは今日のコーチングで使用されるような対話のスキルを教えたわけではなく,「セルフ1」「セルフ2」と名づけた心のありようによってテニスが上達することを説いていた。本人は認めていないようだが（Gallway, 1997／邦訳, 2000）, 背景にはガルウェイが傾倒していた禅の思想があると言われている。

　コーチングの礎を築いた最大の貢献者とされているのはファイナンシャルプランナーのレナード（Leonard, T. J.）で, 前述したセミナーに参加したことがきっかけで「価値ある人生と仕事をつくる」ためのコンサルティング（パーソナル・コーチング）のコース「デザイン・ユア・ライフ」を1988年から始めた（O'Conner & Lages, 2007／邦訳, 2012）。彼は自分が学んできたさまざまなセミナーをもとにプログラムを体系化してカリキュラムを作成し, 1992年にはコーチの養成機関コーチ・ユニバーシティ（Coach University: Coach U. とも呼ばれる）を設立した。コーチ・ユーの特徴のひとつは, 電話によるテレクラスを採用し, 対面せずとも受講者がどこからでも参加できる仕組みを作ったことである。またレナードは後に脱退したが, 1995年に国際コーチ連盟（International Coach Federation: ICF）というコーチ団体を設立している（Coach Ville HP（コラム8［p. 186］参照））。レナードの始めたコーチングがどのようなものであったかは彼の著書 *The Portable Coach*（1998／邦題『成功脳に変わる本』, 2005）でその片鱗をうかがうことができる。本書は彼のパーソナルコーチングのエッセンスを集めた「魅力の法則」とされているが,「チャンス, 金, 幸せな人間関係, 自分にとって有用で価値あるもの, 満足感—こうした"いいことずくめ"ばかりを自分に引き寄せるには「成功脳」に変わることが一番の近道だ」（p. 5）という前書きに象徴されるように, かなり世俗的な成功法則の書物であり, エアハルドの成功哲学の影響が随所に感じられる。

　レナードの部下だった会計士のウィットワース（Whitworth, L.）は, 1988年にエアハルドのセミナーでヘンリー・キムジーハウス（Kimsey-House, H.）と出会っている（Brock, 2014）。また, レナードのデザイン・ユア・ライフ

も受講し，1992年にパーソナルコーチ養成機関（Coaches Training Institute: CTI）をカレン・キムジーハウス（Kimsey-House, K.），ヘンリー・キムジーハウス（Kimsey-House, H.）と共に設立した。CTIの設立にあたりレナードは当初ワークショップ資料を提供するなど協力を申し出たが，直前になってそれを返却するよう迫ったため，ウィットワースはそれを使用しなかったと後年語っている（Brock, 2009）。代わりにCTIではロジャーズの概念を多用しその非指示的なカウンセリング技法を積極的に取り入れることになった（Brock, 2010）。CTIの特徴はコーアクティブ，すなわち「協働的」なコーチングの考えに基づき，対面式のワークショップを行っていることである。コーアクティブコーチングとは，コーチをする側と受ける側がともに対等な立場で，互いの持っている力を存分に発揮し合いながら，望ましい変化を一緒に創り出していく，という考え方や関わり方を表している。

なお，米国のプロコーチのブロック（Brock, V. G.）が2005年に北米を中心とした約1300人のコーチに対して「コーチングに最も影響を与えた人は？」という質問調査を行ったところ，1位がレナード（得票率8.0%），2位がエアハルド（同5.9%）で，ウィットワースは5位（2.1%），そしてガルウェイの名は上位10位内に入っていなかった（Brock, 2006）。コーチングの歴史の表舞台にあまり登場しないエアハルドの影響が意外と大きいことがこの結果からうかがえる。

ヨーロッパにコーチングをもたらしたのは，F1のレーシングドライバー出身のウィットモア（Whitmore, J.）である。彼はレースを引退した後1969年にエサレン研究所に滞在し，1974年にはエアハルドの*est*を受講している（Brock, 2010）。コーチングを英国で広めるにあたり，米国の（すなわちエアハルド流の）パーソナルコーチングをそのまま持ち込むことは難しいと考えたウィットモアはガルウェイに協力を求め，彼のトレーニングを受けた「インナーゲームコーチ」たちを使って1980年頃からエグゼクティブ相手のテニスとゴルフとスキーのコーチングを始めた（Whitmore, 2009）。エグゼクティブたちからインナーゲームをビジネスに使いたいという要請を受けたガルウェイは，リーダーシップ，営業，マネジメント，チームワークなどに応用したインナーゲームを用いてビジネス界に本格的に乗り出した。一方，ウィット

モアはIBMの人材教育担当者で1977年に*est*を受講していたグラハム・アレクサンダー（Alexander, G.）にも協力を求めた。アレクサンダーは後にコーチングのGROWモデルの開発を行い，ウィットモアがそれを広めることになる。ウィットモアはパフォーマンスコーチングを中心としたコンサルティング会社（Performance Consultants社）をはじめ，1992年に*Coaching for Performance*の初版を出版した。このように英国をはじめとするヨーロッパでは，コーチングに対する自己啓発セミナーの影響は，米国に比べるとやや間接的であったとみることができる。

　コーチ・ユー（Coach U.）は1997年に，CTIは2000年に日本にも導入された。コーチ・ユーからライセンスを取得した日本のコーチング会社の代表者は，1980年からiBD（it's a beautiful day: 今日は素晴らしい）という自己啓発セミナー会社を運営していた（伊藤守氏HPより）。自己啓発セミナーの会社は日本でも1970年代からいくつか誕生しており，自己啓発セミナーからコーチングへという流れが日本にもあったことは興味深い。現在活躍中の日本のコーチの中には，以前この自己啓発セミナー会社のトレーナーを務めていた人が複数いることを原口（2013）が明らかにしている。コーチングが日本の実業界で注目されたのは，1999年に日産自動車のCOO（のちにCEO）に就任したカルロス・ゴーン（Ghosn, C.）がコーチングを用いて同社の組織風土改革を進めた（安部・岸，2004）ことが影響していると見られている。米国では主に個人を対象としていたコーチングが，日本では組織活性化のための管理職研修という形で広まったのは，このことと無縁ではないだろう。ガルウェイのInner Game（1976／邦題『インナー・テニス』）は1978年に，ウィットモアの*Coaching for Performance*の初版（1992／邦題『潜在能力を引き出すコーチングの技術』）は，1995年に翻訳されている。

　以上に概観したように，1960年代に東洋思想と人間性心理学者の影響のもとに生まれたコーチングのもととなる自己成長の思想は，1970年代に入って個人の成功を目指す自己啓発セミナーに変容する。もともと自己啓発セミナーは受講者が自分の成長や成功を達成するためのものであり，受講者自らがコーチとなることは意図されてはいない。コーチングの創始者たちも1980年代後半からそれぞれ自らが講師となってセミナーを主催していたが，当初はコー

18　第1章　コーチングおよびコーチング心理学とは何か

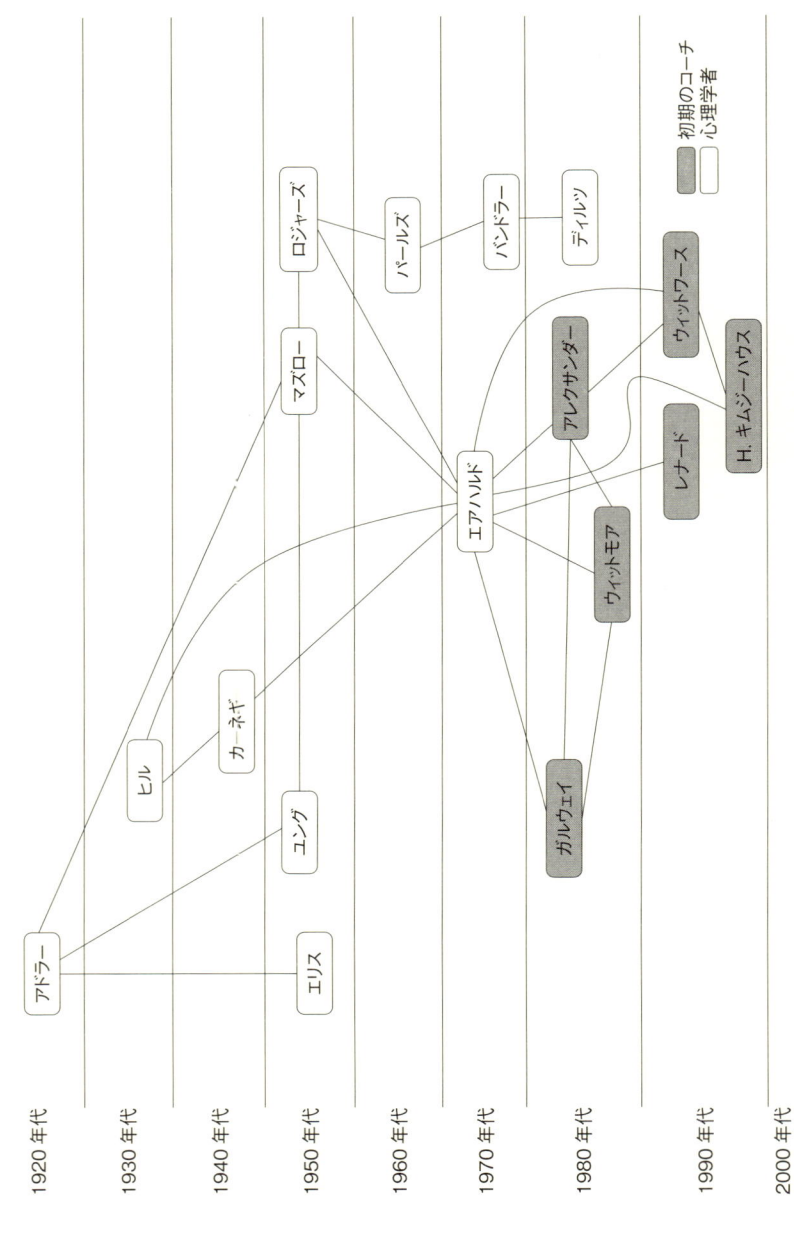

図1-1. コーチングの創始者達と影響を与えた心理学者（Brook, 2014の図をもとに西垣が作成）

『コーチング心理学概論』

18 頁の図 1-1 の網掛け部分に誤りがございましたので，お詫びして訂正申し上げます．

【誤】

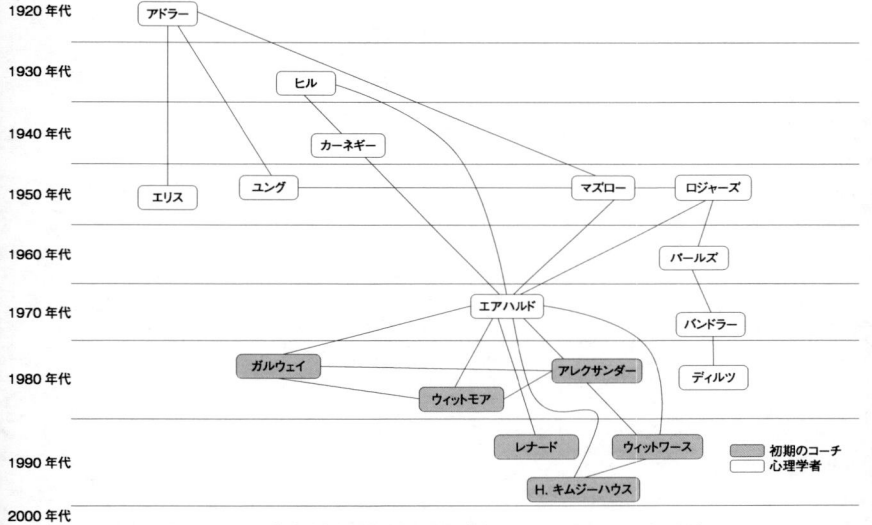

図 1-1. コーチングの創始者達と影響を与えた心理学者（Brook, 2014 の図をもとに西垣が作成）

【正】

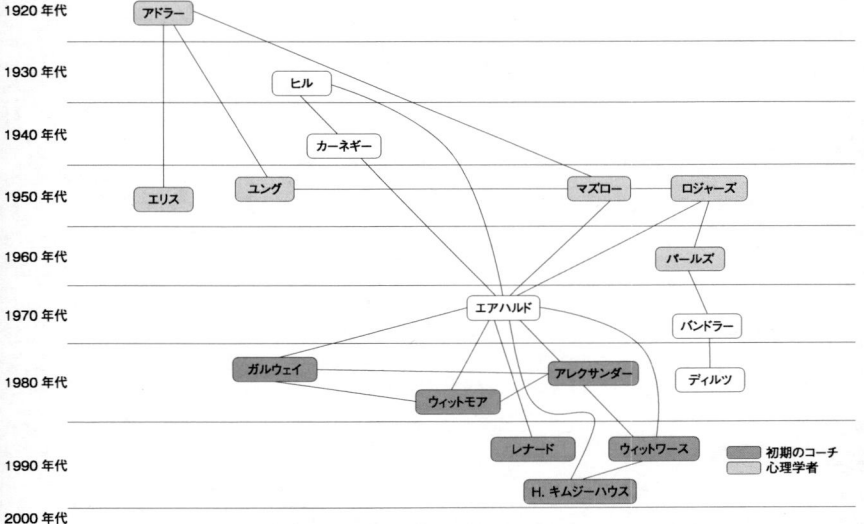

図 1-1. コーチングの創始者達と影響を与えた心理学者（Brook, 2014 の図をもとに西垣が作成）

チの養成という発想はなかったと思われる。コーチ養成ビジネスの先鞭をつけたのは，レナードのコーチ・ユーとその名にコーチトレーニングと銘打ったウィットワースらのCTIであったと思われるが，それは1990年代に入ってからのことであった。特にウィットワースが参考にした人間中心主義カウンセリングは，心理的な悩みや問題を抱えた人に対する援助技法であり，そのための専門家を養成するという考えがもともと含まれている。しかし次項で述べるように，コーチングと心理学が再び接近するのは1990年代の終わりに近づいてからのことである。

■2-3. コーチング心理学の発展

スポーツコーチングと心理学の結びつきの起源は，運動選手育成の心理学的研究に従事した心理学者グリフィス（Griffith, C. R.）である（Palmer & Whybrow, 2007）。彼は1926年に『コーチングの心理学』（*Psychology of Coaching*）という書を著し，のちに「スポーツ心理学の父」と呼ばれるようになった。グリフィスはメジャーリーグ球団シカゴカブスのオーナーに雇用され，プロ野球選手の指導に関わることを期待されたが，当時の監督や選手たちには受け入れられず，再評価されるのは1960年代になってからのことである（Palmer & Whybrow, 2007）。彼の功績はスポーツ界に個人の経験や信念に基づく指導法ではなく，心理学的知見に基づく科学的な分析を持ち込んだ点にあったと言えるだろう。

グリフィスの著書は日本語には翻訳されなかったが，注目すべきは1980年代の日本に，スポーツコーチングと心理学を結びつけた人物がいたことである。米国の大学院で臨床心理学を学んだ武田建は，勤務する大学のアメリカンフットボール部の監督でもあり，カウンセリング，学習理論，認知行動療法，および社会心理学のリーダーシップ理論に基づくスポーツコーチング術の書を出版している（武田, 1982；1985）。武田によると，きっかけは1968年に米国のプロチームの合宿に訪れたとき，フットボールコーチングにどの程度心理学を取り入れているのかと尋ねられたことだという（武田, 1991）。武田は1980年代に入って応用行動分析の学術誌に発表されたオペラント条件づけを応用したフットボールのコーチング法に触発されて，スモールステップとフィード

バック，さらにはモデリングなどを指導に取り入れたという（武田，1995）。ただ，武田が心理学的な手法を取り入れる前と後で，チームの成績そのものに大きな変化がなかったせいか，心理学的なスポーツコーチングは日本のスポーツ界に十分浸透したとは言えなかった。

　前節で概観したように，初期の商業的コーチングは科学的・客観的な研究とは無縁であり（Grant, 2007），心理学の影響を受けたとはいえ，その発展の過程でかなり変容し，学問としての心理学とは明らかに一線を画していたため，大学で教えられることもなく，サイコロジストやカウンセラーとの接点もなかった。また，グラント（Grant, 2007）によれば1990年代末にコーチング市場を支配していた英米の商業的なコーチ養成プログラムは主にHPMの概念とeatのテクニックを使用しただけの理論に基づかないものだったため，臨床的な水準の心理的問題を抱えるクライアントを見抜くことができずに悪化させるといった問題も発生していたという。心理学界がコーチングに注目し始めたのは，1990年代後半から2000年頃にかけてのコーチング界のこのようなある種の混迷の時期であろうと思われる。コーチングで「悪化」した患者が次に向かうのはセラピストや精神科医である可能性が高いからである。一方で，北米，英，豪などでは企業が自社で雇用するコーチの質を問題にするようになり，大学院レベルの行動科学（すなわち心理学）の学位など高い資格水準を求めるようになった（Corporate Leadership Council, 2003）。そのためコーチの中には単に大学院修了の肩書だけではなく，コーチングの背景となる理論や科学的方法論を求めて大学院で心理学を学ぼうとする者も出てきたと考えられる。コーチングが再び心理学との結びつきを強めるようになったのは，このようなコーチング界の中からのニーズと以下に述べる心理学界からのアプローチの両面があったと考えられる。

　世界初のコーチング心理学専門課程が設立されたのは，シドニー大学大学院の心理学科で，2000年のことであった。学科長のグラントはコーチとサイコロジストの資格を持ち，コーチング心理学の研究によって博士号を取得している。一方英国では当時ロンドンシティ大学の心理学教授だったパーマーが，医療職向けに認知行動療法を教えるうち，セラピーよりもコーチングの方がニーズに合っていると気づき，コーチング心理学のプログラムを実践し始め

た。彼がロンドンに Centre for Coaching（コラム7［p. 162］参照）を設立したのは2001年で，同年に発表された論文において，認知行動療法（CBT）を健康な人に適用したものを認知行動コーチング（CBC: Cognitive Behavioural Coaching）と呼ぶと宣言している（Neenan & Palmer, 2001）。そして翌2002年にはグラントとパーマーによってコーチング心理学の定義を記した論文が発表された（Grant & Palmer, 2002；本書p.7参照）。

　2006年にはパーマーを会長としてコーチング心理学の国際的組織が結成されたが，その時点で，すでに英国心理学会カウンセリング部会のコーチング心理学研究会には2,000人以上，オーストラリア心理学会のコーチング心理学部会には500人以上の会員がいたという（ISCP HP）。現在，英国，オーストラリア，南アフリカほか，西欧諸国を中心に14ヶ国にコーチング心理学の学会が設立されており，アジアではすでに韓国に学会がある。それぞれの国の状況に応じてコーチング心理学の実践と研究を進めており，国際コーチング心理学会の開催（コラム1［p. 28］参照）など，国際的な連携もある。米国ではAPA（アメリカ心理学会）の第13部会であるコンサルティング心理学の一部にコーチング心理学の専門領域が設けられているほか，セリグマンを初代会長とする国際ポジティブ心理学会（IPPA）でもコーチングの研究発表が盛んに行われている（コラム5［p.117］参照）。ポジティブ心理学はコーチングの理論的背景のひとつとみなされているからである。また，コーチング心理学の学術専門誌も *International Coaching Psychology Review* をはじめ，5誌発行されている（巻末，参考図書紹介参照）。

　サイコロジストによる初のコーチングの著作はニーナンとドライデン（Neenan & Dryden, 2002）による *Life Coaching: A cognitive-behavioural approach*（邦題『認知行動療法に学ぶライフコーチング』，2010）であると思われる。彼らは英国の著名なREBT（Rational Emotive Behavior Therapy: 理性情動行動療法）セラピストであり，エリス（Ellis, A.）のREBTを一般の人たちの生活のパフォーマンスの向上に適用する方法を書いている。ただし，ニーナンはパーマーと共に Centre for Coaching のプログラムディレクターに名を連ねているが，自らをコーチングサイコロジストとは称しておらず，心理療法家の立場に留まっているようである。2007年にはロウらによって「英国

初のコーチング心理学の学術書」と銘打たれた *The Psychology of Coaching, Mentoring and Learning*（コーチング・メンタリング・学習の心理学［邦訳なし］）が出版され，心理学に基づいた universal integrative framework が提案された。同年パーマーらの編集による Coaching Psychology Handbook（邦題『コーチング心理学ハンドブック』，2011）も出版された。原書の副題に「実践家のための手引き」とあるように，心理療法家が自ら専門とする心理療法をコーチングに応用する際のガイドブックである。

コーチング心理学の発展は英国とオーストラリアが先行しているが，米国では 2009 年にクリニカル・サイコロジストでエグゼクティブ・コーチでもあるカウフマン（Kauffman, C.）によって Institute of Coaching が設立された。Institute of Coaching はマクリーン病院（ハーバード・メディカル・スクールの関連病院）の中に置かれ，ポジティブ心理学を柱にしながら，ヘルス・コーチングとエグゼクティブ・コーチングの実践と研究を行っている（コラム 6 ［p. 139］参照）。

2010 年に APA は会員向けニュースレターに First-Class Coaching（ファーストクラスのコーチング）と題する記事を掲載している。記事の著者デアンジェリス（DeAngelis, T.）は，教育や訓練の基準があいまいで研究基盤を持たないコーチング界において，人の動機づけ，行動，学習，変化を熟知したサイコロジスト資格保持者の活躍と貢献の場は大きい，と述べている（DeAngelis, 2010）。記事ではサイコロジスト資格を持つコーチが主催する，心理学の大学院学位を持つ者だけを対象としたコーチ養成プログラムも紹介しており，この頃米国でサイコロジストがコーチングに向かう動きが本格化し始めていたことがわかる。

シドニー大学のコーチング心理学専攻課程設立から 7 年後には，オーストラリアでは 3 大学，イギリスとアメリカでは各 7 大学，カナダでは 2 大学に大学院にコーチングの専門課程が設置されていた（Grant, 2007）。また，アメリカでは 2006 年頃からビジネススクールのコーチングのコースが急速に増加し，IT の進化と共に遠隔地からでも受講できる制度を持つところも多くなった（コラム 2 ［p. 48］参照）。さらに，医療系の専門大学院におけるヘルス・コーチングの課程など，より専門化したカリキュラムも誕生している。パーマーは

Handbook of Coaching Psychology の初版から 10 年足らずの間に，コーチング心理学の範囲は心理療法を健康な人に応用するといった狭い範囲にとどまらず，広い学際領域へと発展したと述べており（2014 ISCP 大会でのパーマーの発言による），対象は個人から集団，組織へ，その適用範囲も生活の中でのパフォーマンスの向上やストレスマネジメントから，教育，医療，健康，などの領域へと拡大し，コーチングサイコロジストには社会心理学やグループダイナミクス，組織心理学などの専門知識も必要とされるようになってきている。

　一方，日本では 2000 年に民間企業によってコーチングが実業界に取り入れられるようになって以降も，心理学界ではコーチングはあまり注目されてこなかった。しかし 2009 年に『コーチング心理学の展望』（堀，2009）と題する論文が発表され，2010 年にニーナンとドライデンの Life coaching（Neenan & Dryden, 2002／邦訳, 2010），その翌年にはパーマーらの *Coaching Psychology Handbook*（2007／邦訳, 2011）が翻訳された。『コーチング心理学ハンドブック』は日本のプロコーチたちの間で評判を呼び，監訳者の堀は多くのプロコーチたちと親交を深めながら心理学とコーチング界の橋渡しに努めた。2013 年には，日本学術振興会の科研費の助成を受け，石川（基盤研究（C）2013 年-2015 年）と，西垣・堀（基盤研究（C）2013 年-2015 年）がそれぞれコーチング心理学の学術研究に着手した。西垣らはプロコーチや ICF 日本支部の協力を得て，日本のコーチに関する調査研究を行い，コーチの現状や心理学に対するニーズを明らかにしている（西垣他，2014，西垣，2014b）（コラム 10 [p. 226] 参照）。それによると，調査対象となったコーチたちは動機づけ，感情，リーダーシップなど心理学の理論や方法に関心はあるものの，大学・大学院で心理学を専攻した人は 8％に満たず，心理学の科目を履修したことのある人の割合も 30％以下であり，心理学的なバックグラウンドを持つコーチは非常に少ないことが明らかになった。理由のひとつとして大学でのコーチング心理学教育の整備の遅れが挙げられる。日本の大学では，コーチング会社から派遣されたコーチが講師となって開講するエクステンションスクールや公開講座でのコーチングプログラム（コーチング心理学ではない）は存在するものの，正規のカリキュラムの中で単位が認定される科目として「コーチング心理学」を開講している大学・大学院は数校に過ぎず，コーチング心理学の専門課程は

2015年現在まだ存在していない。

　先に挙げたブロックが2005年に行った調査では，回答したコーチの約70％は大学院修了資格を持っていた。また，「コーチングに影響を与えている学問」として回答者の20％が心理学と回答し，コンサルティング（11％）や組織開発（11％）を上回っていた（Brock, 2006）。ブロック自身もそうだが，英米豪では大学院を出てすぐにコーチになる人よりも，すでにコーチとして活躍している人が専門性を高めるために大学院で修士や博士号を取得するケースが多く，コーチング界と心理学の間の垣根は決して高くはない。一方，西垣が日本のコーチを対象に行った調査では，大学院修了資格を持つ職業コーチは12％に過ぎなかった（西垣，2014b）。しかし，最近日本のコーチの中にもカウンセリングや臨床心理学の大学院に進学する人が出てきている。ICFなどのコーチ団体がコーチングのエビデンスや研究の重要性を強調するようになってきているため，日本でも今後この傾向は加速すると予想される。逆にカウンセラーや臨床心理士，健康心理士，学校心理士，産業組織心理士など心理学畑の中からコーチングに活動の場を広げる人が出てくる可能性もあるだろう。

　2015年現在，日本には個人がネット上で名乗っているものを除き，コーチング心理学者によって構成され学術団体として認められたコーチング心理学会，コーチング心理学研究会あるいはコーチング心理学協会等の団体は存在しない。アジア諸国の中にはコーチング心理学の学術団体が存在し，国際コーチング心理学会に代表を派遣している国もある。コーチング心理学の基盤が日本の学術界に確立され，コーチング心理学の研究と実践がさらに発展することを期待したい。

引用文献

安部哲也・岸　英光（2004）．カルロス・ゴーン流リーダーシップ・コーチングのスキル　あさ出版

Anderson, W. T. (2004). *The upstart spring: Esalen and the human potential movement: The first twenty years*. Lincoln, NE: iUniverse.

Australian Psychological Society (2007). Definition of coaching psychology. 〈www.groups.psychology.org.au/igcp/〉

Bachkirova, T. (2007). *Role of coaching psychology in defining boundaries between psychology*. Hove, East Sussex, UK: Routledge. pp. 351-366.(堀　正(監訳)　(2011). カウンセリングとコーチングの境界を明確化するさいのコーチング心理学の役割　コーチング心理学ハンドブック　金子書房　pp. 412-430.)
Bachkirova, T., Cox, E., & Clutterbuck, D. (2014). *The complete handbook of coaching* (2nd ed.). London: Sage.
Brock, V. G. (2006). *Who's who in coaching: Who shaped it, who's shaping it*. Proceedings of the 2006 ICF Research Symposium (St. Louis, MO, November, 2006).
Brock, V. G. (2009). Coaching pioneers: Laura Whitworth and Thomas Leonard. *The International Journal of Coaching in Organizations*, 7 (1), 54-65.
Brock, V. G. (2010). The secret history of coaching: What you know and what you don't know about how coaching got here and where coaching is going in the future. Proceedings of the17th Annual Coaching and Mentoring Conference (Dublin, Ireland, 18-20 November, 2010.).
Brock, V. G. (2014). *Sourcebook of coaching history* (2nd ed.). CreateSpace.
Coach Ville HP 〈http://www.coachville.com/connect/founder-thomas-leonard/〉
Corporate Leadership Council (2003). *Maximizing returns on professional executive coaching*. Washington, DC: Corporate Leadership Counsil.
DeAngelis, T. (2010). First-class coaching. *Monitor on Psychology*, 41 (10), 48.
Dilts, R. (2003). *From coach to awakener*. Capitola, CA: Meta Publications.
Downey, M. (1999). *Effective coaching*. London: Orion Business.
Gallway, T. (1976). *Inner tennis: Playing the game*. New York: Random House.(後藤新弥(訳) (1978). インナー・テニス　日刊スポーツ出版社)
Gallway, T. (1997). *The inner game of tennis* (Revised ed.). New York: Random House.(後藤新弥(訳) (2000). 新インナーゲーム　日刊スポーツ出版社)
Grant, A. & Palmer, S. (2002). Coaching psychology workshop. Annual conference of the Division of Counseling Psychology, British Psychological Society, Torquay, UK, 18th May.
Grant, A. M. (2007). Past, present, and future: The evolution of professional coaching and coaching psychology. In S. Palmer & A. Whybrow (Eds.), *Handbook of coaching Psychology: A guide for practitioners*. Hove, East Sussex, UK: Routledge. pp.23-39.
Grant, M. (2005). What is evidence-based executive, workplace and life coaching? In M. Cavanagh, M. Grant, & T. Kemp, (Eds.), *Evidence-based coaching* (vol.1). Bowen Hills, Australia : Australian Academic Press. pp.1-12.
Hall, M. L. & Duval, M. (2005). *Meta-coaching* (vol.1). Clifton, CO: Neuro-Semantic. (田近秀敏(監)佐藤志緒(訳) (2010). メタ・コーチング　VOICE)
原口佳典 (2008). 人の心を引き出すコーチング術　平凡社
原口佳典 (2013). コーチングの歴史を再構成する：『人の力を引き出すコーチング術』

からの原型生成の試み　日本支援対話研究, 1, 23-36.
本間正人・松瀬理保（2006）．コーチング入門　日本経済新聞社
堀　正（2009）．コーチング心理学の展望　群馬大学社会情報学部研究論集, 16, 1-12.
ICF（2012）. 2012 ICF Global Coaching Study : Executive Summary 〈http://www.coachfederation.org/〉
ICF 日本支部 HP〈http://www.icfjapan.com/〉
International Society for Coaching Psychology HP〈http://www.isfcp.net/〉
伊藤　守 HP〈http://www.itoh.com/profile/〉
出江紳一（2009）．リハスタッフのためのコーチング活用ガイド　医歯薬出版
Kauffman, C. (2011). Workshop at the 2nd World Congress on Positive Psychology: Basic Step to Implement Positive Psychology into Practice.
Kimsey-House, H., Kimsey-House, K., & Sandahl, P. (2011). *Co-active coaching: Changing business, transforming lives* (3rd ed.). London: Nicholas Brealey.（CTI ジャパン（訳）（2012）．コーチング・バイブル：本質的な変化を呼び起こすコミュニケーション　東洋経済新報社）
Law, H., Ireland, S., & Hussain, Z. (2007). *The psychology of coaching, mentoring and learning*. Chichester, West Sussex, UK: John Wiley & Sons.
Leonard, T. J. & Laursen, B. (1998). *The portable coach.* New York: Scribner.（堀　紘一（訳）（2005）．チャンス，金，「成功脳」：人間関係に変わる本　三笠書房）
Maslow, A. H. (1968). *Toward a psychology of being* (2nd ed.). New York: Van Nostrand Reinhold.（上田吉一（訳）（2014）．完全なる人間　誠信書房）
Neenan, M. & Dryden, W. (2002). *Life coaching: A cognitive-behavioural approach.* London: Psychology Press.（吉田　悟（監訳）　亀井ユリ（訳）（2010）．認知行動療法に学ぶコーチング　東京図書）
Neenan, M. & Palmer, S. (2001). Cognitive behavioral coaching. *Stress News*, 13(3), 15-18.
西垣悦代（2013）．ヘルスコーチングの展望：コーチングの歴史と課題を基に　支援対話研究, 1, 7-22.
西垣悦代（2014a）．日本におけるヘルスコーチングの特徴と課題：テキストの分析を通して　日本ヘルスコミュニケーション学会誌, 5(1), 22-36.
西垣悦代（2014b）．日本のコーチに対するウェブ調査：コーチの現状と展望　支援対話研究, 2, 4-23.
西垣悦代・堀　正・原口佳典（2014）．コーチとはどのような人々なのか：コーチングに関するウェブ調査より　日本社会心理学会第 55 回大会論文集, 371.
O'Conner, J. & Lages, A. (2007). *How coaching works.* London: A & C Black.（杉井要一郎（訳）（2012）．コーチングのすべて　英治出版）
Palmer, S. & Whybrow, A. (2007). Coaching psychology: An introduction. In S. Palmer, & A. Whybrow (Eds.), *Handbook of coaching psychology: A guide for practitioners*. Hove, East Sussex, UK: Routledge. pp.1-20.
Palmer, S. & Whybrow, A. (Eds.) (2007). *Handbook of coaching psychology: A guide*

for practitioners. Hove, East Sussex, UK: Routledge.（堀　正（監修・監訳）　自己心理学研究会（訳）　（2011）．コーチング心理学ハンドブック　金子書房）

Parsloe, E.（2005）．*Coaching, mentoring, and assessing: A practical guide to developing competence*. New York: Kogan Page.

新村　出（編）（2008）．広辞苑（第六版）　岩波書店

Summers, D.（Ed.）（2009）．*Longman dictionary of contemporary English*（5th ed.）. Harlow, Essex, UK: Pearson Education.

武田　建（1985）．コーチング：人を育てる心理学　誠信書房

武田　建（1991）．行動心理学コーチング　日本行動療法学会大会発表論文集, 17, 4-5.

武田　建・柳　敏晴（1982）．コーチングの心理学　日本YMCA同盟出版

Werner Erhard HP〈http://www.wernererhardinfo.com/related-links.html〉

Whitmore, J.（1992）．*Coaching for performance*. London: Nicholas Brealey.（真下　圭（訳）（1994）．潜在能力を引き出すコーチングの技術　日本能率協会マネジメントセンター）

Whitmore, J.（2009）．*Coaching for performance*（4th ed.）. London: Nicholas Brealey.

Wildflower, L.（2013）．*The hidden history of coaching*. Maidenhead, Berkshire, UK: Open University Press.

Wilson, C. & McMahon, G.（2006）．What's the difference? *Training Journal*, September, 54-57.

コラム1

国際コーチング心理学会

西垣悦代
野田浩平

　国際コーチング心理学会（International Society for Coaching Psychology: ISCP）は，2006年にロンドンで開催されたコーチング心理学国際フォーラムにおいて設立が決定され，この年より英豪共同で *International Coaching Psychology Review* を発行，2008年にコーチング心理学会（Society for Coaching Psychology：SCP）として正式にスタートし，2010年に第1回大会を開催，2011年に国際コーチング心理学会と改称し，現在に至る。

　設立当初，英国心理学会内には2,000名超の，オーストラリア心理学会内には500名以上のメンバーを持つコーチング心理学に関心のある人のグループがすでに存在しており，これらが母体となってコーチング心理学をより多くの国や地域に広めて行こうとしたのである。設立の趣旨は，コーチングサイコロジストの国や文化を超えたネットワーク組織の構築，コーチングサイコロジストの認証，国際的な協力と研究の推進などであった。現在では，英国，オーストラリアのほか，アイルランド，カナダ，デンマーク，スウェーデン，イタリア，ポーランド，ポルトガル，ギリシャ，スペイン，スイス，米国，南アフリカ，イスラエル，韓国，中国から代表理事を出しており，そのうち，英国心理学会のコーチング心理学分科会ほか，オーストラリア心理学会コーチング心理学分科会，アメリカ心理学会の第13部門（コンサルティング心理学）など各国の心理学会の中に置かれたコーチング心理学関連部門および学会と連携し，国際学術集会を開催している。

　第3回国際コーチング心理学会（ローマ）：国際コーチング心理学会では2010-2011年度より，各国で開催されるコーチング心理学の学会をすべて「国際コーチング心理学会シリーズ」としており，年度ごとに複数回開催されている。2013年5月にローマで開催された第3回シリーズには，日本からは本コラム筆者（野田）他1名が参加しポスター発表を行った。2日間の開催期間中，午前中に招待講演を含めた口頭発表，午後はテーマ別の技術セッションや研究発表が行われた。講演には学会長のパーマー（Palmer, S.）をはじめ，英国のカウンセリング・心理療法界の重鎮にしてビジネスコーチングでも著名なレーン（Lane, D.），米国の有名コンサルティング会社の代表であり，心理学の博士号を持つヴァンダヴィア（Vandaveer, V.）が登壇した。

　スペインのカタルーニャコーチング心理学会の報告は，サイコロジストとコーチの協力という点で，日本のコーチング心理学にとっても参考になりそうであった。スペ

インのコーチング界は各種コーチ養成会社の影響が強く，ICF その他欧米系コーチ団体のチャプターや資格保持者が多い。コーチング心理学の発展に伴い，最近は大学にもコーチング心理学のトレーニングコースができたが，コーチング心理学会の設立当初はサイコロジストが少なかった。そこで準会員資格のコーチらの協力を得て，2010 年に国際コーチング心理学会を開催し成功裡に収めた。現在，カタルーニャのコーチング心理学会は ICF の国際基準に準拠しつつ，コーチング心理学の講義研修（100 時間）や実務（100 時間），試験（面接）そして定期的な更新制度（5 年更新，スーパービジョン等）という形で資格を発行している。

第 4 回国際コーチング心理学会（ロンドン）：第 4 回大会は Changing Lives, Changing Worlds – Inspiring Collaborations をテーマに 2014 年 12 月にロンドンで開催され，日本からは本コラム筆者（西垣）が口頭発表を行ったほか 2 名が参加・発表を行った。学会のプログラム構成はローマとほぼ同じであった。2014 年は英国心理学会カウンセリング部門の中にコーチング心理学分科会が誕生して 10 周年であったため，パーマー会長らによるシンポジウムでは，コーチング心理学がこの 10 年でいかに発展・拡大したか，今後どのような方向に向かおうとしているかが展望された。英豪などコーチング心理学先進国の参加者からは，心理学の学士資格を持たずに大学院でコーチング心理学を専攻した人たちにも，サイコロジストとしての資格を各国の心理学会に認めてもらえるよう，働きかけるべきではないかという議論も出された。

招待講演では，心理測定の世界的権威であるケンブリッジ大学のラスト（Rust, J.）による「オンライン上の足跡の心理測定的分析」と題する 21 世紀の心理測定についての話と，TED にも登場した起業家ヘファーナン（Heffernan, M.）による「意図的な盲目：我々はどのようにしてものごとを悪くしたり，良くしたりするのか」が行われた。

国際コーチング心理学会は一般の心理学会と比べると実践志向の強い学会であり，コーチングサイコロジストのみならず，一般のコーチも多数参加している。コーチング心理学の最先端の学術動向を知り，世界のコーチング心理学者，と交流し各国の状況について情報交換をするには最適な学会といえるだろう。

参考
International Society for Coaching Psychology HP 〈http://www.isfcp.net/〉
野田浩平（2013）．2013 年国際コーチング心理学会参加報告〈http://www.balancedgrowth.co.jp/library/column/2013/07/GlobalCoaching.html〉

第2章
コーチング心理学のスキルとモデル

西垣悦代

　本章では，国際コーチング心理学会の認証を受けている英国の Centre for Coaching（コーチングセンター）でのコーチ認証トレーニングプログラム（Certificate for Coaching）をもとにしながら，コーチの基本的態度，およびコーチングの基礎的なスキルとモデルについて解説する（コラム7［p.162］も参照）。

1. コーチの基本的態度

　人間性心理学がコーチングの創生期において背景となる学問のひとつであったことは1章で述べたが，現在のコーチングにも影響を残しているのは，その人間観である。マズロー（Maslow, 1954）は，「心理学はこれまで人間のポジティブな側面よりも，ネガティブな側面の研究において，はるかに成功を収めてきた。人間の欠点，病気について多くのことがわかってきたが，人間の潜在能力，美徳，何かを成し遂げようとする熱意についてはほとんど明らかにされてこなかった」と人間のポジティブな側面に焦点を当てるよう主張し，「人は自分のなれるものになろう，なれるもののすべてになろうとする性質を持つ」と述べている。人間存在の価値を尊重し，成長して最高の状態に向かおうとする力を信じるという人間性心理学の考え方は，「人はもともと創造力と才知にあふれ，欠けるところのない存在である」（Kimsey-House et al., 2011／邦訳, 2012）といったコーチングの人間観に受け継がれている。

　コーチがクライアント[1]と向き合う際の基本的な姿勢や態度については，さまざまなコーチングの流派にある程度共通した認識がある。そこには，マズ

---

[1] カウンセリングやコーチングを受ける人をClientと呼ぶ。英語では同じだが，日本ではカウンセリングではクライエント，コーチングではクライアントと呼びならわされてきたので，本書でもそれに従って表記する。

ローと共にコーチングの成立に影響を与えたロジャーズの人間中心主義カウンセリングの考え方が反映している。ロジャーズ（Rogers, 1957）は，「治療的人格変化の必要十分条件」と題する論文の中で，クライエントとセラピストの関係のあるべき姿について次の6つの条件を示している。

1. 二人の人が心理的に接触している。
2. 一方（クライエント）は，不一致の状態，すなわち傷つきやすいあるいは不安な状態にいる。
3. もう一方の人（セラピスト）は，この関係の中で自己一致（congruence）している，あるいは統合されている。
4. セラピストはクライエントに対する無条件の肯定的配慮（unconditional positive regard）を経験している。
5. セラピストはクライエントの内側の視点に立つ共感的理解（empathic understanding）を経験しており，クライエントにその経験を伝えようとしている。
6. セラピストの共感的理解と無条件の肯定的配慮は，クライエントに対するコミュニケーションによって最低限は伝えられている。

　上記のうち3，4，5がセラピストの態度である。3のセラピストの「自己一致」とは「セラピストが自分が体験しつつあることを意識することができ，その体験のままに関係の中にいることができる。内奥で体験されつつあることと，今意識されていることと，クライエントに表明されていることがよく調和していること，一致していること」（Rogers, 1980）と説明されている。セラピストの透明性とも言えるもので，自己の内にある感情や思考に対して防衛的にならずオープンな態度でいることを指す。4はクライエントの人間性に対する根本的な尊重と言えるもので，クライエントに対して「もし，こうであったら」といった条件つきではなく，全人格をありのままに肯定・受容する態度である。ただし諸富（2005）はロジャーズが意図しているのはクライエントを漠然と丸ごと受容したり発言内容を文字どおりすべて肯定することではなく，クライエントに常に注意と関心を払うという意味であり，unconditional positive regards は「無条件の積極的関心」と訳す方がふさわしいと述べている。5の共感的理解とは，たんなる同調や賛成ではなく，セラピストがクライ

エントの「鏡」となり，「もう一人の自分」となって，内的世界を正確に映し出す作業であり，具体的には「感情の反映」(reflection of feeling) や，「受け取りのチェック」(checking perceptions) という形で表現されるものである。ロジャーズは「クライエントの内面世界における頼りがいのあるつれ添い」(Rogers, 1980) と表現している。さらに晩年のロジャーズは，これらに加えてセラピストの「プレゼンス」(存在) を，相手を癒す力となる中核的な条件に挙げている (Rogers, 1986)。

ジョセフとマーフィー (Joseph & Murphy, 2013) によれば，ロジャーズの考え方は自己実現のメタ理論と特によく適合しており人間性コーチングに受け継がれていると言う。しかしそれだけではなく，バヒローヴァ (Bachkirova, T.) が，プラクティショナー (コーチやカウンセラー) とクライアントとの間の良好な関係の確立，およびクライアント自身のセッションへのコミットメントの重要性はコーチング，カウンセリング，メンタリングに共通である，と述べていることからもわかるように (Bachkirova, 2007)，ロジャーズの提示したセラピストの基本姿勢は今日多くのセラピーのみならずコーチングにおいても基本姿勢として尊重されている。その一因は1章で述べたようにプロコーチの養成という発想は1990年代以降に出てきたものであり，その際参考にされたのはすでに確立されていたセラピスト養成のノウハウであったためである。コーチの基本的な姿勢と態度として，クライアントに対して常に敬意と関心を払い，信頼関係を築き，言葉と感情を受け止め，それをフィードバックすることなどは，国際コーチ連盟 (ICF) が定めたコア・コンピテンシー (国際コーチ連盟日本支部，2013) にも，コーチがコーチングを行う際に必要な核となる能力水準として示されている。

2. 基本的なコーチングスキル

Centre for Coaching (2014) では，コーチングのみならず，カウンセリングやメンタリングなどにも共通する基本的なスキルとして，傾聴，共感，詳細な探索，確認，要約，挑戦，理解，探検，言い換え，反映，目標設定を挙げている。

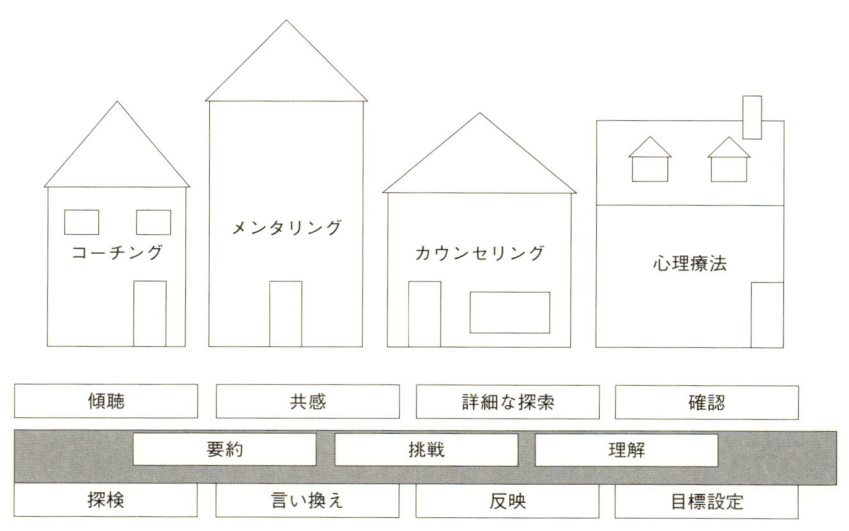

図 2-1. コーチング，メンタリング，カウンセリング，心理療法に共通する基本的スキル
(© Centre for Coaching, 2014 をもとに作成)

コーチングの基本的スキルは機能的な観点からは，聞くスキル（listening skill）と動かすスキル（moving on skills）に分けることもできる（表2-1）。これらのスキルの分類や名称に関してはコーチングの流派によって必ずしも一致していないが，名称は違っても似通ったものは多い。また，一般的に「聞くスキル」はカウンセリングスキルと共通したものが多いのに対し，「動かすスキル」は行動志向的なものが多く含まれ，コーチングの特徴がより顕著に出て

表 2-1. コーチングの基本的なスキル

聞くスキル	動かすスキル
注意して聞く	探検（proving）
言葉の最後まで聞く	情報を与える
言い換え（paraphrase）	適切な自己開示
感情の反映（reflecting feeling）	挑戦と対決
確認（checking）	不整合
要約（summarising）	目標の設定と行動計画
具体例を引き出す（eliciting examples）	励ましと賞賛
沈黙	意思決定
開かれた質問	進捗のモニタリング
	ブレーンストーミング

いるスキルと言えるかもしれない。なお，日本のコーチングの初心者向け書籍の中には「3大（基本）スキル」と称して特定のスキルを3つだけ取り出して強調しているものもあるが，ICFの定めるコア・コンピテンシーをはじめ欧米のコーチングの書籍にはそのような記述は見当たらない。おそらく何かにつけ「3大○○」好きな日本人であるから，書籍の著者の個人的経験や考えに基づいて，あるいは宣伝文句として作られたのではないかと思われる。

3. コーチング心理学のモデル

コーチング心理学の背景となる理論は1章で示したように多様であり，コーチングで用いるモデルも理論ごとに非常にたくさんある。ここでは，行動コーチングのGROWモデルと，認知行動コーチングのSPACEモデルを紹介する。

■3-1. 行動コーチング：GROWモデル

コーチングの行動主義的アプローチは，「行動が結果をもたらす」という立場を取る。つまりコーチングとは主に「行動の変化」である，という見方をしていると言ってもよいだろう。行動コーチングは現状のアセスメント，価値と動機づけの検討，測定可能な目標の設定，焦点づけられた行動計画の策定を含む，コーチとクライアントの間の構造化されたプロセス志向の関係であり（Skiffington & Zeus, 2003），ほとんどのコーチングプログラムがこのような行動的アプローチを含んでいる（Eldridge & Dembkowski, 2013）。

その行動コーチングの古典的かつ最も有名なモデルと言えるのがGROWモデルである。GROWモデルは，アレクサンダー（Alexander, G.）によって考案されたものだが（Alexander, 2006；O'Conner & Lages, 2007／邦訳，2012），ガルウェイ（Gallway, T.）のインナーゲームの影響もあると考えられている。ウィットモア（Whitmore, T.）の開発であるように誤解されることがあるのは，アレクサンダーが協力していたウィットモアによる著書 *Coaching for Performance*（『はじめのコーチング』）の中で紹介されて広まったためで，その点ではウィットモアも貢献者のひとりと言えるかもしれない。アレクサン

ダーによれば，当初彼は自分のコーチングプロセスについて格別意識していなかったが，セッションを録音・録画し，第三者に分析してもらったところ一定の法則が見出され，それをGROWと名づけたのだという（Alexander & Renshaw, 2005）。

GROW は G（goal: 目標），R（reality: 現実），O（options: 選択），W（will: 意志，wrap up: まとめ，という場合もある）の頭文字である。grow（成長）という単語にもなっているため，コーチングの理念によく適合している。GROW モデルに基づいたコーチングセッションでは，コーチはまずクライアントに目指す目標を尋ね，それを明確化していく。次にコーチはクライアントの現在の状況を質問によって明らかにする。3つ目のステップでは，コーチは目標達成のために現在障害となっているものを明らかにし，解決のための選択肢をクライアントと共にブレーンストーミングなどを用いながら可能な限り出し，最も現実的でふさわしい選択肢を明らかにしていく。最後のステップでは，選んだ選択肢を具体的な行動に移すための行動計画をクライアントと共に練り上げていく。

GROW モデルの質問例：

Goal（目標）
このセッションでは，どのようなテーマを話し合いたいですか。
あなたは何を達成したいと考えていますか。
それは最終目標（end goal）ですか，成績目標（performance goal）ですか。
それをいつまでに達成したいですか。
それはどれくらいやりがいがありますか。

Reality（現実）
現在の状況を詳しく話してください。（何が，いつ，どこで，だれが）
あなたのこの問題に対する関心はどの程度ですか。
この問題にあなた以外に影響を与えているのは誰ですか。
この問題の結果についてあなたはどの程度関与していますか。
これまでにどんな行動を取りましたか。
あなたの持っているリソース（資源）はどのようなものですか。
これ以外にあなたが必要だと思うリソースはありますか。

Options（選択）
あなたの考えうる選択肢をすべて挙げてください。
必要なアドバイスはありますか。
選択肢の利点と欠点を挙げてください。
ほかに何ができますか。
どの選択肢に最も惹かれますか。
どの選択肢があなたに一番満足感をもたらすでしょうか。

Will（意志）
どの選択肢を選びますか。
成功に対するあなたの基準と指標は何ですか。
それはあなたの目標と一致していますか。
目標の達成の妨げになりそうなものはありますか。
どうやってそれを克服しますか。
あなたを支援するために，私（コーチ）ができることはありますか。
合意した行動を取るにあたって，あなたのコミットは1から10のうち何点くらいですか。
10点になることの妨げになっているものは何ですか。

　筆者はアレクサンダーがコーチングのトレーニーを相手にGROWモデルを実践しているセッションのDVDを視聴したことがある。セッションの雰囲気は冷静なコンサルティングのような印象を受けた。しかし，会話の中で相槌（うん，うん）を繰り返し，主にクライアントに語らせながら，要所要所の適切な場面で鋭い質問を繰り出すことで，クライアントは時には答えに詰まりながらも，ごく自然に自ら結論に到達しており，まさに名人芸を目の当たりにするようであった。
　GROWモデルはコーチの質問や承認の中でクライアントが自らを動機づける自己報酬的な行動システムを作ることで成立している行動主義モデルである（Passmore, 2007）。目標が行動的で比較的明確な場合——ビジネスやスポーツの場面——にはよくフィットする。また，個人だけではなく目標を共有する職場のチームなどにも適用可能である。パフォーマンスコーチングやビジネスコーチングの場では，厳密なGROWモデルであると謳っていなくても，現状の査定と目標の設定，そこまでの道筋の明確化，という点でGROWモデルまたは

その類似のモデルを使用した行動コーチングを（場合によっては無意識的に）行っているコーチは多いと思われる。またワイブラウとパーマー（Whybrow & Palmer, 2006）が英国心理学会のコーチング心理学部門のメンバーに対して行った調査では，約6割のコーチングサイコロジストが行動コーチングを取り入れている，と回答していた。

しかし，人は目標とそこへの道筋が明確化しさえすれば，常にそこに向かってまっしぐらに進んでいけるわけではない。クライアントが対人関係やストレスなど内的な葛藤や心理的なバリアを持っている場合には，わかっていても実行できなかったり，乗り越えられない場合もあり，その場合は行動主体で感情面を深くは扱わないGROWモデルをはじめとする行動コーチングだけでは問題の根本的解決に至らないこともある。

■ 3-2. 認知行動的アプローチ：SPACEモデル

「人はものごとによって悩むのではなく，その受け取り方によって悩むのである」という古代ギリシャのエピクテトスの言葉に示されるように，認知論的な考え方は古くから存在していた。心理療法の世界では，人は状況に対して付与した意味づけによって自分自身を規定する（仮想論），というアドラーの観察によって注目されるようになり（Palmer & Williams, 2013），エリス（Ellis, A.）はその考えを発展させ，きっかけとなる出来事と人の感情的・行動的な反応の間でビリーフ（belief：信念や思考）が果たす媒介的な役割のメカニズムを体系立て，REBT（Rational Emotive Behavioral Therapy）として完成させた。「認知行動コーチング（Cognitive Behavioural Coaching：CBC）」という名称はニーナンとパーマー（Neenan & Palmer, 2001）によって提唱されたが，それ以前の1990年頃から英国のREBTセラピストたちは，組織の問題解決トレーニングやストレスマネジメント対策として臨床場面以外にREBTを活用していた。ただしニーナンとパーマーの論文で紹介されている認知行動コーチングは，ワシク（Wasik, 1984）による7段階の問題解決技法が中心であり，感情的な混乱のある場合にのみREBTに基づくABCDEモデルを使用するとされている。現在の認知行動コーチングは認知行動療法のほか，問題志向アプローチ，解決志向アプローチ（SFA），目標設定理論，社会認知理論などの概

3. コーチング心理学のモデル　39

```
     心理的          実利的
 （パフォーマンスに影響   （行動計画）
  する心理的障壁）
```

図 2-2．認知行動コーチングの二元システム
(© Centre for Coaching, 2014 をもとに作成)

念や方法論を統合して構成されており（Palmer & Szymanska, 2007），認知行動的アプローチとも呼ばれているようである。認知行動コーチングでは取り上げるテーマの外面的，実利的，目標志向的行動の側面，および内面的，心理的，認知的側面を査定し，必要に応じてそれらのうちいずれか一方または両面にアプローチするという二元システム（dual system）を採用している点が最大の特徴である。よって，単純な問題解決モデルで足りる場合には，心理・認知的側面に焦点を当てない場合もあり（Williams et al., 2014），逆に，認知や感情への介入だけで解決する場合には，詳細な行動計画が必要とされない場合もある。

　認知行動コーチングのモデルのひとつである SPACE モデルはラザルス（Lazarus, A. A.）のマルチモーダルセラピーをもとにエガートン（Edgerton, N.）によって開発された（Edgerton & Palmer, 2005）。SPACE とは，S（Social Context：社会的文脈），P（Physiology：生理・身体反応），A（Action：行動），C（Cognition：認知），E（Emotion：感情）のことである。SPACE モデルでは図 2-3 のようなダイアグラムを使用しながらコーチングセッションを進める。

　SPACE モデルの話し合いのステージには 3 段階あり，それぞれ青のワーク（Blue work），赤のワーク（Red work），緑のワーク（Green work）と呼ぶ。青のワークではクライアントに取り上げる問題に関する具体例を想起してもらい，SPACE ダイアグラムの各領域を埋めながら，問題の発生状況を特定していく。うまくいっている時があるならそれも記入し，もしダイアグラムのどこ

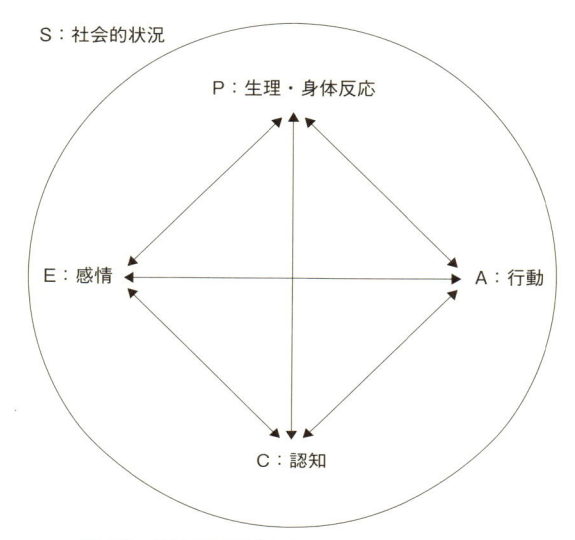

40　第2章　コーチング心理学のスキルとモデル

```
                    S：社会的状況
                  P：生理・身体反応


         E：感情  ←――――――→  A：行動


                    C：認知
```

図 2-3. SPACE モデル（Edgerton & Palmer, 2005）

　かに空白の部分ができたら，それについても尋ねる。次の赤のワークでは，特定された危機的場面でのS（状況），P（生理・身体反応），A（行動），C（認知），E（感情）を明らかにしていく。この時，クライアントが「認知」とは何かを理解していることが重要で TIME，すなわち T（Thought：思い），I（Image：イメージ），M（Memories：記憶），E（Expectations：期待）であると説明すると理解されやすい。赤のワークを進めていくなかで，クライアントはコーチの質問に答えたり，SPACE ダイアグラムを見ることで，生理・身体，感情，行動，認知の相互の関連性に気づくことができる。青と赤のワークはアセスメントで，この後の緑のワークが解決へのコーチングとなる。緑のワークでは，その前の赤のワークと同じ状況をイメージしてもらい，これまでと異なる反応が可能かどうかの質問をする。ここではソクラテス的質問を活用し，状況を改善するための新しいアイディアが浮かんだら，それをもとにダイアグラムを埋めていく。新しい行動を採用した場合には，どのような感情や生理・身体反応が起こりそうか，0～10 の段階評価を用いて回答してもらってもよい。
　SPACE モデルの各頭文字が表す内容は以下のとおりである。

S（social context: 状況）：家族，友人，同僚，組織・職場，文化（社会規範や習慣など）など
P（physiology: 生理・身体反応）：緊張のレベル，呼吸・心拍数，睡眠，疾病，ホルモン，血流，発汗など
A（actions: 行動）：具体的行動，行動傾向，発言，活動
C（cognition: 認知）：記憶，思考，イメージ，期待
E（emotions: 感情）：怒り，不安，罪悪感など，気分

SPACEモデルの基本形では5つの領域に関して3つのワークを行うため，かなり時間がかかる。しかし，セッションで扱う問題によっては5つの領域のすべてが関係しているとは限らない。エガートンとパーマー（2005）は，ACE（action-cognition-emotion）モデルやPACE（physiology-action-cognition-emotion）という簡略モデルも同時に提案しており（図2-4, 5），必要に応じて使い分けることを勧めている。

認知が感情さらには行動に影響を及ぼすという考え方は，ベック（Beck, A. T.）の認知療法やエリス（Ellis, A.）のREBTの理論の基本である。しかしエガートンのSPACEモデルでは，認知と感情，認知と行動の関係は双方向であると考えている（Edgerton & Palmer, 2005）。たとえば，「こんな（ひどい）ことがあってはならない」といった認知が怒りをもたらすのと同様，持続的な怒りの感情が新たな状況において否定的な認知を生み出すこともあるからである。SPACEと同じ，あるいはよく似た5領域を用いたケースの概念化はCBTでも使用される。しかし，パーマーらはコーチングは心理療法とは異なるので，ケースの概念化の作成に時間をかけ過ぎるべきではないと注意を促している（Palmer & Szymanska, 2007）。

筆者はロンドンのCentre for Coachingで開発者のエガートンからSPACEモデルのトレーニングを受けた。最初の青のワークのときには一見関連がないと思われた領域間に，ワークのステージを重ねていくうちにまったく異なる関係性が見えてくることも経験した。深い気づきによって見えてくる世界が変わることが認知を含むモデルの最大の強みであり，特徴である。ただ，クライアントがコーチングに持ち込むテーマ次第では，GROWモデルで十分に機能することもあるだろう。パーマーらは，認知行動コーチングは職場や学校での

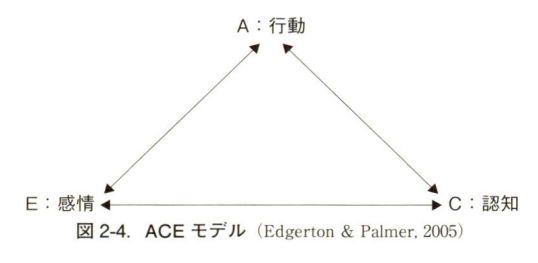

```
           A：行動
            ↕
           ╱ ╲
          ╱   ╲
         ╱     ╲
   E：感情 ←——→ C：認知
```
図 2-4. ACE モデル (Edgerton & Palmer, 2005)

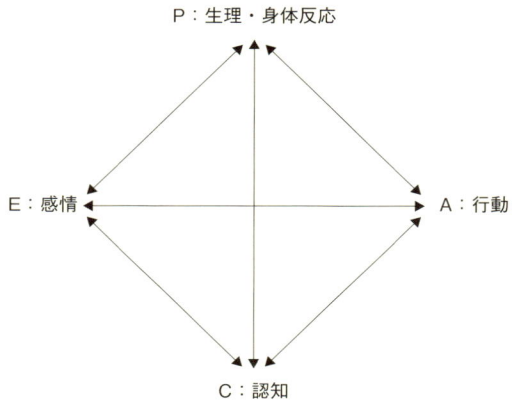

```
         P：生理・身体反応
              ↕
            ╱ │ ╲
           ╱  │  ╲
   E：感情 ←——┼——→ A：行動
           ╲  │  ╱
            ╲ │ ╱
              ↕
           C：認知
```
図 2-5. PACE モデル (Edgerton & Palmer, 2005)

パフォーマンスの向上，スピーチ不安，時間管理，意思決定，問題解決，感情のコントロールなどに特に有効であると述べている (Palmer & Szymanska, 2007)。一方，認知行動コーチングに向かないクライアントとして，ほかに責任転嫁するなどして感情的な責任を受け入れない人（自分の感情に向き合うことができない人），コーチングの責任を受け入れない人（課題に立ち向かい，変えていこうという行動の起こせない人），抑うつなど臨床的な問題を抱えた人（こういう人はコーチングではなくセラピーを受けるべきである），を挙げている。

　本章で紹介したモデルはコーチングで用いられるモデルの一例にすぎない。コーチングの効果を出すには，コーチはクライアントの特性や取り上げるテーマに応じて最適なアプローチとモデルを使い分けられるように「複数のポケット」を持っておくこと，コーチングに向かないクライアントを見分ける力，自

分の使える（あるいは得意とする）アプローチ以外の方法がより効果的だと判断したらほかのコーチやセラピストに紹介できる力量が必要であると思う。

4. ソクラテス式質問とSMARTゴール

本節では，行動コーチングおよび認知行動コーチングでよく用いられる質問と目標設定に関する用語を説明する。

■4-1. ソクラテス式質問

欧米の教育界では伝統的に「ソクラテス式問答法（The Socratic method）」と呼ばれる方法によって授業が進められることが多い。旧来の日本の高等教育にありがちな，教師が一方通行的に話を進め学生は黙ってそれを聞きながらノートを取る，という形式の授業はほとんどない。学生は，教師から与えられる知識や情報からではなく，教師から投げかけられる質問に答えようとして考えを巡らし，互いに討論しながら学ぶもの，とみなされている。そこには教師と学生の間の知的緊張感によって作り出される創造とそれを共有する喜びが存在し，それこそが学びの神髄とされているのである。ソクラテス式問答法は授業だけではなく，ソクラテス式質問（Socratic questioning）という形で心理療法の中にも取り入れられており，特に古典的アドラー心理療法（classical Adlerian psychotherapy）や認知療法，認知行動療法で重視されている。ソクラテス式質問は，セラピストが問いを投げかけることで会話が進み，クライエントが新たな視点を獲得したり，気づきを得る。心理療法におけるソクラテス式質問は，

1. 明確化のための質問（例：あなたは○○についてどのように考えていますか？）
2. （クライエントの）推測に対する探求（例：それはいつも起こっていることですか？）
3. 理由と根拠に対する探求（例：なぜ，そう思うのですか？）

に分類される（Centre for Coaching, 2014）。ニーナンとドライデン（Neenan

& Dryden, 2012) は，よいソクラテス式質問は，簡潔で明確，開かれた，目的的，建設的，焦点の絞られた，決めつけない，中立的なものであり，いつ，どこで，どのように，何を，なぜ，といった疑問詞を用いると述べている。ソクラテス式質問は，認知行動コーチングの特徴のひとつとなっている。

■4-2. SMARTゴール

コーチングでは目標を立ててそれに対する行動計画をコーチとクライアントが協力して作成することが多い。その際適切な目標を設定することが重要であるが，その目安として用いられるのがSMARTゴールである。

SMARTゴールとはS (specific)，M (measurable)，A (achievable)，R (realistic)，T (time-bound) の頭文字（Neenan & Dryden, 2002／邦訳 2010）で，以下のような意味である。

S（specific）：具体的であること（例：3ヵ月で標準体型になる）
M（measurable）：測定可能であること（例：体重を測定する）
A（achievable）：達成可能であること（例：減量のためにスポーツジムに通えるか）
R（realistic）：現実的であること（例：さまざまな障害があっても減量プログラムを継続できるか）
T（time-bound）：実行のための期限が限られていること（例：設定期間内に目標達成できるか）

SMARTゴールは，ウィットモア（1992／邦訳，1995）の著書で引用元を示すことなく紹介されたため，ウィットモアの創作と誤解されている場合もあるが，経営コンサルタントのドラン（Doran, 1981）が経営学の雑誌に発表した論文において最初に提案した概念である。ドランのオリジナルでは組織におけるマネジメントを念頭に置いていたためか，Aをassignable（指名可能な：誰が責任を持つのか明らかにする），Tをtime-related（時間限定の：いつまでに達成するのか期限を区切る）としていた。なおドランは目標（goal）と目的（objective）を区別する必要はないとしており，またSMARTの5つの条件をすべてを常に満たす必要はない，とも述べている（Doran, 1981）。

ウィットモアの著書ではパーソナルコーチングに合わせ，Aをattainable（達

成可能な）としていたが，後に agreed（同意された：ステイクホルダーの間で同意された目標）に変えている（Whitmore, 2009）。また SMART に加えて PURE と CLEAR も提案している（Whitmore, 2009）。

PURE は，
　P（positively stated: 肯定的に表現されている）
　U（understood: 理解されている）
　R（relevant: 適切である）
　E（ethical: 倫理的である）

CLEAR は，
　C（challenging: 挑戦しがいがある）
　L（legal: 合法的である）
　E（environmentally sound: 環境にやさしい）
　A（appropriate: 適切である）
　R（recorded: 記録されている）

である。

　目安はあまり多すぎると却って使いにくくなるし，わざわざ挙げるまでもないようなものも含まれているが，目標が高すぎても低すぎてもやる気が出ない（A）ので，現実的で（R），挑戦しがいのある（C）目標を設定することは大切である。達成できたかどうかを測定できる指標があった方がよいし（M），漠然とした表現ではなく具体的で十分に絞り込んだ目標（S）にすることで目標達成への行動が取りやすくなる。また，「○○しない」，とか「○○を避ける」といった否定的な表現よりも，「○○する」，という肯定的な表現で目標を表わす方が（P），前向きな気持ちで挑戦できるだろう。コーチングの手法のいかんによらず，適切な目標設定は，達成への第一歩と言える。

引用文献
Alexander, G. & Renshaw, B.（2005）. *Super coaching*. London: Random House.
Alexander, G.（2006）. Behavioural coaching: The GROW model. In J. Passmore（Ed.），

Excellence in coaching. London: Kogan Page.
Bachkirova, T. (2007). Role of coaching psychology in defining boundaries between counseling and coaching. In S. Palmer & A. Whybrow (Eds.), *Handbook of coaching psychology: A guide for practitioners.* Hove, East Sussex, UK: Routledge. pp.351-366.
Centre for Coaching (2014). Certificate in coaching training manual. Course held by Centre for Coaching, London, 2-6, June, 2014.
Doran, G. T. (1981). There's a S.M.A.R.T. way to write management's goals and objectives. *Management Review,* **70**(11), 35-36.
Edgerton, N. & Palmer, S. (2005). SPACE : A psychological model for use within cognitive behavioural coaching, therapy and stress management. *The Coaching Psychologist,* **2**(2), 25-31.
Eldridge, F. & Dembkowski, S. (2013). Behavioral coaching. In J. Passmore, D. B. Peterson, & T. Freire (Eds.), *The Wiley-Blackwell handbook of the psychology of coaching and mentoring.* Chichester, West Sussex, UK: Wiley-Blackwell. pp. 298-318.
Joseph, S. & Murphy, D. (2013). Person-centered approach, positive psychology and relational helping : Building bridges. *Journal of Humanistic Psychology,* **53**, 26-51.
Kimsey-House, H., Kimsey-House, K., & Sandahl, P. (2011). *Co-active coaching: Changing business, transforming lives* (3rd ed.). Boston, MA: Nicholas Brealey.(CTIジャパン(訳)(2012). コーチング・バイブル：本質的な変化を呼び起こすコミュニケーション　東洋経済新報社)
国際コーチ連盟日本支部（2013）．国際コーチ連盟によるコーチングを行う際に必要な核となる能力水準・国際コーチ連盟の倫理規定　新訳版　ビズナレッジ［非売品］
Maslow, A. H. (1954). *Motivation and personality.* New York: Harper.
諸富祥彦（2005）．人格成長論―ロジャーズの臨床心理面接論の批判的発展的検討を中心に　東山紘久（編）　臨床心理学全書　第3巻　臨床心理面接学その歴史と哲学　誠信書房　pp. 101-156.
Neenan, M. & Dryden, W. (2002). *Life coaching: A cognitive-behavioural approach.* London: Psychology Press.（吉田悟（監訳）亀井ユリ（訳）(2010). 認知行動療法に学ぶコーチング　東京図書）
Neenan, M. & Dryden, W. (2012). *Life Coaching: A cognitive behavioural approach* (2nd ed.). Hove, East Sussex, UK: Routledge.
Neenan, M. & Palmer, S. (2001). Cognitive behavioural coaching. *Stress News,* **13**(3), 15-18.
O'Conner, J. & Lages, A. (2007). *How coaching works.* London: A & C Black.（杉井要一郎（訳）（2012）．コーチングのすべて　英治出版）
Palmer, S. & Szymanska, K. (2007). Cognitive behavioural coaching: An integrative approach. In S. Palmer & A. Whybrow (Eds.), *Handbook of coaching psychology: A guide for practitioners.* Hove, East Sussex, UK: Routledge. pp. 86-117.

Palmer, S. & Williams, H. (2013). Cognitive behavioral approaches. In J. Passmore, D. B. Peterson, & T. Freire, (Eds.), *The Wiley-Blackwell handbook of the psychology of coaching and mentoring*, Chichester, West Sussex, UK: Wiley-Blackwell. pp. 319-338.

Passmore, J. (2007). Behavioural coaching. In S. Palmer & A. Whybrow (Eds.), *Handbook of coaching psychology: A guide for practitioners*. Hove, East Sussex, UK: Routledge. pp. 73-85.

Rogers, C. R. (1957). The necessary and sufficient conditions of therapeutic personality change. *Journal of Consulting Psychology*, 21, 95-103.

Rogers, C. R. (1980). *A way of being*. Boston, MA: Houghton Mifflin. (畠瀬直子(監訳)(1984). 人間尊重の心理学――わが人生と思想を語る　創元社)

Rogers, C. R. (1986). A client-centered/ person-centered approach to therapy. In I. L. Kutash & A. Wolf (Eds.), *Psychotherapist's casebook*. San Francisco, CA: Jossey-Bass. pp. 197-208.

Skiffington, S. & Zeus, P. (2003). *Behavioural coaching: How to build sustainable personal and organizational strength*. Sydney: McGraw-Hill.

Wasik, B. (1984). *Teaching parents effective problem-solving: A handbook for professionals*. Unpublished manuscript. Chapel Hill, NC: University of North Carolina.

Whitmore, J. (1992). *Coaching for performance: Growing people, performance and purpose*. London: Nicholas Brealey.(真下　圭(訳)(1994). 潜在能力を引き出すコーチングの技術　日本能率協会マネジメントセンター)

Whitmore, J. (2009). *Coaching for performance* (4th ed.). London : Nicholas Brealey.

Whybrow, A. & Palmer, S. (2006). Taking stock: A survey of coaching psychologist's practice and perspective. *International Coaching Psychology Review*, 1(1), 56-70.

Williams, H., Palmer, S., & Edgerton, N. (2014). Cognitive behavioural coaching. In E. Cox, T. Bachkirova, & D. Clutterbuck (Eds.), *The complete handbook of coaching* (2nd ed.). London: Sage. pp. 34-50.

コラム2
アメリカの大学院のコーチング教育の一例

紫藤由美子

　筆者が2012年に修士号（MS）を取得したテキサス大学ダラス校経営管理大学院（The University of Texas at Dallas (UTD), Naveen Jindal School of Management）におけるコーチング教育を紹介する。

　経営管理科学学部（Management and Administrative Science）の組織行動学＆エグゼクティブコーチング（Organizational Behavior and Executive Coaching）専攻課程では，授業の一部でコーチングを学ぶという枠を超え，経営管理のカリキュラムの中に組織行動学とコーチングを体系的に組み込んだカリキュラムとなっている。組織運営・管理概念にコーチングの理論と実践を取り入れ，個人・グループ・組織に変化，成長を促すというところに焦点を当てているのだ。授業は最新のオンラインシステムを駆使したヴァーチャルクラスで進められ，活発なディスカッションも可能である。

　ここで学ぶコーチングは，ビジネス・医療・教育など，組織の中でのコーチングに特化している。学生はほとんどが社会人でその職業の幅は広い。コーチングの体系を学びたいというコーチ，自分が働く組織の変革のためにという企業の人事担当者，自分が属する組織医療の現場にコーチングを取り入れたいという医師・事務局，カリキュラムの導入を視野に入れ授業に取り入れたいという大学教授などさまざまだ。特徴あるカリキュラムに惹かれ，2つ目，3つ目の修士号取得として入学する人も多い。

　UTD経営大学院でのコーチング教育では，一般的なコーチングを学ぶ機関と異なる特徴が3つある。

　1つ目は，プロフェッショナルコーチになるプログラムが，導入されているということだ。国際コーチ連盟（International Coach Federation）の公式認定を受けているプログラムが組み込まれ，座学による知識取得だけではなく，実践も含めたプロフェッショナルコーチの養成機関となっている。10ヶ月にわたるプログラム終了時には国際コーチ連盟プロフェッショナルコーチ認定資格申請要件が満たされるようになっている（実際のコーチング実績を除く）。コーチングのクラスを持つ大学・大学院は多数あるが，国際コーチ連盟認定コーチの資格申請要件を満たすコースを持つ大学はアメリカでもまだ少ない。ちなみに学位を取らず，このプログラムのみ受講する選択肢もある。その場合は，プロフェッショナル・アンド・エグゼクティブ・コーチング・プログラム修了認定となる。

　2つ目の特徴は，コーチングを包括的に学べる，ということである。コーチング理論，実践のなかで，組織の変革・成長に効果的なコーチングモデル・ツール・手法な

どを幅広く学ぶ。「コーチングの進め方とは」という核になる部分に加え，その根本的な概念となっている学術分野や，そこに付加価値として幅を広げるような要素が盛り込まれている。たとえば，クライアントの強みをベースにしたコーチングのアプローチや，ゴール設定と幸福度の関連，効果的な肯定性の介入などを学ぶ「ポジティブ心理学」，ある特定の分野に視点をおいてのコーチングモデルを学ぶ「エビデンスベースト・コーチング」や「認知コーチング」，コーチングに有効とされるプロセスとして学ぶ「ストラテジック・インクワイアリー」「アプリシエイティブ・インクワイアリー」，そして，個人ではなく複数人に同時にアプローチをする手法を学ぶ「グループコーチング」など，多岐にわたる。

　3つ目の特徴は，コーチングをビジネスとして確立させるため，言い換えれば，コーチとして自立するために必要な知識・情報習得が，包括的に組み込まれているという点である。日本では，コーチングで生計を立てる十分な収入を得にくいなどという声が聞かれるし，コーチングというビジネスが確立されているアメリカでも，コーチングをキャリアとして確立させるまでのプロセスを知る場がまだまだ必要とされている。その需要に応えるような構成だ。たとえば，科目として，提携パートナーはどのような基準で選定するのか，自分が提携パートナーとして魅力的な存在になるとは，また戦略計画の立て方やマーケティング手法を学ぶ「コーチングビジネス成長のための戦略」，コーチングでアセスメントを利用する価値・課題，市場で多く利用されるアセスメント情報またその実施などをする「コーチングにおけるアセスメント」，定性的・定量的コーチングリサーチの目的・有効性・リサーチに必要な要素，具体的な手法を学び，また実践をする「コーチングビジネスへのリサーチの適用」，組織・企業から求められるコーチ要件など組織構造を理解し，組織内でコーチング風土を醸成させる，経営層に向けてのコーチングのプロセスや，具体的な人事とのやりとりや契約書作成の仕方など具体なプロセスを学ぶ「組織においてのコーチング」などがある。さらに社会・組織構造を理解しビジネスの基盤の底上げをする目的としてビジネスを取り巻く経済分析，ビジネスにおけるリスクと不確実性，リーダーシップ論，交渉力，権限と社内政治，組織行動論などを学ぶことができる。

　大学院でのコーチング教育ということでUTD経営大学院を一例として挙げたが，コーチングを組織・人の成長のための効果的なプロセスとして捉え，コーチングの背景理論，社会・組織の構造を理解すること，そしてそのなかでどのようにコーチングを取り入れるかという考察・コーチングプロセスや，プロフェッショナルコーチとして自立できる仕組みの習得などはこれからのコーチにとって必須の要件であると言えるだろう。

第3章
コーチング心理学におけるアセスメント

石川利江

1. コーチング心理アセスメントの必要性

　コーチング心理学の実践には，はじめにコーチングの対象者（クライアント）がおかれている状況やパーソナリティ，能力，スキルなどについて理解し，それから目標や解決策を考えていく支援を行う必要がある。コーチングの進行に伴って進捗状況や効果の確認も必要になってくるが，たとえば，面接によるインタビューだけでこれらすべてを十分明らかにできるだろうか。コーチの主観的評価だけでなく客観的なアセスメントも活用することは，コーチだけでなくクライアントにも役立つ。コーチング開始時であればアセスメントによって，コーチはクライアントの特徴や働きかける領域が捉えやすくなり，クライアント自身は自己洞察を深めて目標設定に役立てられるだろう。コーチングの展開の過程では，アセスメントの客観的結果を活用することでコーチングのプロセスや効果が明らかになり，達成度が明確になる。クライアントや依頼者へのフィードバックとしても使用することができる。

　しかしながら，客観的なアセスメントを実施することの意義が指摘されてはいるものの，コーチングに限らずこれまでの心理的介入における実際的使用は限定的である。客観的アセスメントを実施しない主な理由は，アセスメントの実施には特別なスキルが必要である，測定が難しいといった実施者の訓練不足や経験不足の問題，求められていない，優先順位が低い，批判につながる，コストがかかりすぎるといった認識の問題などがある（McCain, 2005）。このような状況について，コーチング心理学の代表的研究者の一人であるシドニー大学のグラント（Grant, 2013）は，コーチングビジネスが興隆し，産業領域におけるコーチングの重要性が認識されてきている現在では，コーチングの有効

性や妥当性を示すための信頼性を有する指標が必要であると述べている。そして，コーチングの有効性に関してどのような形でエビデンスを示すことができるのかが重要だとし，客観的指標の必要性を指摘している（Grant, 2013）。コーチング心理学の実践におけるエビデンスは，今後ますます求められるようになっていくことは容易に予測され，アセスメントについての理解を深め，使用するための訓練を重ねていくことが必要となるだろう。そこで本章ではコーチング心理学の研究や実践的介入を行ううえで必要とされるアセスメントについてみていくこととする。

2. 心理アセスメントとは

　アセスメントは査定や評価とも表現され，効果的な支援を行うために系統的に情報を収集・分析し，解釈していくプロセスである。コーチング心理アセスメントにおいても，問題解決や課題達成にむけて対象者の種々の特性，能力や状況などをできる限り正確に把握する必要がある。アセスメントは問題解決・課題達成のための方法を計画・立案するための情報や，用いられた方法の有効性を確認するための情報を与えてくれる。コーチング心理学独自の研究・実践は萌芽期であり，心理アセスメントの方法や内容についての検討が十分ではない。そこでコーチング心理学と同じ応用心理学領域である臨床心理学や健康心理学におけるアセスメントを参考にコーチング心理学のアセスメントについて考えてみよう。

　臨床心理学におけるアセスメントは，何らかの心理的問題を有する人を主な対象者としており，障害や疾病の程度，原因や治療の可能性を重視したアセスメントがなされている。健康心理学においては健康な人も対象者に含まれるため，アセスメントはその人の健康的な側面を含めた疾病の予防や心身の健康の維持・増進に関連した多面的，総合的なものである。一方，コーチング心理学では特定の症状の低減といったひとつの側面に限定せず個人や組織をポジティブな方向に変化させようとしており，コーチング心理学のアセスメントには幅広い側面についての評価が望まれ，アセスメントの難しさが指摘される（Grant, 2013）。しかしながら，エビデンスに基づく科学的学問としてコーチ

ング心理学を位置づけようとするなら客観的で信頼性のあるアセスメントを実施していくことが必要である。

3. 心理アセスメントの妥当性と信頼性

　コーチングにおける心理測定に関する著書の中でオールワースとパスモアは、アセスメントの使用に関する能力にコーチによる違いが大きいと述べている（Allworth & Passmore, 2008）。それは背景理論や理論モデルへの理解が不十分なこともあるが、アセスメントに求められる妥当性や信頼性についての理解が不十分なためでもあるとしている。そこでエビデンスの基礎となる心理アセスメントが備えるべき基本的条件である妥当性、信頼性、実用性・効率性について概説する。

■3-1. 心理アセスメントの妥当性

　心理検査の妥当性は、評価しようとする目的と結果が合致しているかどうかを示すものである。この妥当性は、内容的妥当性、基準関連妥当性、構成概念的妥当性という3種類に大別される。内容的妥当性とはその検査が測ろうと意図している内容を代表しているかどうかということである。たとえば、新たにリーダシップを評価する検査を作成しようとするなら、リーダシップを表す全体的内容をはっきりさせて、その中から代表的な行動や考え方などをサンプリングしなければならない。基準関連妥当性は、使用される検査が関連する外的基準とどの程度関連するかを評価するものである。何を外的基準とするかが問題となるが、すでに類似の検査があればその検査との関連をみる、営業成績などの実際のパフォーマンスを外的基準としてそれとの関連をみるなどが考えられる。また、その検査が将来の行動を予測できる程度は予測的妥当性と呼ばれる。たとえば、ある適性検査の結果とその後の実際の職業におけるパフォーマンスとが大きく関係していれば、その適性検査は予測的妥当性が高いといえる。構成概念的妥当性は、心理検査が測定しようとする概念を全体として適切に測定しているかどうかの評価である。構成概念的妥当性を評価するためには、似たような概念と関連しているかどうか、あるいは因子分析をすると似た

概念は同一の因子にまとまるかどうかなどで確認する。コーチングにおけるアセスメントの実施に際しても、このような妥当性を備えた検査であるかどうかを確認してから使用することが大事である。

■3-2. 心理アセスメントの信頼性

検査実施者や状況によって、対象者のアセスメント結果が変わらないという一貫性、安定性を示す指標である。信頼性の確認は、同じ検査を時間間隔をおいて複数回実施して、その結果同士がどの程度関連しているかを確かめる再検査法が最も一般的である。行動観察法などでは、異なる観察者が同じ対象を観察し、観察者間の観察結果の一致度を見ることで信頼性を確認することができる。そのほかにも信頼性の確認には、折半法やI-T分析などさまざまな統計的な分析が用いられているが、具体的な方法については専門書も多数出版されているので必要に応じて参考にするとよいだろう。

■3-3. 心理アセスメントの実用性・効率性

採用しようとするアセスメントがどのくらいの費用対効果があるのか、実施にはどのくらいの時間が必要なのか、クライアントの負担はどのくらいかを検討すべきであろう。十分な妥当性・信頼性があるアセスメント法であったとしても実用性や効率性に欠けるなら実際の使用は難しいだろう。

4. コーチング心理学におけるアセスメントの方法

心理アセスメントにおいては、行動観察法、面接法、心理検査法、関連する情報の収集などの多様な方法が用いられている。では、コーチングの現場ではどのようなアセスメントが用いられているのだろうか。ジェンキンスら（Jenkins et al., 2012）が2010年から2011年にかけて実施したイギリスにおけるコーチングの現状調査において、コーチングで使用するアセスメントツールについても調べられている。最終的な回答者245名ほぼ全員がコーチング関連の専門資格認定団体（コラム8［p. 186］参照）であるAssociation for Coaching (AC)、英国人事協会（CIPD）、国際コーチ連盟（ICF）などの資格をもつ

4. コーチング心理学におけるアセスメントの方法

方法	まったく用いない/ほとんど用いない	時々用いる	常に/しばしば用いる
他の方法	50.6	37.2	12.2
ロールプレイ	45.7	40.4	13.9
360度リーダシップ・マネジメント行動	25.8	39.8	24.4
パーソナリティテスト	22.9	40.4	36.8
興味に関する質問紙	44.5	40.8	14.7
認知的能力や能力検査	56.3	38	5.7
家族へのインタビュー	91	8.9	0.1
部下や同僚などへのインタビュー	38.7	41.6	19.6
スーパーバイザーへのインタビュー	24.9	38.8	36.3
クライアントへのインタビュー	8.2	13.9	77.9

図 3-1. イギリスにおけるコーチングアセスメント（Jenkins et al., 2012をもとに作成）

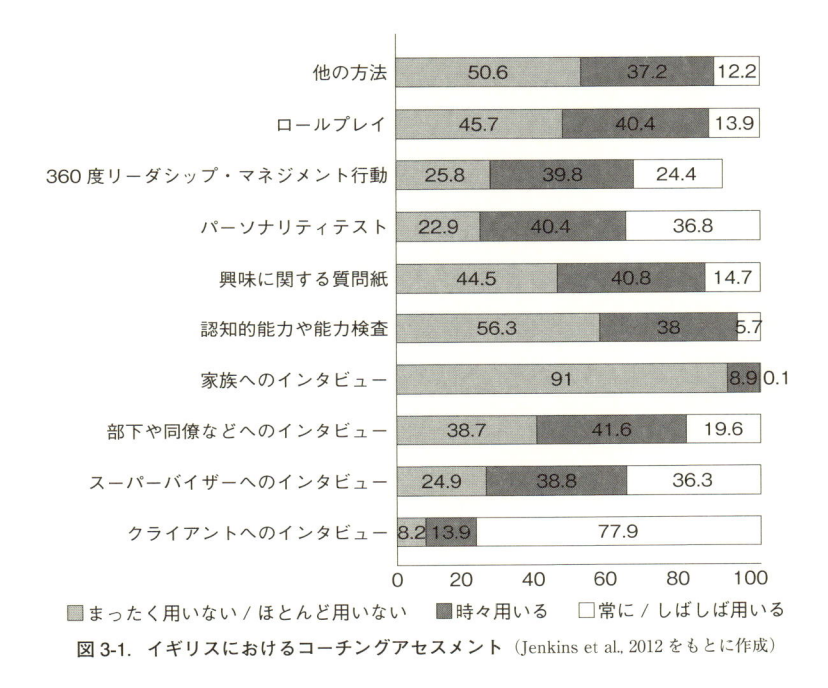

コーチであり，アセスメントについての回答結果が図3-1である。その結果を見ると，予想どおり本人へのインタビューが最も多かったが，パーソナリティテストも比較的多く用いられていた。また，どの程度クライアントのパフォーマンスアセスメントを行うかという質問に対する回答では，実際のパフォーマンスのアセスメントは，「まったくあるいはほとんど用いていない」が40.4％，「時々用いる」が38.7％であり，パフォーマンス評価があまり行われていないことも明らかにされた。この調査結果はコーチングの実践におけるアセスメントの内容および実施はイギリスのコーチ有資格者であってもかなり限定的であることを示している。

　本邦においてコーチングのアセスメントツールに関する学術的研究は見当たらないが，2013年にプロコーチからのコーチングを受けたことのある200名の管理職者に対する藤村の調査報告がある（藤村，2013）。「コーチングを受けて役にたった」と回答した113名のクライアントに対して，一対一の対話以外

にどんな方法が用いられたかを尋ねたところ，アセスメント・適性検査の活用（38.1％）という回答が最も多かった。そのほか，上司・部下など周囲からの360度フィードバック（28.3％），コーチによる職場メンバーへのインタビュー（23.9％），コーチによる職場場面での行動観察（23.0％）と続いている。しかし，この結果は本邦におけるアセスメントツールとして何が使用されているのかを明らかにするものでないが，さらにどのようなアセスメントが実施され，そして求められているのかを明らかにしていくことが今後必要だろう。

　上記のように，コーチング心理学で採用されているアセスメントは現在のところ非常に限られたものである。しかし，これまで心理アセスメントとして開発されてきた行動観察法，面接法，心理検査法，精神生理学的測定法，調査法などについても理解を深めることで，コーチング心理学でもより一般的に使用されるようになる可能性がある。心理アセスメントの中には，知能検査や性格検査など特別な研修などをうけて実施資格を得ることが必要な方法もある。そういった心理アセスメントの方法の特徴や実施方法を十分理解し，あらかじめ決められた手続きに従い実施できるような教育・訓練がコーチング心理学においても進められなければならないが，ここでは簡単にこれらの心理アセスメントの方法について述べる。

■4-1. 行動観察法

　行動観察法は，乳幼児や障害などにより言語的能力が十分でない対象者にも適用可能な方法であり，行動の質的・量的特徴や法則性を明らかにしようとするものである。この行動観察は部下の評価の一環としても日常的に行われている方法であり，対象者の行動をただ見るだけの簡単な方法のように思われるかもしれない。しかし，行動観察法により客観的な資料を得ようとするなら十分な準備や訓練が必要である。なぜならば同じ行動が観察者によってまったく異なった解釈がなされることもあれば，観察する人の先入観によって観察結果が，大きく変わってしまうこともあるからである。目的に沿って観察すべき行動をあらかじめ定義しておくなどの十分な配慮が必要である。たとえば「この部下は協調性がない」といったような先入観をもった観察では，協調性のなさに注意が向きやすく，協調性が示された場面が見過ごされたり，大したことな

いと過小評価されたりすることが生じる可能性がある。どのような言動を「協調性」として評価するかをあらかじめ具体的な行動リストにしておく，観察する方法と記録方法を決める，観察する場面を決めておくなどの明確な手続きで実施することが大事である。また，人事評価のひとつの方法である360度評価は，直属の上司だけでなく同僚や部下なども含めた多角的な視点に基づく評価を得ようとする方法でこれまでもビジネス場面で多く用いられてきており，コーチング場面でも活用が期待される。しかし，従来の360度評価は，上司や同僚，部下など周囲の人々の評価はクライアントの行動を実際に観察した結果というよりも印象評価となっている場合が多い。360度評価を行動観察法として使用するためには，たとえばミーティング場面やプレゼン場面など観察場面を決めて観察する行動リストを作成し実施するなどの活用が考えられる。

■4-2. 面接法

面接によるインタビューは，アセスメントであると同時にコーチングプロセスそのものである。クライアントの現在の不満，かなえられていない夢，どのような解決像を描くのか，有する能力やスキルなどについて面接のなかで明らかにしていくことができる。面接では，クライアントとのかかわりのなかで行動観察も行われるだろう。心理検査を実施すれば，その時の行動，質問に対する反応や動作なども記録しクライアントについてのプロファイルのひとつにすることができる。面接法によるアセスメントは，構造化面接，半構造化面接，非構造化面接に大別できる。構造化面接では，質問内容，質問の順番，所要時間など，あらかじめ決めておいた手続きに従って行われる。半構造化面接では，一定の方向性をもちつつも対象者の状況や回答に応じて決めておいた質問の表現や内容を変えたり追加の質問を行うなど，柔軟に対応する。非構造化面接はあらかじめ質問などは準備せず自由な発言を重んじる方法である。

現在のコーチングのアセスメントでは，半構造化や非構造化による面接でのインタビューが中心になっており，行動観察や心理検査によるアセスメントはあまり活用されていない。しかし，ポジティブ・コーチングの著者であるビスワス‐ディーナー（Biswas-Diener, 2010）は，1時間のコーチングでは30個程度の質問しかできないが，心理検査を用いた質問は直接聞くことが難しい広

範囲の何百もの質問に対する回答を得ることができるとし，心理検査の活用を勧めている。コーチング心理学におけるアセスメントでは，面接を中心にしながらも行動観察や心理検査などを含めた多角的な評価が望まれる。

▰4-3. 国内で使用されている主な心理検査

　これまで多くの心理検査が開発され使用されてきている。それらは，大別すると集団を対象にした集団実施式検査と個人に対する個人実施式検査に分けられる。臨床心理学では集団実施式検査は問題あるケースのスクリーニングとして使用されることが多いが，コーチング心理学では集団実施式検査を活用することで，クライアントの特徴の全体像把握（プロファイリング）に活用できる。個人実施式検査の知能検査なども，発達の問題や障害の程度の判定としてではなく，言語的能力，空間認知能力，処理速度など強みの評価として活用することも考えられる。

　なお，精神疾患の世界的な診断基準・診断分類が示されている精神疾患の診断・統計マニュアル DSM-5（American Psychiatric Association, 2014）や ICD-10（WHO, 1992）についても知っておくことが大事だろう。DSM-5 は心理学の分野での活用が多く，医学分野では ICD-10 も活用されている。もっともコーチング心理学の対象者は精神的問題を有しない者とされており，コーチング心理学のアセスメントとして必要ないと考えられるかもしれない。しかし，実際にコーチングを希望した人の 26％ が精神的問題を抱えていたという研究報告もある（Cavanagh, 2005）。コーチも精神疾患やメンタルヘルスの知識は必須であり，必要に応じて専門家へのリファーを行うことができれば，コーチングを実施したことでクライアントの問題が悪化してしまうといったことが予防できる。

▰4-4. コーチング心理学で使用が考えられる心理検査法
(1) 個人コーチングにおけるアセスメント

　一対一の個人コーチングにおいては，アセスメントは観察法，面接法，心理検査法などすべての方法が施行可能である。自己概念や自尊感情，パーソナリティ，動機づけや欲求，価値観や社会的態度，対人関係や対人行動などに関す

るさまざまな心理検査をはじめ，発達検査や知能検査などさまざまなアセスメントを実施することができる。発達検査，知能検査あるいは一部のパーソナリティ検査については，検査の実施者が大学院などで心理検査および測定に関する科目を履修し卒業する，あるいはそれと同等な教育・訓練を終えているといった専門的訓練を受けていることが必要とされるものもある。表3-1に従来の心理学の分野で個人のアセスメントとして一般的に使用されており市販されている心理検査例の一覧を示した。教育背景が心理学ではないビジネスコーチがこれらの心理検査を活用しようとすれば，専門的知識や訓練をうけたコーチング心理学者との連携を行っていく必要があるものの，多角的なクライアントの理解が可能となる。また，多様な背景を持つコーチ同士の連携は実行される

表3-1. 日本で一般的に使用される心理検査

検査カテゴリー	使用に際しての条件	検査名
知能検査	×	WAIS-Ⅲ
	×	WISC-Ⅳ
	×	田中ビネー知能検査Ⅴ
	×	コロンビア知的能力検査（CMMS）
	×	グッドイナフ人物画知能検査（DAM）
	×	コース立方体組み合わせテスト
性格・人格・感情に関する検査	△	YG性格検査
	×	ミネソタ多面人格目録（MMPI）
	△	東大式エゴグラム（TEG）
	△	POMS
	△	CMI
	△	SDS
	△	日本版STAI
	△	WHO SUBI（心の健康自己評価質問紙）
	×	ロールシャッハ・テスト
	×	絵画統覚検査（TAT）
	×	文章完成テスト（SCT）
	×	絵画欲求不満テスト（P-Fスタディ）
	×	H.T.P.テスト
視知覚に関する検査	×	ベンダー・ゲシュタルト・テスト（BGT）
	×	フロスティッグ視知覚発達検査
神経心理学的検査	×	Trail Making Test

△：ガイドラインなどに十分配慮することで特別な訓練をうけた専門家でなくとも使用可能
×：専門的訓練をうけた専門家とともに使用しなければならない

表 3-2. コーチング場面で使用可能な日本語の心理ツール

	ツール名	開発者	概要
感情状態評価	PANAS 日本語版	佐藤・安田(2001); Watson, Clark, & Tellegen (1988)	ポジティブ情動8項目, ネガティブ情動8項目の計16項目の簡易気分評定尺度。
	Stress Response Scale-18 (SRS-18)	鈴木・嶋田・三浦・片柳・右馬埜・坂野 (1997)	ストレス過程で引き起こされる心理的ストレス反応を評価する尺度。抑うつ・不安, 不機嫌・怒り, 無気力の3下位尺度。4件法。
ウェルビーイング・肯定感評価	本来感尺度	伊藤・小玉 (2005)	Authenticity を測定する, 自分自身に感じる自分の中核的な本当らしさの感覚の程度を評価する尺度。7項目。
	自尊感情尺度	山本・松井・山成(1982); Rosenberg, (1965)	心理学で最も頻繁に用いられている。自分に対してこれでよい (good enough) と感じられるような自分自身に対する肯定的感情の包括的な well-being の評価。成長している, 目的を持ち, 自己決定し, 温かな人間関係を築いている感覚を評価。
	Ryff's Well-Being (SPWB) 日本語版	西田 (2000)	Ryff (1989) の Psychological Well-Being scale をもとに作成。①人格的成長, ②人生における目的, ③自律性, ④積極的な他者関係。
満足度・幸福感評価	日本語版 CEI-Ⅱ尺度	西川 (2012)	Kasdan ら(2009)の特性好奇心の評価 (Curiosity and Exploration Inventory-Ⅱ) の日本語版。Stretching と Embracing の2因子構造。
	人生に対する満足尺度 (The Satisfaction With Life Scale (SWLS)	角野 (1994)	構成概念的妥当性・内容的妥当性を十分備えている。単一の満足感5項目。5択式。
	日本語版主観的幸福感尺度	島井・大竹・宇津木・池見・Lyubomirsky (2004)	Subjective Happiness Scale (Lyubomirsky,1999)の日本語版。さまざまな場面での比較的簡便な主観的幸福感を測定。
性格・対処行動評価	Big 5尺度	和田 (1996)	人の基本的性格は5次元で記述可能とする。外向性, 情緒不安定性, 開放性, 誠実性, 調和性の5下位尺度。7件法。
	The Proactive Coping Inventory: 日本語版	Takeuchi & Greenglass (2004); 川島 (2010)	プロアクティブ・コーピングという将来のストレッサーを挑戦と評価した積極的対処努力。7下位尺度4件法。

職場やキャリア評価	成人キャリア成熟尺度（ACMS）	坂柳（1999）	成人（勤労者）の人生キャリア，職業キャリア，余暇キャリアについてどの程度成熟した考えをもっているかを評価。3系列3領域，9下位尺度得点が算出される。
	組織内自尊感情（OBSE）	Matsuda, Pierce, & Ishikawa（2011）	個人が組織の一員として自分を有能で価値ある重要な存在と捉える度合を評価。8項目5件法。
	日本語版ワークエンゲージメント（UWES-J）	Shimazu et al.（2008）	仕事に対する持続したポジティブ感情と意欲を持った満足の状態を評価。1因子9項目。
	日本語版組織サポート（POS）	加藤（1995）	どのくらい組織は自分たちの貢献を評価してくれ，自分たちのwell-beingに配慮してくれていると従業員が知覚する程度。1因子16項目5件法。
	組織コミットメント尺度	高橋（1997）	働く人の態度。Allen & Meyer（1990）の開発した3次元組織コミットメント尺度（情動的・継続的・規範的）の日本語版。24項目4件法。
	LPC尺度	白樫（1991）	リーダーシップ尺度。最も苦手とする仕事仲間（LPC：Least Preferred Coworker）に対する態度，寛容さの評価。Fiedler & Chemers（1984）をもとにした日本語版。
	組織シニシズム尺度	松田（2011）	組織に対する疑念，冷ややかな職場，組織に対する負の感情，組織に対する批判的構えの4因子5件法。
	一般解決志向コミュニケーション尺度	木内（2012）	解決志向アプローチの結果，促進される職場における良好なコミュニケーションを評価。自発行動（6項目），居場所感（4項目），他者尊重（6項目），楽観志向（5項目），活性交流（5項目）の5下位尺度。
介入の効果評価	社会的情動スキル尺度	Ishikawa, Matsuda, & Yamaguchi（2008）	各種介入の結果促進される感情コントロールとコミュニケーションスキルを評価。他者感情への気づき，自己の強み活用，自己感情への気づき，周囲との一体感の4下位尺度。35項目4件法。
	社会的情動スキル尺度短縮版	石川・松田・神庭・奥田（2015）	上記尺度の短縮版。16項目。4下位尺度。

	目標行動スキル尺度	徳吉・岩崎（2012）	目標行動スキルとして7因子（目標への挑戦性，目標設定スキル，問題解決スキル，目標の情報収集スキル，目標に対する柔軟性，自己価値観の反映，目標の失敗傾向）を評価。45項目7件法。
コーチングの評価	目標指向コーチングスキル質問票日本語版	徳吉・森谷（2014）	The Goal-Focused Skill Questionnaire（Grant & Cavanagh, 2007）の日本語版。目的志向，仕事の協働関係，解決志向，目標設定，進歩と説明責任の管理の5因子。12項目7件法。
	コーチングコンピテンシー自己効力感尺度	西垣・堀・原口（2014）	基本的で重要なコーチングスキルを評価する尺度。1因子25項目11件法。
	コーチングコンピテンシー自己効力感尺度改良版（CCSES-R）	西垣・宇津木（2015）	上記尺度の改訂版。コーチング経験の少ない者にも使用可能。3因子19項目6件法。（4章5節[p. 86]参照）

コーチングの多様性にもつながるだろう。それ以外にコーチングで使用が考えられる日本語の心理尺度を表3-2に示した。これらは論文や学会報告では妥当性・信頼性が確認されているが，市販されていないものである。使用手続きに十分留意することは当然であるが，研究目的であれば著者の許可のもとに無料で使用できる。パーソナリティや行動傾向をタイプで理解するための尺度として欧米のビジネスコーチングで活用されることの多いMBTI，エニアグラム，DISCなどの尺度の多くが，日本ではライセンスが特定の会社や団体に属し使用料も高いなど制限された使用となっている。また，これらの尺度についての妥当性と信頼性に関する学術的研究も少なく，今後コーチング心理学で使用するのに適するかどうかは十分検討されなければならない。コーチング心理学のアセスメントとして求められているパフォーマンス，動機づけ，能力などコーチングのターゲットのアセスメントツールの開発が本邦では十分ではなく，今後の開発が待たれる。

(2) グループコーチングにおける心理アセスメント

グループコーチングは近年の活用拡大とともに注目されてきている分野である。一対一の個人コーチングと比べ少ない時間でコストも安くすむ可能性

をもった方法と言える。グループメンバー同士の相乗効果やチームワークをグループメンバー間で疑似体験できる，考える時間がとれてリラックスできるといった多くのメリットがある。しかし反面，アセスメントの観点から考えると，グループコーチングには信頼の確立とプライバシーの問題が伴い，グループコーチングにおけるアセスメントの実施には十分な注意が必要である（Van-Nieuwerburgh, 2012）。グループコーチングのアセスメントとしても，質問紙など集団実施式検査はほとんど実施可能である。しかし，グループでのアセスメントだけではコーチがクライアントを深く理解することは難しく，個別のアセスメントセッションを設けることも考えた方がよいだろう。

　グループコーチングでは，コーチからの評価だけでなくメンバー同士の評価も受けられるメリットがある。そのことを活用して筆者が実施したコーチング研修では，相手の背中にその人の強みを付箋に書いて貼るというワークを実施したところ，コーチだけでなくメンバーからの多様な評価によって，他者視点の理解，自己理解の客観化，自尊心の向上などの効果が見られた。グループコーチングの効果を検討した研究では，コーチング満足度といった主観的評価だけでなく，就職率，体重減少，血糖値などの行動や生理データなど客観的指標での評価で優れた効果が示されている（Collins et al., 2013）。

5. コーチング心理学の効果研究

　コーチングは実際にどの程度効果があるのかの確認には，主観的な感想だけでなく効果の内容を妥当性と信頼性の確認されたツールを用いたアセスメントが重要であることは先にも述べたとおりである。しかしそれ以外にも，本来なら，エビデンスに基づいたコーチングの効果を示すためには，コーチング介入群だけでなくほかの技法による介入を実施するコントロール群を設けてクライアントを両群にランダムに割り当ててその効果を比較するといった方法を採用しなければならない。コーチング心理学では，心理療法と同様に多様なモデル・介入的アプローチが用いられており，それらのモデル・介入的アプローチのどの要素がどのような反応を引き起こすのかを明らかにしようと試みられている。たとえば，管理職者への認知行動的な解決焦点型コーチングの効果に

ついて検討したグラントらの研究ではコントロール群を設定した研究を行っており，目標達成，レジリエンス，職場ウェルビーイングなどの量的指標と自尊心や自己洞察，マネジメント能力の構築などの質的指標の両面から評価比較し効果を確かめている（Grant et al., 2009）。また，バン－ニューアーバーグ（Van-Nieuwerburgh, 2012）は中学校，高校，大学などの教育場面で生徒，教師，保護者などに対するコーチング導入の効果を検討している。そこではセルフエフィカシーやレジリエンスなどの心理的指標だけでなく学校の雰囲気などの社会的指標，学業成績という外的指標にも注目し，コーチング導入の効果があるとしている。ヘルスケア領域におけるコーチングの適用では，健康行動，体重，血糖値やコルステロール値などの生理的指標がアセスメントに含まれることも多い（たとえば Rickheim et al., 2002）。一方，本邦におけるコーチング心理学による介入効果を示す学術的研究はまだ少なく（Ishikawa et al., 2012），効果評価の手続きの検討やアセスメントツールの開発が必要である。ところで，コーチングが有効だと信じられていると，種々のコーチング法の効果を対象者をランダムに割り付ける方法で検証しようとしても技法間で差がなく意味がないかもしれない。また，厳密な医学モデルで提案されるような条件のコントロールは現実的でないとも言われる（Westen et al., 2004）。厳格な医学モデルに基づいた評価に限定することなく，妥当性・信頼性のある方法で実践の効果評価を行い，知見を積みかさねていくことがまず大切ではないだろうか。コーチングモデル・介入的アプローチ法の効果は，クライアントの特徴，目標，用いられたアセスメントの内容や方法などによっても異なる可能性も考えられ，一般的な有効性検証にはまだ時間を要するだろう。

■5-1. 心理アセスメントのコーチング過程における実施方法
 (1) カークパトリックモデルを活用したアセスメント

　ビジネス領域でこれまでもさまざまなトレーニングプログラムが実践されてきており，それらの効果を説明する責任が求められてきた。その効果を評価する指標としてビジネス領域で経営学者カークパトリック（Kirkpatrick, 1959）が提唱したカークパトリックモデルが一般的である。カークパトリックモデルでは，即時反応，学習，行動，結果という4段階で評価するよう推奨される。

このモデルは効果評価方法として一般的に長い間使用されてきているものの，評価の80％が第1段階の研修満足度の評価であること，理論に基づいたモデルではないこと，それぞれの段階の移行に影響する要因がモデルには含まれていないことといった批判がなされている（Kraiger et al., 1993）。しかし，カークパトリックモデルをコーチングに活用するためのマッキー（Mackie, 2007）の提案を参考にし，さらに先に述べた心理テストや行動観察によるアセスメントを加えたならば，次のような段階でのコーチングアセスメントの実施が考えられる。

第1段階　毎回のコーチング活動評価：
　　クライアントがコーチのやり方，コーチング内容にどの程度満足したかを評価する（例：満足度質問紙やビジュアル・アナログ尺度）
　　コーチ自身の自己評価（例：コーチングスキル尺度）

第2段階　コーチングの内容の学習度と自己認識の向上：
　　クライアントのスキルや知識が増加したかを評価（例：学んだコーチングスキルのロールプレイによる行動評価）
　　クライアントの自己に対する評価の変化を評価（例：自尊感情など既存の心理尺度による評価）

第3段階　職場や家庭などでの特定の行動の変化：
　　クライアントが現実場面で実際に行動できるか（例：学んだコーチングスキルを現実場面でやっているかを自己評価・行動観察・360度評価）

第4段階　目標の達成，成果がでているかを評価：
　　クライアントの目標達成度と継続，周囲への良い影響（例：体重コントロールや生理データ，就職活動，売り上げなど最初に設定した具体的な行動・数値目標が達成されたか，コーチング終了後も継続しているかを評価。通院回数の減少，医療費の低下，就職率の向上，プロジェクトの成功など）

(2) 心理的介入効果の研究を活用したアセスメント
　心理的介入効果を検討する多くの研究では，カークパトリックモデルのようなクライアントに対するアセスメントだけでは十分ではなく，介入実施者や社

66　第3章　コーチング心理学におけるアセスメント

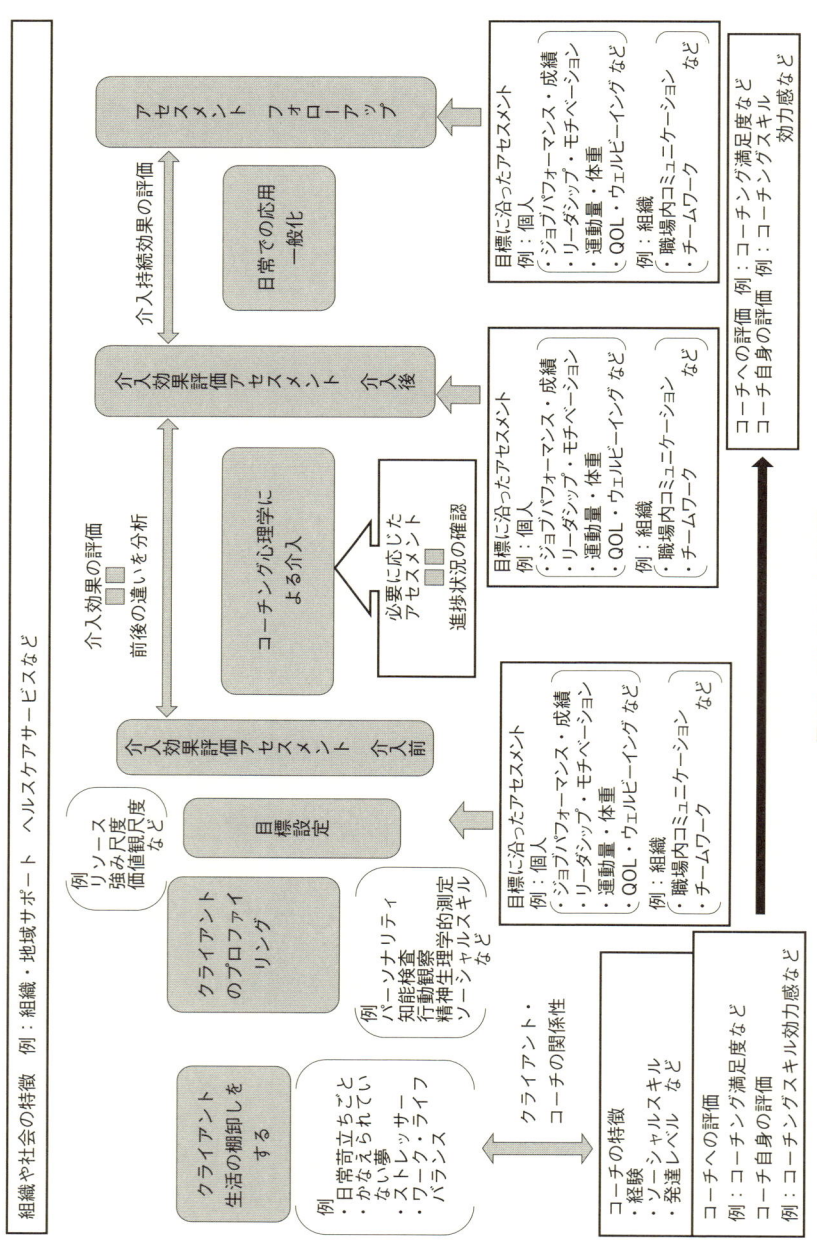

図3-2. アセスメント介入図

会的要因なども介入効果に影響する関連要因としてとして評価される。したがって、クライアントの要因以外に、コーチの要因、コーチ・クライアントの関係性の要因、地域、家庭、学校、会社などの環境的要因にも注意を向けることが必要となる。コーチングを実際に行ううえでどんなアセスメントをどのように組み込んでいくかは、クライアントの課題や目標、用いられるコーチングモデル、個人かグループなのかのコーチング形態などによっても異なってくる。アセスメントを活用する場合の例として図3-2のような方法が考えられる。心理アセスメントは一度実施するだけでは十分ではなく、コーチングプロセスの流れの中で複数回実施するのが望ましい。

今後もますますコーチング心理学に基づくさまざまな領域への適用が拡大していくだろう。コーチング心理学が真に信頼できる有効な方法であるかを示していくことがますます求められる。妥当性、信頼性が高くクライアントの負担の少ないコーチングの評価法を考えていくことが必要となってくる。クライアントの成長が捉えられ、さまざまなコーチングの成果を評価できるようなアセスメントツールの開発が早急の課題であり、コーチングの実践効果を検証していくことがコーチング心理学研究者に課された課題である。

6. 心理アセスメントにおけるインフォームド・コンセントとプライバシーの保護

最後にアセスメントにおけるインフォームド・コンセントとプライバシーの保護について触れておく。心理的アセスメントの使用に際しては、アセスメントの目的と利用の仕方についてクライアントに十分説明し同意を得なくてはならないのは当然である。このようなインフォームド・コンセントを十分行うというプロセスがクライアントとの信頼関係には重要なステップである。アセスメントによって得られた情報はクライアントに帰属するものであり、クライアントの同意のもとに開示されるべきである。このことはコーチング関係においてクライアントにスポンサーが存在する場合に特に留意しなくてはならない。得られた情報をどのように開示するかあらかじめ明確にしておくことが必要である。

引用文献

Allworth, E. & Passmore, J. (2008). Using psychometrics and psychological tools in coaching. In J. Passmore (Ed.), *Psychometrics in coaching*. London: Kogan Page. pp. 7-25.

American Psychiatric Association (Ed.) (2013). *Diagnostic and statistical manual of mental disorders* (5th ed.) (*DSM-5*). Arlington, VA:American Psychiatric Association. (日本語版用語(監修) 日本精神神経学会(監訳) 髙橋三郎・大野 裕 (監訳) (2014). DSM-5 精神疾患の診断・統計マニュアル 医学書院)

Biswas-Diener, R. (2010). *Practicing positive psychology coaching*. New York: John Wiley & Sons.

Cavanagh, M. (2005). Mental-health issues and challenging clients in executive coaching. In M. Cavanagh, & T. Kemp (Eds.), *Evidence-based coaching: Theory, research and practice from the behavioural sciences*. Bowen Hills, QLD, Australia: Australian Academic Press. pp. 21-36.

Collins, M. J., Eisner, R., & O'Rourke, C. (2013). Bringing financial coaching to scale-The potential of group coaching models. *Research Brief*, **7**, 1-5. Center for Financial Security, University of Wisconsin-Madison.

藤村直子 (2013). コーチングに関する実態調査 *RMSmessage*, **31**, 14-21. 〈http://www.recruit-ms.co.jp/research/journal/pdf/j201305/m31_research.pdf〉

Grant, A. M., Curtayne, L., & Burton, G. (2009). Executive coaching enhances goal attainment, resilience and workplace well-being: A randomized controlled study. *The Journal of Positive Psychology*, **4**, 396-407.

Grant, A. M. (2013). The efficacy of coaching. In J. Passmore, B. D. Peterson, & T. Freire (Eds.), *The Wiley-Blackwell handbook of the psychology of coaching and mentoring*. Chichester, West Sussex, UK: Wiley-Blackwell. pp. 15-35.

Ishikawa, R., Matsuda, Y., & Okuda, N. (2012). A pilot study for evaluating the effects of coaching seminar. Poster presented at the 26th Conference of European Health Psychology, August, 21-25, Prague, Czech.

Ishikawa, R., Matsuda, Y., & Yamaguchi, T. (2008). Study on the effect of social and emotinal control skill on the stress response in Japanese male workers. 10th International Congress of Behavior Medicine.

石川利江・松田与理子・神庭直子・奥田訓子 (2015). 社会的情動スキル尺度改訂版SES-R 作成の試み：コーチング心理学に基づく介入効果評価のために 日本健康心理学会第 28 大会発表論文集

伊藤正哉・小玉正博 (2005). 自分らしくある感覚(本来感)と自尊感情が well-being に及ぼす影響の検討 教育心理学研究, **53**, 74-85.

Jenkins, L., Passmore, J., Palmer, S., & Short, E. (2012). The nature and focus of coaching in the UK today: A UK survey report. *Coaching: An International Journal of Theory Research and Practice*, **5**(2), 132-150.

加藤尚子 (1995). 組織サポート尺度の分析 日本産業・組織心理学会第 11 回大会発表

論文集, 77-79.
川上潤子・大塚泰正・甲斐田幸佐・中田光紀（2011）．日本語版 The Positive and Negative Schedule（PANAS）20項目の信頼性と妥当性の検討　広島大学心理学研究, 11, 225-240.
川島一晃（2010）．困難状況を個人の成長に結びつける対処に関する基礎的研究—Proactive Coping Inventory 日本語版(PCI-J)における信頼性・妥当性の検討心理臨床学研究, 28(2), 184-195.
Kirkpatrick, D. & Kirkpatrick, J. (2006). *Evaluating training programs: The four levels* (3rd ed.). San Francisco, CA: Berrett-Koehler.
Kirkpatrick, L. D. (1959). Techniques for evaluating training programs. *Journal of American Society for Training and Development*, 13(11), 3-9.
木内敬太（2012）．一般解決志向コミュニケーション尺度の作成と信頼性・妥当性の検討　日本産業・組織心理学会第28回大会, 32-35.
Kraiger, K., Ford, K., & Salas, E. (1993). Application of cognitive, skill-based and affective theories of learning outcomes to new methods of training evaluation. *Journal of Applied Psychology*, 78, 311-328.
Mackie, D. (2007). Evaluating the effectiveness of executive coaching: Where are we now and where do we need to be? *Australian Psychologist*, 42(4), 310-318.
Matsuda, Y., Pierce, J., & Ishikawa, R. (2011). Development and validation of Japanese version of Organization-based Self-esteem Scale. *Journal of Occupational Health*, 53(3), 188-196.
松田与理子（2011）．組織シニシズム（Organizational Cynicism Scale）の開発と妥当性，信頼性の検討　応用心理学研究, 36(2), 88-102.
McCain, V. D. (2005). *Evaluation basics*. Alexandri, VA: ASTD (American Society for Training and Development) Press.
西垣悦代・堀　正・原口佳典（2014）．コーチのコーチングコンピテンシー自己効力感尺度開発の試み　日本心理学会第78大会発表論文集
西垣悦代・宇津木成介（2015）．コーチングコンピテンシー自己効力感尺度改良版（CCSES-R）の妥当性　日本心理学会第79大会発表論文集
西川一二（2012）．好奇心とその個人差　感情心理学会第20回大会発表論文集, 3.
Rickheim, P. L., Weaver, T. W., Flader, J. L., & Kendall, D. M. (2002). Assessment of group versus individual diabetes education: A randomized study. *Diabetes Care*, 25(2), 269-274.
坂柳恒夫（1999）．成人キャリア成熟尺度（ACMS）の信頼性と妥当性の検討愛知教育大学研究報告（教育科学), 48, 115-122.
佐藤　徳・安田朝子（2001）．日本語版PANASの作成　性格心理学研究, 9, 138-139.
Seligman, M. E. (2007). Coaching and positive psychology. *Australian Psychologist*, 42(4), 266-267.
島井哲志・大竹恵子・宇津木成介・池見　陽・Sonja Lyubomirsky（2004）．日本版主観的幸福感尺度（Subjective Happiness Scale:SHS）の信頼性と妥当性の検討　日本公衆

衛生誌，51, 845-853.
Shimazu, A., Schaufeli, W. B., Kosugi, S., Suzuki, A., Nashiwa, H., Kato, A., Sakamoto, M., Irimajiri, H., Amano, S., Hirohata, K., Goto, R., & Kitaoka-Higashiguchi, K. (2008). Work engagement in Japan: Validation of the Japanese version of Utrecht Work Engagement Scale. *Applied Psychology: An International Review*, 57, 510-523.
清水秀美・今栄国晴（1981）．State-Trait Anxiety Inventory の日本語版（大学生用）の作成　教育心理学研究，29, 348-353.
白樫三四郎（1991）．管理・監督者の勤務ストレス―条件即応モデル的分析　組織科学，25, 42-51.
角野善司（1994）．人生に対する満足尺度（The Satisfaction With Life Scale（SWLS）日本版作成の試み　日本教育心理学会大会発表論文集，192.
鈴木伸一・嶋田洋徳・三浦正江・片柳弘司・右馬埜力也・坂野雄二（1997）．新しい心理的ストレス反応尺度（SRS-18）の開発と信頼性・妥当性の検討　行動医学研究, 4(1), 22-29.
高橋弘司（1997）．組織コミットメント尺度の項目特性とその応用可能性経営行動科学，11(2), 123-136.
徳吉陽河・岩崎祥一（2012）．コーチング心理学の目標理論に基づく「目標行動スキル尺度（G-BEST）」の作成と妥当性の検証　東北大学高等教育開発推進センター紀要, 7, 13-24.
藤南佳世・園田明人・大野　裕（1995）．主観的健康感尺度（SUBI）日本語版の作成と, 信頼性，妥当性の検討　健康心理学研究, 8, 12-19.
Van-Nieuwerburgh, C. (Ed.) (2012). *Coaching in education: Getting better results for students, educators and parents.* London: Karnac.
Westen, D., Novotony, C., & Thompson-Brenner, H. (2004). Empirical status of empirically supported psychotherapies: Assumptions, findings and reporting in controlled clinical trials. *Psychological Bulletin*, 130, 631-663.
World Health Organization (1992). *The ICD-10 Classification of mental and behavioral disorders: Clinical descriptions and diagnostic guidelines.* Geneva: World Health Organization.（融　道夫(監訳)（2005）．精神および行動の障害―臨床記述と診断ガイドライン　医学書院）
和田さゆり（1996）．性格特性用語を用いた Big Five 尺度の作成　心理学研究, 58, 158-165.
山本眞理子・松井　豊・山成由紀子（1982）．認知された自己の諸側面の構造　教育心理学研究, 30, 64-68.

コラム3

オーストラリアの心理学的コーチングの現状

木内敬太

　大学教育：ニューサウスウェールズ州にあるシドニー大学には，世界で最初に設立された大学院のコーチング心理学課程がある。本課程は，「行動科学的視点」「コーチングの技術（art）」「専門的・倫理的実践」を全科目に共通した学習目標としており，講義だけでなく，セルフ・コーチングやピア・コーチングの演習を通して，コーチングとコーチング心理学の理論やエビデンスの学習と，それに基づく実践的スキルの習得が行われている（詳しくは第2章参照）。

　各科目は，ICF（国際コーチ連盟）のコア・コンピテンシーに沿って作成されており，修了生は，いくつかの追加条件を満たすことで，ICFのコーチ国際認定資格に申請することができる。

　オーストラリアで心理職になるには：オーストラリアでは，オーストラリア心理学認定評議会（APAC: Australian Psychology Accreditation Council）の認定する，学士課程（3年間）と，優等学位課程（honours degree）[1]，もしくはディプロマ課程（1年間）を終えた後，2年間の修士課程か3年間の博士課程を修了することで，一般心理学者としての登録を受けることができる。ただし，専門家として働くためには，さらに1，2年，実践とスーパービジョン，継続研修を行い，大学院での専攻に応じて，臨床心理学者や組織心理学者などの，専門心理学者としての登録を行わなくてはならない。シドニー大学のコーチング心理学課程は，APACの認定を受けていないため，本課程の修了生が専門心理学者としての登録を行うことはできない。

　AS規格のコーチング・ガイドライン：オーストラリアにおいて，コーチング心理学は，心理学者の専門領域としては未だに認められていないが，産業界では，2011年に，政府や心理学界を巻き込んで職域におけるコーチングのガイドラインがAS規格（Australian Standards）として示された（Standards Australia, 2011）。AS規格は，オーストラリア国内において商品やサービスの質を保証するための基準で，それ自体に法的拘束力はないが，政府がAS規格を法的枠組みに取り入れることもあり，オーストラリアの産業界にとっては重要な規定である。

　本ガイドラインは，職域において専門のコーチによって実施される，クライアント

---

[1] オーストラリアでは，学士課程は3年間で，大学院に進む学生のみが優等学位課程と呼ばれる4年目の学部課程に進む。

の職業上の能力やスキルの向上，成長を目的としたコーチングに限定されてはいるが，コーチングの定義からコーチに求められる知識や能力，コーチ‐クライアント関係，コーチングの評価，専門家倫理，コーチ導入の仕方，コーチ提供会社についてなど，職域におけるコーチングのさまざまな側面について，網羅的に基準が示されている。

シドニー大学のクワドラングル

　コーチングのガイドラインが AS 規格として示されたことには，一般市民のコーチングへの認識を高め，コーチング産業の発展に寄与するという大きな意義がある。また，ガイドラインの策定過程は，コーチングに関わる人々にとって有益な意見交換の場を提供した。本ガイドラインの策定にあたっては，政府や心理学界の代表者の他，コーチ団体，コーチ提供会社，企業団体，大学，職能コーチ連盟の代表者など，コーチング業界のさまざまな利害関係者が関与していた。ガイドラインの策定というひとつの目標に向かい，心理学者と職業コーチをはじめ，立場の異なる関係者同士が，互いの考えに理解を示し，折り合いをつけ，良好な関係を築いたのである。

　まとめ：以上のように，国際的にコーチング心理学を牽引する立場にあるオーストラリアにおいても，専門心理学者の実践領域として，コーチング心理学が確かな地位を確立するには至っていない。しかし，コーチングに関する社会的認識は確実に高まっており，心理学者はその中で重要な役割を担っている。

参考文献
Standards Australia (2011). *Handbook: Coaching in organizations*. Sydney: Standards Australia.
オーストラリア心理学者登録プロセス（英文）
　〈http://www.psychology.org.au/studentHQ/studying/study-pathways/#1〉
コーチング・ガイドラインの概要（英文）
　〈http://www.duncansutherland.com.au/images/stories/downloads/coaching_guidelines_summary.pdf〉

第4章
高等教育で教えるコーチング心理学

第1節　西垣悦代
第2節　木内敬太
第3節　堀　正・西垣悦代
第4節　吉田　悟
第5節　西垣悦代

1. はじめに

　1章で触れたように，コーチングはその成立の背景に心理学が関わっているが，学問の場で発展したものではなく，一時期は社会問題化するような手法が取られたこともあった。また，実利性に重点が置かれていたため，理論の構築や効果の科学的な検証に関心が払われることは少なかった。そしてコーチの養成を主に担っていたのはコーチングスクールを経営する営利企業であり，大学は関与していなかった。コーチ出身で心理学の博士号を持つグラント（Grant, A. M.）は，エビデンスに基づくコーチングを確立するため，世界で初めて大学にコーチングの課程を作ったが，それはすでに確立した学問である心理学の理論と方法論を用い，「コーチング心理学」と名乗ることで初めて可能になったのである。グラントとパーマー（Grant & Palmer, 2000）によるコーチング心理学の定義，「コーチング心理学は成人学習理論と子どもの学習理論，および心理学研究法に基づくコーチングモデルを援用し，個人生活や職場での幸福とパフォーマンスを高めるものである」に示されているとおりである。しかし，これはある意味ではコーチングの出自である心理学への回帰であり，コーチングが理論と実践を伴う学問となるための自然な流れであったとも考えられる。

　以来15年以上の時を経て，今日では世界各国の心理学部，教育学部，経営学部，およびそれらの大学院でコーチングが教えられるようになっている。大

学等の高等教育機関において，単位認定の対象となる正規履修科目としてのコーチング心理学には以下のようなパターンがある。①複数科目から構成されるコーチング心理学専攻課程，②心理学専攻課程の中の1科目としてのコーチング心理学，③心理学専攻課程以外の学生を対象としたコーチング心理学科目（科目名がコーチング心理学でない場合も含む）。

グラント (2011) は今日のコーチングが学際的領域へと拡大していることを受け，大学院レベルのコーチング心理学課程が含むべきコア科目として，エビデンスベーストアプローチの基礎，倫理規定，精神衛生学のほか，認知行動理論，ゴール理論，変化理論，システム理論などを挙げている。2015年現在，日本の大学にはコーチング心理学の専攻課程はまだ存在せず，いくつかの大学で科目が開講されているだけである。本章では，上記①のコーチング心理学専攻課程については，シドニー大学大学院のカリキュラムを，②の学部の心理学専攻課程の中で教えるコーチング心理学の例として，英国と日本の大学の例を，③として看護系学生を対象とした人間関係論の中で教えるコーチング心理学の事例をそれぞれ紹介する（コラム3［p. 71］，4［p. 90］参照）。［西垣］

2. シドニー大学のコーチング心理学カリキュラム

シドニー大学は，オーストラリア，ニューサウスウェールズ州に位置し，1850年に設立されたオーストラリアで最も歴史のある大学である。2000年にグラントは，シドニー大学の心理学部に，世界で最初のコーチング心理学課程を設立した。彼は，シドニー大学心理学部を卒業後，マッコーリー大学にて行動科学の修士号と心理学の博士号を取得している（The International Coaching Research Forum, 2008）。博士論文では，コーチングにおける認知的アプローチと行動的アプローチに関する研究レビューをもとに，解決志向・認知行動コーチングを開発し，このアプローチが大学生のメンタルヘルスやQOLの改善と目標達成の促進に効果的であったことを定量的に示した（Grant, 2001）。この論文では，ポジティブ心理学の応用領域や，健康な人の心理的メカニズムの研究領域としてのコーチング心理学の必要性が唱えられており，グラントは，博士論文の執筆と大学院課程の設立を通して，心理学界に

新たな分野を開拓したのである。

2015年現在，シドニー大学のコーチング心理学課程では，1年間フルタイムの修士号（単位履修では2年間）とディプロマ（単位履修では1.5年間），1年間単位履修の大学院資格（graduate certificate）を取得するコースが提供されており，毎年25名から60名の学生が入学している（The University of Sydney, 2015a）。本課程の目的は，コーチングに関する理論の学習と，職域でのコーチングやヘルス・コーチングに必要な技術の習得であり，修了生には，科学者 - 実践家（scientist-practitioner）として，パフォーマンス・コンサルタント，職域 / エグゼクティブ・コーチ，人事管理の職などに就くことが期待されている（The University of Sydney, 2015b）。本課程で提供されているプログラムは，国際コーチ連盟（ICF）のコア・コンピテンシーに沿っており，修了生は，別途，メンター・コーチングを受け，コーチング・ログやコーチングセッションの録音を作成することで，ICFのコーチ国際認定資格への証明書類提出申請を行うことができる。しかし，シドニー大学のコーチング心理学課程は，オーストラリア心理学認定評議会（APAC: Australian Psychology Accreditation Council）の認定は受けておらず，本課程を修了した学生が専門心理学者としての登録を受けることはできない（詳しくはコラム3［p. 71］を参照）。

本課程では，3つの必須科目と5つの選択科目が提供されている（表4-1）。全科目に共通した学習目標として，「行動科学的視点」「コーチングの技術（art）」「専門的・倫理的実践」が掲げられており，科学的な視点から心理学を捉え，それを専門的な実践における技術や倫理に統合しようという姿勢がうかがわれる。各科目は，講義とディスカッションのクラスの組み合わせで構成されており，ディスカッションのクラスでは，講義の内容についての議論に加え，セルフ・コーチングやピア・コーチングを通したスキルの習得が行われる。

表4-1. シドニー大学コーチング心理学課程の科目

必須科目	選択科目
コーチング心理学の理論と技法	集団，チーム，システム
コーチング心理学の基礎	ピーク・パフォーマンスの心理学
コーチング実践	コーチングの認知 - 社会論
	応用ポジティブ心理学
	ポジティブ組織コーチング

必須科目のうち，「コーチング心理学の理論と技法」では，コーチングの発展や，カウンセリングやコンサルティングとの区別，認知行動理論やパーソン・センタードなど各アプローチについて，クライアントや各種の問題に応じた折衷モデルの創造と理論・技法の応用など，コーチング心理学の基本を学ぶ。「コーチング心理学の基礎」では，コーチングのマイクロ・スキル（反映的傾聴，質問，目標設定，課題設定），マクロ・スキル（メンタル・モデルの作成，解決志向），コーチングの種類，メンタルヘルスの問題，ICF の倫理規定，スーパービジョンとセルフケアなど，コーチング実践の基本を学ぶとともに，セルフ・コーチングやピア・コーチングを通した演習が行われる。さらに，「コーチング実践」では，グループ・コーチングや，コーチング・プロセスで生じる問題，パーソナリティ障害，精神力動的な問題など，より高度な知識が扱われるだけでなく，複数の学生に対する継続的なピア・コーチングを通して，学生は，インテークから目標達成までのプロセスと，クライアントごとのプロセスの違いを経験することができる。それに加え，コーチングの記録を付け，自身の実践を理論やエビデンスに基づいて振り返ることが求められる。

　選択科目では，コーチングやコーチング心理学に関するより専門的な領域が扱われる。たとえば，「集団，チーム，システム」では，ボーウェン（Bowen, M.）のシステム論や，自己組織化（self-organization），複雑性理論（complexity theory），集団内行動の研究成果を，家族，社会的ネットワーク，産業組織など，各種システムにおける実践に応用する方法などを学ぶ。また，「ピーク・パフォーマンスの心理学」では，フローやメンタルタフネス，メンタルトレーニングの技法など，スポーツ心理学，パフォーマンス心理学，ポジティブ心理学の理論と実践に関して学び，実際に実生活やコーチング実践に応用する。

　このように，シドニー大学のコーチング心理学課程は，世界初のコーチング心理学課程であり，コーチング心理学に関する最先端の教育を提供している。APAC の認定を受けていない点や，博士課程がない点など，科学者としての実践家を養成するという意味では課題を残すものの，理論とエビデンスに基づくコーチング実践の促進という点では，今後とも世界をリードする存在である。［木内］

3. レスター大学における学部生向けコーチング心理学

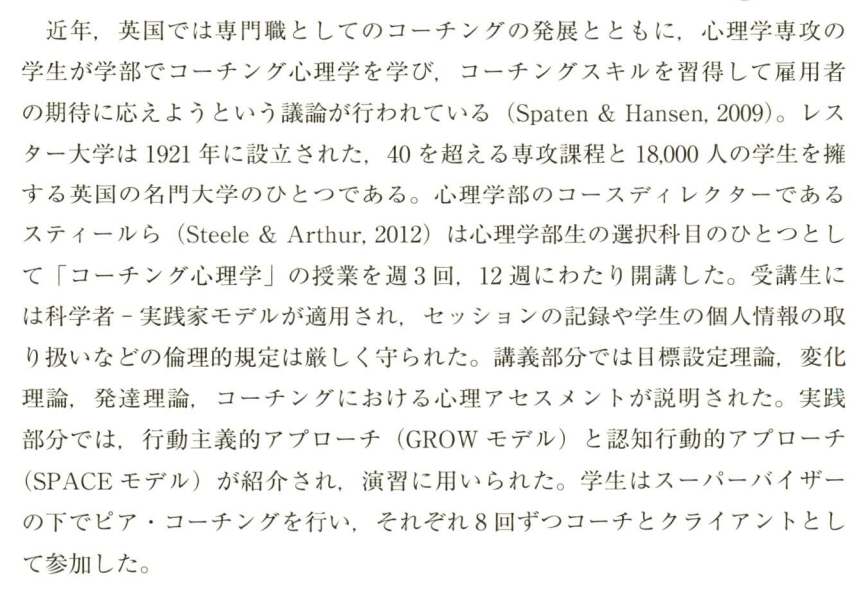

　近年，英国では専門職としてのコーチングの発展とともに，心理学専攻の学生が学部でコーチング心理学を学び，コーチングスキルを習得して雇用者の期待に応えようという議論が行われている（Spaten & Hansen, 2009）。レスター大学は1921年に設立された，40を超える専攻課程と18,000人の学生を擁する英国の名門大学のひとつである。心理学部のコースディレクターであるスティールら（Steele & Arthur, 2012）は心理学部生の選択科目のひとつとして「コーチング心理学」の授業を週3回，12週にわたり開講した。受講生には科学者‐実践家モデルが適用され，セッションの記録や学生の個人情報の取り扱いなどの倫理的規定は厳しく守られた。講義部分では目標設定理論，変化理論，発達理論，コーチングにおける心理アセスメントが説明された。実践部分では，行動主義的アプローチ（GROWモデル）と認知行動的アプローチ（SPACEモデル）が紹介され，演習に用いられた。学生はスーパーバイザーの下でピア・コーチングを行い，それぞれ8回ずつコーチとクライアントとして参加した。

　授業の中で，学生がコーチング心理学をどのような学問分野と認識しているかを明らかにするため，第2週目に受講生のペアによる半構造化面接が行われ，無記名で提出された面接の逐語記録を分析した。さらに授業の中で学生が何を得たと考えているかを明らかにするため，12週目に学生が書いた内省記録を提出させ，主題分析を行った。

■3-1. 半構造化面接

　質問1は「授業開始前にコーチング心理学はどのようなものだと考えているか」であり，内容分析の結果，「他者の成長支援」「スポーツパフォーマンス」「カウンセリングと同じ，または似たようなもの」「よくわからない」という4つの主題が見出された。

　「他者の成長支援」に分類された回答では，学生はコーチングが他者の成長を支援するものであることを知っていた。しかし「コーチングは援助職だと

思っていた」「ライフコーチングという言葉を聞いたことがあったので，それと関係していると思った。何か心理学的なものを用いて人を助けたり支援するものだと思っていた」などの回答に示されるように，コーチングは生活の向上に関係しているが，それがどのように，また誰によって行われるのかについては明確な考えを持っていないことが明らかになった。

　次に，コーチング心理学はスポーツのパフォーマンスに関係していると回答した学生たちは「コーチング心理学は，心理学を使ってスポーツで人々をコーチし，パフォーマンスを心理学的に改善させることと関係している」「スポーツコーチがいるから，スポーツに関係していると思ったが，彼らが何をするのか知らなかった。ひいきのサッカーチームにはマネジャーでなくヘッドコーチがいる。マネジャーとヘッドコーチがどう違うのか，まったくわからない」などと回答していた。ここではコーチおよびコーチングという語に対する誤解があることがわかる。

　「カウンセリングと同じ，または似たようなもの」に分類された回答は，「カウンセリングの授業でコーチングのことを少し学んだ。カウンセリングが心の病の人を助けるのとは違って，もっと基本的なモデルで，日常的な問題を扱うものではないかと思う」「コーチングはカウンセリングと同じ領域に属するものだと思っていた」と回答している。

　一部の学生はコーチング心理学に対する認識をまったく持っておらず，この授業に何を期待してよいのか理解していなかった。彼らの回答は「心理学を2年間学んできたが，授業やテキストでコーチングに言及されたことはなかった」「この科目は上級科目なので，比較的新しい領域だとは知っているが，これまでコーチングという言葉を聞いたことはなかった」というものであった。

　質問2は「この授業を受ける前に，なぜ人々がコーチングを受けるのか知っていたか」である。この質問に対しては3つの主題が見出された。

　主題のひとつ「解決に向けての援助，助言，指示」に分類された回答の多くは，自分が友人や家族に対して行うのと同じような援助や助言をコーチはしてくれると考えており，「成功した人々は，心理的問題はないので正しい方向に自分たちを推し進めてくれる人を必要とする。それは医療保険の適用範囲ではなく，友人をもう一人手に入れるようなものだ」と回答している。

「スポーツパフォーマンス」に分類された回答の多くは，コーチング心理学がスポーツと結びついていて，「パフォーマンスレベルが高くないときに，レベルを上げるためにコーチングを受けるのだ」と考えていた。

いくつかの面接記録には「仕事や職業に関連する問題のため」にコーチをつけるとの回答があり，「コーチングは主に組織の中で，目標や利益の改善のために使われていると思う」「たとえば職場などで人がよりよい仕事に就けるように，キャリア発達の支援をすること」と書かれていた。こうした回答は，質問1で「コーチング心理学とは何か？」と尋ねたときには出てこなかったものである。

■3-2. 内省記録

内省記録は授業終了後に学生たちが提出したものである。記述内容は主題分析にかけられ，4つの鍵となる主題が見出された。面接記録と同様，主題分析の方法論にのっとり，まず外部研究者によって主題が抽出され，その後に授業担当のチューター1名が主題を確認した。

1つ目の主題はコーチング心理学が「心理学理論の応用」として役立つとするもので，多くの学生は，コーチング心理学を学ぶことで，既存の心理学の知識や彼らが学んでいるほかの心理学の研究分野を現実世界に応用する助けになると答えている。彼らの回答は「理論をどう応用すればよいのかわかるようになった。この学びによって自分の専門領域に対しても理解が深まった」に代表される。コーチング心理学の技法の多くは心理学の中心的な理論の中に位置づけられていることに気づいた学生もおり，「コーチング心理学は心理学の理論の上にしっかりと位置づけられており，ワトソンやスキナーら行動主義心理学者，カール・ロジャーズなど人間性心理学者の影響を受けている」「特に印象的だったのは，コーチング心理学が精神力動的理論，人間主義的アプローチなど，心理学の多くの理論と関係しているということだった」との回答もあった。スティールらは，学生たちが得たコーチングの知識を心理学理論の本流と結びつけたことは，コーチング心理学の実証性に気づいたことを示している，と述べている。

見出された2つ目の主題は「目標設定と職業への焦点づけ」であり，回答の

多くは自分の進路や学習計画を支援するために目標設定を利用したり応用できると言及している。学生たちは「コーチング理論に出会ったおかげで，何を目指して自分が進んでいるかを考え直すことができた。将来の仕事でもこの原理を応用しようと思う」「コーチングを受けたことは役に立った。自分で目標を設定し，セルフ・コーチングができるようになった」「私が学んだもうひとつのスキルは，達成可能な目標の設定のしかたである」と回答した。

学生の多くは，授業で学んだスキルは将来応用できるとして，「ここで学んだいくつかのスキルは，将来のキャリアのどこかで使うだろうと思う。仕事に使えそうなそのほかのスキルは雇用者に強い印象を与えることができそうだ。就職したら，同僚を勇気づけるスキルも使えると思う」と述べている。

3つ目の主題としては，授業を通して多くの「実践的スキル」が身についたことがわかったというもので，たとえば「音声コミュニケーション，文字によるコミュニケーション，話を聴くスキル，目標志向的なファシリテーションスキルが高まった」「1回目のセッションのときから自信とコミュニケーションスキルが向上した」のような回答に見られる。高等教育において学生の雇用適性にますます焦点が当てられるなか，「目標設定と職業への焦点づけ」と「実践的スキル」の主題は，心理学の学士を取得する学生に対して，コーチング心理学が応用可能なスキル獲得の基盤を提供したことを示している。

4つ目の主題は「自己成長」であり，学生の自己成長に関する回答には「自分の強みや弱みを深く知ることができた」「自分は人づきあいが悪く社交的でないので，知らない人と一緒にやらなくてはいけない場面では不安になっていた。しかし，自分自身が成長することで，結果を出すために自分を前に出すことができたので，（人と一緒にやる課題が）この授業に含まれていたことをありがたく思っている」というものがあった。自己成長という主題は，主にコーチング心理学の実践面から学生が獲得したものである。

以上の結果をもとに，スティールらはコーチング心理学の理論と技法を心理学のベーシックなカリキュラムに組み込む価値があると結論づけている。スティールらは「高等教育に対する関心が変わり，卒業生が企業等雇用者にアピールできる明確なスキルを持って職に就けるように大学が保証することへ

の圧力が強くなっている」(Steele & Arthur, 2012) と述べているが，この状況は日本でも同様である。コーチング心理学は，心理学専攻の学生が持つべき，実社会で役に立つ実践的スキルを養成する科目として，日本の大学の心理学部・心理学科のカリキュラムとしても十分に通用するだろうと思われる。
［堀・西垣］

4. 文教大学におけるREBコーチング

■4-1. 感情知能の開発の必要性

　ビジネスにおける能力とは何かに関して，心理学領域では古くから議論されてきた。従来企業採用においては，言語と数学の能力を基本に据えた「知能」を重視して，採用試験向けの知能検査（適性検査）を開発して，人材選別の指標としてきた。しかし90年代以降，英米において，従来型の知能概念とは異なる，感情知能（EI: Emotional Intelligence）が注目されるようになってきた。感情知能は，従来型の知能とは異なる概念で，①自分自身の感情を知る，②自分の感情をコントロールする，③自分を動機づける，④他人の感情を認識する，⑤人間関係をうまく処理する，という5因子から構成される（Goleman, 1995／邦訳，1998, pp. 85-87）。

　採用時の人材選別だけでなく，就業者の能力開発という点で，感情知能は重要な指標である。なぜならば，感情知能の高い就業者ほど職務満足・業績が高いし，その人が指揮するグループの生産性が高いことが実証研究で確認されているからである。加えて，業績との関係で，感情知能は知能や技術的熟練度よりも強い影響があること，その影響は組織の階層が高くなるほど強まることなどが明らかにされているからである（DIAMONDOハーバードビジネスレビュー編集部，2005）。以上を踏まえれば，企業で高い業績を出す人材の育成という面では，感情知能の開発が重要である。

■4-2. REBコーチング

　REBTは感情に焦点を当てた理論であり，具体的な手順・技法があり，学習が容易である（たとえば，Dryden & DiGiuseppe, 1990／邦訳，1997）。

REBT の専門家は，「論理療法［=REBT］のセルフヘルプ（自助の方法）を理解し実践することで，情動知能［＝感情知能］は高まり，もっと幸せな人生を楽しく歩んでいかれるのです（Clark, 2002／邦訳，2006, p.17)」と考えてきた。実際，REBT を学校で教えることによって，学生の感情知能は高まると専門家は主張する（たとえば，DiPietro, 2004）。

(1) 授業実践

2007 年度以降，文教大学人間科学部生（ただし，大学院生の参加を認めている）を対象として，REB コーチング（第 7 章，p. 144 参照）の教育・訓練を通年授業で行っている（通年，30 回，全 45 時間，履修者数は約 20 名）。授業構成は毎回同じで，理論学習 40 分，体験学習 50 分から構成される。学習内容と水準は REBT 心理士補を養成する研修会と同程度である（日本人生哲学感情心理学会基本用語集編集委員会，2009, pp.40-41）。

理論学習では 5，6 人程度のグループになり，各グループでテキストの指定箇所の疑問点を出し，各グループから出された疑問点を代表者が発表する。各グループから出された疑問点は整理されて，翌週の授業に履修者全員に文書で配布する。疑問点の中から特に重要と判断した項目をいくつか選んで，適宜，レポート課題として課す。テキストは，前期は『実践論理療法入門』(Dryden & DiGiuseppe, 1990／邦訳，1997），後期は『論理療法入門』(Dryden, 1994／邦訳，1998）である。

体験学習は，REBT の指導者によるコーチングのデモンストレーション，スキル・トレーニング（ピア・コーチング），フィードバックから構成される。デモンストレーション（全ステップ，30 分程度）は，各学期の最初と最後の時期の 2 回，通年で 4 回程度行ってきた。

ピア・コーチングとは，専門家でない仲間によるコーチング支援を意味するが，REB コーチングではスキル・トレーニングとして用いられる。机を挟まない椅子だけの空間で 3 人 1 組（コーチ，クライアント，観察者）となり，セルフヘルプ・フォームを使用したピア・コーチングを，毎授業（デモンストレーションを行う時以外）3 回行う。すなわち，このトレーニングでは，コーチ・クライアント・観察者を全員が各 1 回は体験する。ちなみに，本授業での

スキル・トレーニングの最終目標は，8ステップまでを，セルフヘルプ・フォームを使用して7分間で実施できることである（ステップについては，Dryden & DiGiuseppe, 1990／邦訳, 1997）。

各セッションの終了後に，フィードバックが3分間行われ

図4-1. ピア・コーチングの風景

る。フィードバックは仲間である観察者とクライアントが行う。フィードバックに際しては，対象者にとって有益な内容に心がけること，良かった点を必ず含めるようにすることをルールとしている。時間があれば授業の最後に，履修者全員が円形になって，体験学習での気づきや感じたことなどについて共有する。

(2) 授業の効果

この授業を1年間履修し，現在就業している5名に30分程度，①履修後の本人の変化，②就職活動など達成すべき目標がある活動に関する有効性，③現在の職場での有効性，④他の心理技法との違い，についてインタビューをした（実施時期は2009年5月）。

インタビュー対象者は，2007年度履修者が3名，2008年度履修者が2名である。学部・院の違いはあるが全員が心理学専攻で，学部卒業・院修了し，現在全員就業している。2名が教育・医療機関での相談援助業務，ほかは一般企業に勤務している。彼らが日常生活において，REBTを含めた心理技法をどのように活用しているかについて把握するため，今回はほかの技法の学習経験がある5名にインタビューすることにした。彼らは，REBTのほか，ゴードンモデル（Gordon, 1995／邦訳, 2002），傾聴技法，交流分析の学習経験がある。

履修後の本人の感じる変化としては，概して以下のように述べた。第1に自己受容が高くなったことである（4名）。第2に欲求不満耐性が高くなったこ

とである（3名）。第3に，REBTの技法やセルフヘルプ・フォームを使って感情マネジメントに取り組むようになったことである（3名）。第4に，感情マネジメントできるようになったので，目標達成に向けて建設的な行動がとれること，代替案などについて検討して行動がとれるようになったことである（3名）。

　就職活動など達成すべき目標がある活動に関しては，全員一致して，感情マネジメントできるようになったので，不健康な感情に対処して，目標達成を妨害するような自滅的な行動をとることなく，目標達成に向けて建設的な行動がとれた，と述べた。すなわち，一致して，就職活動の成功にこの授業が役立っていると述べた。現在の職場での有効性に関しても，同様のことが述べられた。職場で直面する嫌な出来事には違いがあるが，感情マネジメントできるようになったので，不健康な感情に対処して，自滅的な行動でなく建設的な行動をとることができると述べた。すなわち，一致して，現在の職場において，この授業が役立っていると述べた。［吉田］

5. 看護学生の授業に導入したコーチング心理学

■5-1. コーチング心理学の汎用可能性

　学生相互のピア・コーチングの有効性は，心理学専攻学生以外にも教職課程の学生や理学療法専攻の学生などにおいてすでに確認されている（Prince et al., 2010; Ladyshewsky, 2010）。前節で紹介したスティールら（Steele & Arthur, 2012）がコーチング心理学の授業効果として示している4つのうち，「目標設定と職業への焦点づけ」「実践スキルの獲得」「自己成長」は今の時代においては専門分野にかかわらず，学生時代に獲得すべき重要な能力と言えるだろう。厚生労働省の指導要領（厚生労働省, 2012）によると，看護師教育の基礎分野の科目は「家族論，人間関係論，カウンセリング理論と技法等を含むものとする」とされており，人間と社会を幅広く理解する内容で，科学的思考力およびコミュニケーション能力を高め，感性を磨き，自由で主体的な判断と行動を促す内容であることが求められている。

5-2. 授業の目的と概要

　筆者は従来から看護学生対象の人間関係論の授業を担当していたが，2014年度はコーチング心理学の理論とモデルに基づく演習中心の授業構成で実施した。上記の厚労省の授業指針にも合致すると考えたからである。授業の行動目標は，①人間関係の基本的原理を学び，適切なコミュニケーションが取れる，②看護学生として患者に対して適切なコミュニケーションが取れる，③ストレスマネジメントができる，④自分と他者の目標達成の道筋がたてられる，であった。受講生は40名の看護学生で，90分×10回の授業に参加した。初回は授業の目的と進め方，プライバシー保護についての説明とアセスメントを行った。採用したコーチングの理論とモデルは，GROW モデル，認知行動コーチング（ABC モデル）（2章参照），およびポジティブ心理学による強みの発見であった。

5-3. 学習サイクルに基づく授業実践

　授業は，コルブの学習サイクル理論に基づき（Kolb, 1984），①「実践経験」，②「振り返り」，③「概念化」，④「実験的応用」のプロセスを繰り返しながら進んでいくように計画された（図4-2）。①実践経験（演習）には，1対1のピア・コーチング，3人1組のピア・コーチング（1人は観察者），ケーススタディと4人でのディスカッション，相互のフィードバック，表情・しぐさの読み取り，DVD を利用した観察学習，「強み」の診断を含む心理アセスメントが行われ，授業のコアとなった。②振り返りのプロセスとして，受講生は毎回の授業の最後に内省報告を行った。また，授業中に行う心理アセスメントは受講生が自らの結果のフィードバックを得て，内省できるように配慮されていた。③概念化のプロセスでは「自己開示」「傾聴」「共感」「レジリエンス」「自己効力感」など，コーチングや人間関係に関する心理学的概念の説明をテキスト（西垣（2009）『発達・社会からみる人間関係』）を用いて説明することで実践と概念の関連づけを図ったが，時間は各回20分を超えない範囲にとどめた。④受講生には次回までの実践課題が与えられ，日常生活の中で実験的に試み，次の授業の始めにその結果をグループでシェアする時間を持った。なお，最終回には授業全体を振り返り，内省報告を提出してもらった。

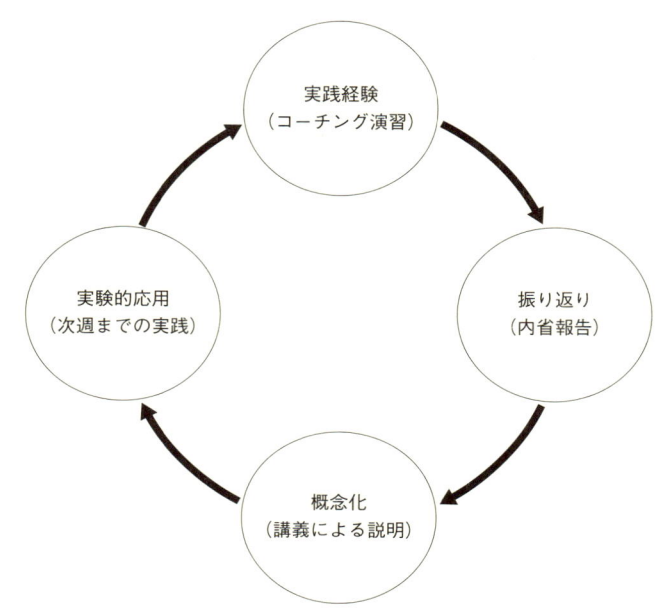

```
        実践経験
     (コーチング演習)

 実験的応用              振り返り
(次週までの実践)         (内省報告)

        概念化
     (講義による説明)
```

図 4-2. コーチング心理学授業における学習サイクル
(Kolb (1984) をもとに西垣が作成)

■5-4. 授業の効果

　10回の授業の後，コーチングコンピテンシー自己効力感尺度（CCSES-R：西垣・宇津木, 2015）（表3-2［p. 62］参照）によって測定した学生のコーチングに対する自己効力感は，開始前と比較して会話のスキル因子に有意な上昇が見られた（Nishigaki, 2015）[1]。また，CCSES-R の各因子は強みテスト（VIA 簡略版）（セリグマン, 2011／邦訳, 2014）の「人間性」「超越性」の各下位項目との間に有意な相関が多く見られた（Nishigaki, 2015）。本節では受講生の内省報告の結果を行動目標に沿って報告する。

　従来，看護学生は人と接することを苦にしない学生が多かったが，近年はコミュニケーションを苦手とする学生も増えている。内省報告では，日常の人間関係やコミュニケーションについて，「演習で色々な人と話す機会が多かった

---

[1] CCSES-R（コーチングコンピテンシー自己効力感尺度）に関する問い合わせは，開発者（関西医科大学心理学教室　西垣）までお願いします。

ので，普段あまり関わらない人との会話が以前に比べてスムーズにできるようになった」というものや，自分自身について「周りからの見え方や態度，自分の性格や傾向を知ることができた」「人と話すことで考えが広がったり，気づいたことがいろいろあった」という自己理解の深まりが見られた。スキル面では傾聴が印象に残ったというコメントが多く「授業を受ける前は，相談を受けたら自分の考えを言わなくてはいけないと思っていたが，傾聴に集中することが相手のためにもなることがわかった」に代表されるような気づきが見られた。

　看護学生としてのコミュニケーションについては，授業直後に予定されていた病院実習の目標が「患者とのコミュニケーションを通した情報収集」であったため，傾聴，質問など学んだスキルをすぐに活用できるという報告が多かった。「看護は患者さんの思いを聞くところから始まります。患者さんをよい方向に導けるよう，この授業で学んだことを最大限生かして誠実な姿勢で向き合っていきたいです」また，「次の実習のリーダーになったのでリーダーシップを高めたい。友達にリーダーシップがあると思える人がいるので，行動や発言を観察してみたい。グループのみんなに助けてもらえれば頑張れるので，困ったときには皆に助けを求めようと思う」と自分なりの目標を見出した者もいた。

　ピア・コーチングを通しての目標の設定と行動計画については，「目標や計画をたてるのはすごく難しい」という感想もあったが，「コーチングによって具体的な目標や，そのために今，しなければならないこと，現状を知ることが出来た」「ひとつの視点だけではなく，さまざまな角度から問題を深く掘り下げることによって，自然と解決策が見つかり，目標立てを行うことができるとわかった」など，確かな手ごたえをつかんだ受講生もいた。

　ストレスマネジメントに関しては，「この先，ストレスを感じる場面がきっと増えてくると思いますが，自分の思い込みによるストレスである可能性もあるので，客観的に考え，感情をうまくコントロールしていきたいと思います」と，将来の職業上のストレスも見据えたうえで，学んだことを活用したいという意見のほか，感情マネジメントに言及したものが複数あった。

■5-5. 展　　望

　看護教育の「人間関係論」にコーチング心理学を取り入れた授業は，受講生の会話のスキルを向上させ，学生からの肯定的な評価を得た。今回は限られた授業時間の中での実施であったため，コーチングスキルの確実な習得には時間をかけることでさらに効果が上がると思われる。「人間関係論」は，看護教育のみならず，秘書士資格の教育課程における人間行動群の科目として多くの人文・社会系学部や短期大学でも開講されており，これらの学部・学科でもコーチング心理学は有用であろうと思われる。高等教育におけるコーチング心理学の授業は，対人関係の実践力，自己の気づき，ストレスマネジメント，目標達成の道筋の立て方など，学生生活や就職後に起こる問題解決に必要な能力を高めるうえで，さまざまな効果が期待できると思われる。［西垣］

引用文献

Clark, L. (2002). *SOS help for emotion: Managing anxiety, anger and depression* (2nd ed.). Bowling Green, KY: Parents Press.（菅沼憲治（監訳）（2006）. 感情マネジメント：アサーティブな人間関係をつくるために　東京図書）

DIAMONDハーバード・ビジネス・レビュー編集部（編訳）（2005）. EQを鍛える　ダイヤモンド社

DiPietro, M. (2004). Rational emotive education in school. *Romanian Journal of Cognitive and Behavioral Psychotherapies*, 4(1), 69-77.

Dryden, W. (1994). *Invitation to rational-emotive psychology*. London: Whurr.（國分康孝・國分久子・國分留志（監訳）（1998）. 論理療法入門：その理論と実際　川島書店）

Dryden, W. & DiGiuseppe, R. (1990). *A primer on rational-emotive therapy*. Champaign, IL: Research Press.（菅沼憲治（訳）（1997）. 実践論理療法入門：カウンセリングを学ぶ人のために　岩崎学術出版社）

Goleman, D. (1995). *Emotional intelligence*. New York: Bantam.（土屋京子（訳）（1998）. EQ　こころの知能指数　講談社）

Gordon, T. (1995). *Good relationships: What makes them, what breaks them*. Unpublished.（近藤千恵（訳）（2002）. ゴードン博士の人間関係をよくする本：自分を活かす　相手を活かす　大和書房）

Grant, A. & Palmer, S. (2002). Coaching psychology workshop. Annual conference of the Division of Counseling Psychology, British Psychological Society, Torquay, UK, 18th May.

Grant, A. M. (2001). *Towards a psychology of coaching: The impact of coaching on metacognition, mental health and goal attainment.* Doctor of Philosophy, Macquarie University, Australia. Retrieved from 〈http://files.eric.ed.gov/fulltext/ED478147.pdf〉

Grant, A. M. (2011). Developing an agenda for teaching coaching psychology. *International Coaching Psychology Review*, 6(1), 84-99.

Kolb, D. A. (1984). *Experiential learning: Experience as a source of learning and development.* Upper Saddle River, NJ: Prentice Hall.

厚生労働省（2012）．看護師等養成所の運営に関する指導要領（平成24年7月9日医政発0709第11号）

Ladyshewsky, R. K. (2002). A quasi-experimental study of the difference in performance and clinical reasoning using individual learning versus reciprocal peer coaching. *Physiotherapy Theory and Practice*, 18(1), 17-31.

日本人生哲学感情心理学会基本用語集編集委員会（編）（2009）．人生哲学感情心理学（REBT）基本用語集　文教大学出版事業部

Nishigaki, E. (2015). Effects of positive coaching approach introduced to the Japanese nursing students. Poster presented at the Fourth World Congress on Positive Psychology Lake Buena Vista, FL, USA, 25-28, June.

西垣悦代（編著）（2009）．発達・社会からみる人間関係：現代に生きる青年のために　北大路書房

西垣悦代・宇津木成介（2015）．コーチングコンピテンシー自己効力感尺度改良版（CCSES-R）の妥当性　日本心理学会第79回大会発表論文集

Prince, T., Snowden, E., & Matthews, B. (2010). Utilising peer coaching as a tool to improve student-teacher confidence and support the development of classroom practice. *Literacy Information and Computer Education Journal*, 1(1), 1-7.

Spaten, O. M. & Hansen, T. G. B. (2009). Should learning to coach be integrated in a graduate psychology programme? Denmark's first try. *The Coaching Psychologist*, 5(2), 104-109.

Steele, C. & Arthur, J. (2012). Teaching coaching psychology to undergraduates-perceptions and experiences. *International Coaching Psychology Review*, 7(1), 6-13.

The International Coaching Research Forum. (2008). Tony Grant. Retrieved 23rd, March 2015, from 〈http://qualityoflife101.com/WordPress/?page_id=371〉

The University of Sydney. (2015a). 〈http://sydney.edu.au/handbooks/science_PG/coursework/psychology/psychology_coaching.shtml〉

The University of Sydney. (2015b). COACHING PSYCHOLOGY. Retrieved from 〈http://sydney.edu.au/science/psychology/future_students/doc/coaching_psych_flyer.pdf〉

コラム4

英国の大学におけるコーチング教育

石川利江

　英国では，日本の修士課程と同様にフルタイム1年以上の課程修了と修士論文の作成が修士号取得の基本であるが，パートタイムで2年以上の過程を履修し論文作成する修士号課程，修士論文を作成しない準修士課程（Diploma），規定の単位だけを取得して得られる認定コース（Certificate）などのさまざまな学び方ができる。実践的で専門性を備えた人材の養成を目指すもので，生涯学習社会に即応した学位や資格の充実が図られている。英国の大学院で最も早くコーチング心理学ユニットが設置された University of East London（以下 UEL）の大学院にもこれら3つの資格コースが設置されている（次ページ図）。全コースを学ぶ学生が「エビデンスに基づくコーチング理論と実践」を学ぶ必要があり，認定資格コースでは「リーダシップと組織におけるコーチング」「教育場面のコーチング」「ヘルスコーチング」「キャリアと能力開発のためのコーチング」の3科目の選択科目中から少なくとも1科目を履修し，60単位取得しなければならない。準修士のためのコースでは，上記に加えて「コーチングにおける自我の心理学」を履修し，選択科目から2科目を履修し，120単位を取得しなければならない。修士号コースでは，さらに「研究と活用パート1」と「研究と活用パート2」の60単位を履修し180単位取得する必要がある。これらのカリキュラム内容は少しずつ変化し発展していっている。Oxford Brookes University（以下ブルックス）のコーチングとメンタリングプログラムは経済学研究科の中に設置されている。構成される科目内容は UEL と異なるが，同様の資格が得られるようになっている。City University of London は修士課程が設置されていないが，コーチング心理学の博士課程が設置されており，コーチング心理学の博士の学位が授与されている。

　UEL やブルックスにおけるコーチング教育カリキュラムは，個々の科目がモジュールと呼ばれ，講義だけでなくディスカッション，ロールプレイなどの多くの演習，複数回のレポート，コーチングのケース報告とスーパービジョンなどが含まれている。課題図書も多く提示され，そのコメントの提出が求められる。インターネットを活用したディスカッションや，コーチング実践場面の録画に対する評価も実施されている。すべての科目の達成基準が詳細に提示され，そこへの到達度が厳しく評価されフィードバックされている。

　履修方法は，パートタイムや単位制など柔軟で，英国では仕事をしながらパートタイムで学ぶ学生数が増加しており，大学院ではパートタイム学生の方が多い。1モジュールの大半はインターネットを活用したもので，直接の講義は月1回週末に集

中的に開講される。そのため，たとえば大学とは遠く離れたスコットランドに住むビジネスマンであっても飛行機を使い週末の講義を受講すれば，コーチング心理学の資格が得られる。

　専門的コーチの資格を与える団体も多くあるなかで，キャリアを有する社会人学生にとって大学でコーチング心理学の資格を取得しようとする一番の理由は，学術的研究に基づく理論や方法を大学教育として学ぶことができるという，大学が提供するプログラムへの信頼である。英国におけるコーチング心理学の展開のあり方は，今後の日本における大学や大学院教育に参考にできるものであろう。

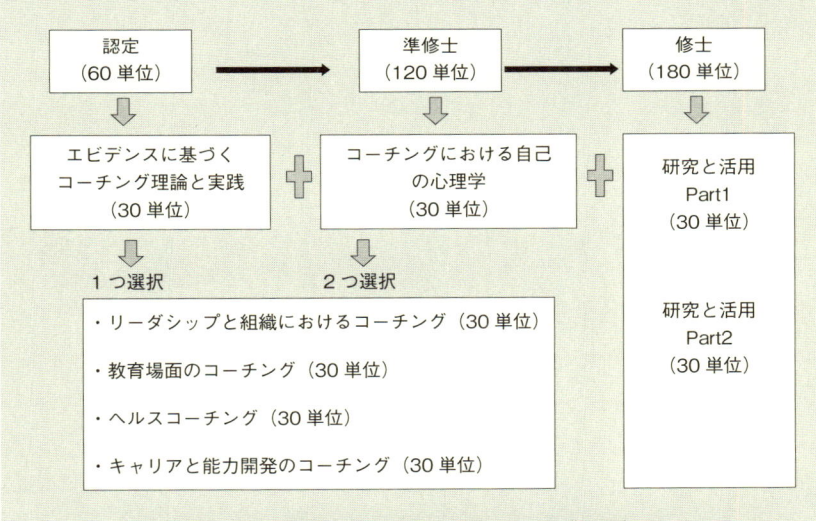

図. University of East London の大学院コーチング心理学コース

背景理論

第5章
コーチングの背景理論：
アドラー心理学と人間性心理学

向後千春
堂坂更夜香
伊澤幸代

　この章では，コーチングの源流のひとつとして，アドラー心理学と人間性心理学を位置づけたい。20世紀初頭に活躍したアルフレッド・アドラーが打ち立てたアドラー心理学は人間の生き方についての斬新な見方を提起し，より良い人生を送るためにはどうすればよいかということについての全体像を示した。その考え方は，マズローやロジャーズといった人間性心理学の実践者たちに引き継がれ，初期のコーチングの理論的背景となっている。そうした意味で，アドラーはマズローやロジャーズに思想的な影響を与えたことにより，間接的に初期のコーチングの成立に影響を与えたと言えるだろう。

　本章では，アドラーの考え方から出発して，マズロー，ロジャーズをたどり，彼らが提示した人間に関する考え方がどのようにコーチングに引き継がれているかを見ていこう。そして，もしアドラー心理学に基づくコーチングというものが構想できるとすればそれはどのようなものになり得るかを提起したい。

1. アドラー心理学

■1-1. アルフレッド・アドラーとアドラー心理学

　アルフレッド・アドラー（Adler, A.：1870-1937）は，オーストリアの精神科医であり，心理学者，社会理論家としても活躍した人物である。フロイト（Freud, S.），ユング（Jung, C. G.）と並び，世界的に「心理学の三大巨頭」と称されているが，日本では，フロイトやユングほど紹介されてこなかったた

め，あまり多くは知られていない。

　アドラーは，1870年にユダヤ人の7人兄弟の次男としてウィーンで生まれた。1888年にはウィーン大学医学部に進み，卒業後はウィーンで診療所を開設した。1902年にはフロイトに招かれて精神分析協会の研究グループに参加していた。1911年に学説上の対立からフロイトと決別して，自由精神分析協会を設立した。その翌年には，「個人心理学会」と改称された。

　アドラーが「個人心理学（individual psychology）」と呼んだのは，「個人」とは「分割できない統一体（in-dividual）」であるという思想から発している。フロイトはじめ多くの学派が原因論をとるのに対して，アドラーが提唱した心理学は「分割できない全体としての個人が，目的を持ち，その目的を達成するために行動する」として，目的論をとるのが特徴である。アドラー（1929／邦訳，1996）は，治療よりも予防が大切であるとして教育に力を入れる。その活動の基盤は普通の人々の集まりで行われ，「私の心理学は［専門家だけのものではなく］すべての人のものだ」と誰にでもわかる言葉で伝えられたのである（岸見，2010）。日本では彼の理論体系は「個人心理学」あるいは創始者の名をとって「アドラー心理学」と呼ばれている。

　アドラーは，楽観的な意見の持ち主で，個人心理学を通じて，世界をより良くするための機会を提供できると確信していた。アドラーは，未来について次のように述べている。「私の名前を誰も思い出さなくなる時がくるかもしれない。アドラー派が存在したことすら忘れられてしまうかもしれない。それでもかまわない，心理学の分野で働くすべての人が，私たちと共に学んだかのように，行動することになるだろうから」と（Manaster et al., 1977／邦訳，2007）。

　アドラーの時代から百年たった今，アドラーの理論は，心理学者のみならず広い領域で多くの人々の思索や著作に影響を与えてきたと言えるだろう。しかし，その影響がアドラーの考え方に由来しているという言及はこれまであまりなされてこなかった。このことに関して，精神医学者のエレンベルガー（Ellenberger, 1970／邦訳，1980）は，「アドラーの学説は，『共同採石場』みたいなもので，誰もがみな平気でそこから何かを掘り出してくることができる」と紹介しているほどである。

■1-2. 劣 等 感

　私たちが普段感じるいわゆる「劣等感」を発見したのはアドラーである。一般的に，劣等感はネガティブなイメージで使われることが多い。これは，実はアドラーの言う「劣等コンプレックス」に相当するものである。アドラーが「劣等感」と「劣等コンプレックス」とを区別して考えたことは特に銘記したい。アドラーの言う劣等感は，誰もが普通に抱く感情であり，普通の感覚なのだとされた。

　劣等感は英語で，inferiority feelings，つまり自分が少し劣っているというフィーリング（感じ）である。人はもともと「優れた自分になりたい」という目的を持っている。その理想の状態（プラス）から見れば，今の自分は必ず少し劣っている状態（マイナス）にある。この時に抱く感情が劣等感である。この劣等感は，誰でも持っている感覚で，ごく普通の感情である。どんな人でも，どんな領域においても，完璧な人などいない。人はみな，「今日よりも明日，明日よりも明後日，より良くなろう」と願って生きている。誰もが少しずつでも進歩しようと目標を持って生きている。人は，その理想の状態を常に思い描くけれども，現状はそれを満たさないため，その差が劣等感となる。

　このことから，アドラーは劣等感こそが人間が行動するための原動力だと考えた。劣等を感じるので，人は今より良くなろうと努力する。この行動は，劣等感を「補償」しているのだと捉えることができる。しかし，このとき，その自分は劣っているという感情にこだわり，いろいろな理由や理屈をつけて実体化してしまうことをアドラーは「劣等コンプレックス」と呼んだ。たとえば身体的に劣っている部分（器官劣等性）があって，「Aなので（あるいはAでないので）Bができないという論理を日常生活で多用すること」，つまり，やるべき課題を前にして，最初からやらないと決めてしまい，できない理由を後からいくらでも出してくるというのである。劣等コンプレックスを「道具」として，当面の課題から逃れようとしている。ここに「劣等コンプレックス」が機能している。

　劣等感と劣等コンプレックスの違いは，「劣等を感じるから努力する」ときには「劣等感」，「私には劣等コンプレックスがある。だから努力を避ける」ときには，言い訳として「劣等コンプレックス」を用いているところにあると理

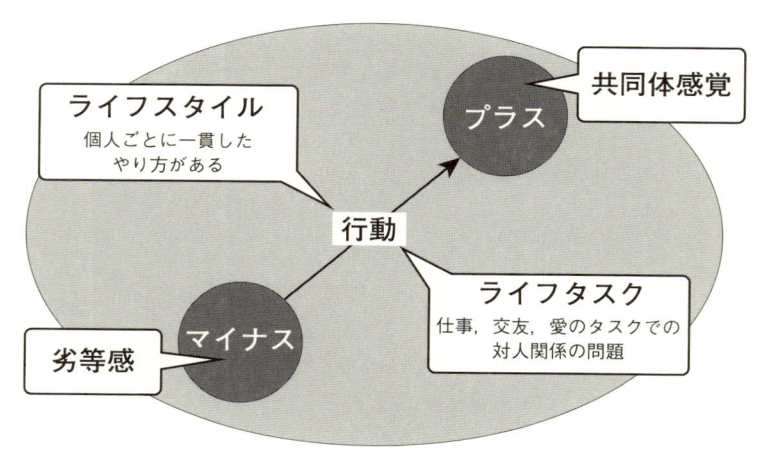

図 5-1. アドラー心理学の全体像

解したらいいだろう。劣等感は努力のための原動力になる。つまり，劣等感には実はポジティブなイメージが埋め込まれており，より良い明日への活力になるとも言える。

■1-3. ライフスタイル

　人はみな，誰もがより良い存在になろうと目的を持ち，その目標に向かって行動している。しかし，何を一番優先するか（最優先目標）ということやその行動の仕方は，人それぞれである。人それぞれの行動傾向を心理学では「性格」や「人格」と呼ぶ。

　アドラー心理学では，その人独自の思考や行動傾向（＝生き方のパターン）を「ライフスタイル」と呼ぶ。ライフスタイルは，遺伝的要因と環境的要因の両方から形成されると考えられている。その人独自のライフスタイルが形成されるのは，2-5歳ごろであり，遅くとも10歳前後までにはそのライフスタイルは安定すると考えられている。また，ライフスタイルは自分で選んで決めていることから，決心次第でいつでも変えることが可能である。

　ライフスタイルは，その個人の最優先目標の特徴により大まかに次の4つのタイプに分けることができる。

- Aタイプ＝安楽でいたい（保護されていたい，面倒なことは苦手）
- Bタイプ＝好かれたい（人気者でありたい，のけものにされることは苦手）
- Cタイプ＝リーダーでいたい（主導権を握りたい，服従するのは苦手）
- Dタイプ＝優秀でありたい（課題達成が喜びであり，無意味な時間が苦手）

上記4つのタイプを大きく2つに分けると，AタイプとBタイプは受動的，CタイプとDタイプは能動的となる。また，BタイプとCタイプは対人関係重視，AタイプとDタイプは課題解決重視となる。このことから，Aタイプは課題解決優先の受動型，Bタイプは対人関係優先の受動型，Cタイプは対人関係優先の能動型，Dタイプは課題解決優先の能動型と分類できる。

この4つのライフスタイルは，どのタイプが優れているとか劣っているなどはない。それぞれに長短がある。大事なことは，ライフスタイルは幼少期に決定され，あまりに当たり前に慣れ親しんでいるために，自分自身ではそれを意識することもなく特段それに気づくことはない。ところが，一方で他者からは，「あの人は，こういう人」という判断をされる。そのような体験を経てライフスタイルは一人ひとりタイプが異なるということ，その人には最優先目標があり，人はそれを探ることによって，ライフスタイルを確固なものとすること，それゆえにその人の判断や行動パターンを予測することができるのである。このように，自分自身のライフスタイルを知ることによって，自分の活かし方，対人関係のあり方，自分の役割を考えるヒントになるであろう。

■ 1-4. ライフタスク

私たちは何のために生きているのだろうか。

アドラーは，人間の悩みは，すべて対人関係の悩みだとした。人間は，決して一人では生きることはできない。私たちが今ここに存在しているのも，対人関係を営々と築いてきたからである。

アドラーは，「私たちは地球上で生きている人類の一員である」として，私たち自身の幸福と人類の幸福のために，個人がなすべき課題は，「仕事・交友・愛」の3つであるとし，これをライフタスクと呼んだ。

まず1つ目に，私たちは人類の一員であり続けるために，社会を形成し維持するための仕事をしなければならない。しかし，人間は一人では何もできない。そこで，人々が互いに認め合い，弱点を補い合いながら，それぞれの役割を果たしていく必要がある。これが「仕事のタスク」である。

2つ目は，他者と協力するために良好な関係をつくることが重要になる。人類の一員として生きていくために，仲間の中で自分の居場所をどのように見つけるかが課題となる。これが「交友のタスク」である。

3つ目は，人類が継続していくための活動に貢献することである。これは，良きパートナーを見つけ，家庭をつくり，子どもを育てることである。人類には男と女という性が存在するが，その性の役割を成就させることが「愛のタスク」になる。

これらのタスクはすべて人類全体への関心へと向かっている。アドラーは，これこそが「人生の意味」だと主張した。どのような対人関係をもってライフタスクを果たしていくのかが，私たちの人生の課題なのである。人は他者に関心を持たなければ幸せにはなれない。

アドラー心理学では，この基本となる3つのタスク「仕事・交友・愛」に加えて，「自己との調和」と「世界との調和」の2つのタスクも考える。「自己との調和」とは，自分自身と向き合い，完璧でない自分，常に不完全である自分を受け入れるタスクである。

「世界との調和」とは，自分と世界・宇宙とのつながり，この地球上に生まれてきた自分自身の存在の意味を考えるタスクである。

仕事・交友・愛のタスクが，自分がこの世界で生きていくための課題だとすれば，自己との調和・世界との調和のタスクは，この世界で生きていることの「意味」を探求する課題だということができる。

■1-5. 共同体感覚

アドラーは，人は他者に関心を持たなければ幸せになれないと主張した。そして，そのためには「共同体感覚」の育成が重要であると説いている。「共同体感覚」とは，アドラー心理学のキー概念であり，social interest ＝ 社会への関心，他者への関心を意味している。

では，具体的に「共同体感覚」とは，どのような感覚なのだろうか。それは，「自己受容→信頼→所属→貢献」の4つの感覚から成り立つと考えられる（野田，1991）。

まず「自己受容」とは，ありのままの自分でいられること。背伸びをしたり，偽ったりせず，等身大のままの自分で共同体の中に存在できる感覚である。

次に「信頼」とは，自分のまわりの人に安心して任せることができることである。つまり，相手を信頼して頼ることができる感覚のことである。

三番目に「所属」とは，その共同体の中に自分の居場所がある感覚である。家庭や職場，友人とのコミュニティの中で安心して存在できる感覚である。

最後に「貢献」とは，自分がまわりの人の役に立っている，役に立つことができるという感覚である。

以上，4つの感覚のうち，所属と信頼を「人々は仲間だ」と思う感覚，自己受容と貢献を「私には能力がある」と思う感覚に分類することができる。

人は共同体の中で常に自分の居場所を求めている。それは，誰も一人で生きられないからである。このとき，自分しか通用しない自己中心的な考え方で所属を目指すと，まわりの人からは不適切な行動とみなされ，孤立してしまうことになるだろう。人は所属できていないと幸せを感じることは難しいだろう。

共同体感覚を育てる努力とは，自分だけの考え＝私的論理（private logic）から，共同体の仲間が共有できる考え＝共通感覚（common sense）へ変えていくことである。これは，相手の目で見て，相手の耳で聞き，相手の心で感じることである。

アドラーは，「私は自分に価値があると思える時にだけ，勇気を持てる」と言った。ここで言う勇気とは対人関係に立ち向かう勇気，つまり人生の課題に立ち向かう勇気のことである。自分に価値があると思えるのは，誰かの役に立っていると思えた時である。さらに，アドラーは，「幸福とは貢献感である」と主張している。つまり，共同体の中で，「人々は仲間だ，私には能力がある」と自然に感じられること，そして自分の役割を見出し人々に貢献していくことができれば，幸せな人生へと導かれるであろう。［堂坂］

2. 人間性心理学

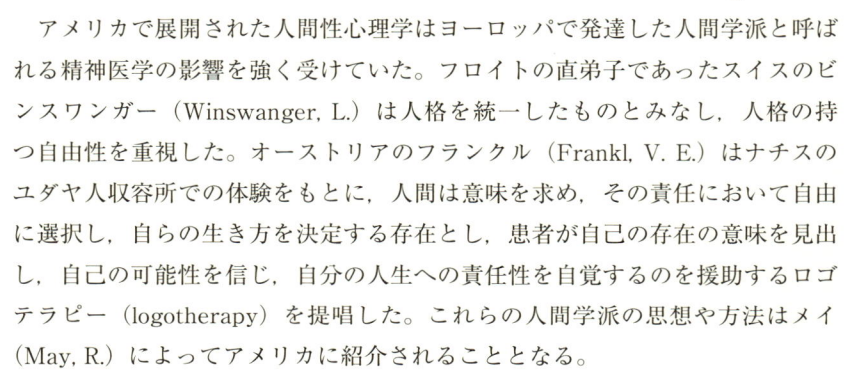

　アメリカで展開された人間性心理学はヨーロッパで発達した人間学派と呼ばれる精神医学の影響を強く受けていた。フロイトの直弟子であったスイスのビンスワンガー（Winswanger, L.）は人格を統一したものとみなし，人格の持つ自由性を重視した。オーストリアのフランクル（Frankl, V. E.）はナチスのユダヤ人収容所での体験をもとに，人間は意味を求め，その責任において自由に選択し，自らの生き方を決定する存在とし，患者が自己の存在の意味を見出し，自己の可能性を信じ，自分の人生への責任性を自覚するのを援助するロゴテラピー（logotherapy）を提唱した。これらの人間学派の思想や方法はメイ（May, R.）によってアメリカに紹介されることとなる。

　人間性心理学の提唱者でもあり中心メンバーであったマズローは，動物の行動実験によって人間の行動を説明しようとする行動主義の非人間的な捉え方に疑問を持った。一方，精神分析では，人間の病的で異常な側面に注目し研究していることから，どちらの理論も正常で健康な人間に注目するという視点が欠如しているとした。精神的に健康で幸福である人間を研究することこそ，真の人間理解に繋がると考えたのである。

　ここでは，マズローとロジャーズの心理学を取り上げる。

■2-1. マズロー

　アブラハム・マズロー（Maslow, A. H.：1908-1970）は，20世紀初頭に起こった反ユダヤ主義の集団的迫害行為（ポグロム）から逃れるためアメリカに移住したユダヤ系ロシア移民の長男として，ニューヨーク州ブルックリンで誕生する。マズローの家族はユダヤ人コミュニティに属していなかったので，友人もなく，孤独な少年時代を過ごしたと言われている。また，マズローの家庭は貧しかったために，子どもの頃から働いて家計を助けていた。このような生い立ちがのちに社会的成功に関心を持つ動機となったとされる。

　高校卒業後2年間ほど法律学を学んだが，心理学を学ぶためにウィスコンシン大学へ転校する。そこでワトソン（Watson, J. B.）の提唱する「行動主

義」に出会い、行動心理学の研究に熱中した。1931年同大学で心理学の修士号を取得し、さらに1934年に心理学博士号を取得した。徐々に行動主義の理論に疑問を持ち始めたマズローは健全な精神活動に注目し、優れた先駆者たちがいかにして社会的成功を収めたかという独自の研究を始める。1937年、ニューヨーク市立大学ブルックリン校に教授として招聘され、14年間従事した。1951年にはユダヤ系大学として有名なブランダイス大学に移り1969年まで在職する。

　1962年、そのころ広く二大学派として台頭していた精神分析と行動主義に疑問を持ったマズローは他の発起人たちとともに「人間性心理学会」を設立し、心理学界の第3の勢力として注目された。1967-1968年にはアメリカ心理学会会長を務め、1969年、トランスパーソナル学会を設立した翌年、心臓発作により倒れるまで「自己の持つ可能性を最大限に引き出すにはどう生きるべきか」、「社会的に成功した人間はどのような考え方をするか」というところから個人の領域を超えた意識の範囲まで精力的に研究した。

■2-2.　人間の5段階欲求説

　マズローは病者よりも健康な人間や自分の才能・可能性を十分に発揮していると思われる人間を研究対象とし、精神的健康や人間の欲求を探求した。

　人間は本来生物学に基づく精神的本性を持っていて、それは生まれつき、あるいは遺伝により決定され、ある意味では不変であるとする。この精神的本性は本質的には悪ではなく、むしろ良いものである。この本質的本性の実現が妨げられたときに、それに対する二次的反応として悪いとされる行動になったり病気になったりするとした。この精神的本性は動物の本能のように強いものではなく、習慣や文化、暗示などで容易に抑圧されてしまうが、正常な人間では消失せず、常に実現へと向かっていると述べた。

　そのうえで、人間が生存し成長して次の段階へと進む行動をとるための欲求や衝動は基本的に次のように段階的に存在し、1段階の欲求が充足し消失してから次の欲求が出現するとした（マズロー，1954／邦訳，1987）（図5-2）。

　①第1段階　生理的欲求：摂食、排泄、睡眠、性行動など基本的生存行動への欲求

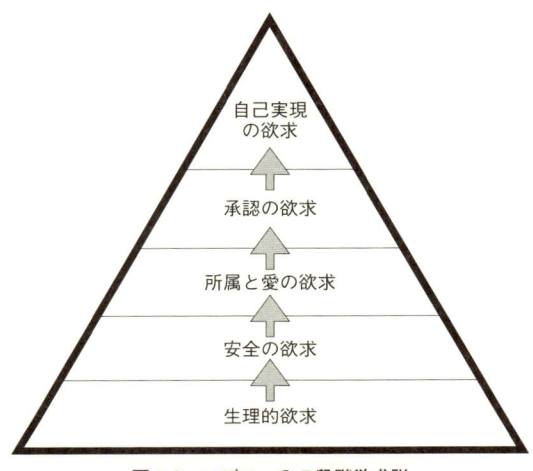

```
          自己実現
           の欲求
          ↑
         承認の欲求
          ↑
        所属と愛の欲求
          ↑
         安全の欲求
          ↑
         生理的欲求
```

図5-2. マズローの5段階欲求説

②第2段階　安全の欲求：安全であること，保護されていること，生活の秩序への欲求
③第3段階　所属と愛の欲求：家族，友人，属している集団に居場所がある，愛されるといった帰属の欲求
④第4段階　承認の欲求：他者からの承認，自尊心の充足など自己認知の欲求
⑤第5段階　自己実現の欲求：自己の能力や可能性を広げ自分自身の本性へ忠実であろうとする欲求

一方でマズロー（1954／邦訳，1987）は社会的に成功していると考えられる人，人生の中で深い悟りや出産時の感動など特別な感情体験のある人の分析調査から，以下のような精神的健康の特徴を挙げた。

①現実をより正しく有効に知覚する
②自己や他者が自然であることを受容する
③自発性を持ち自然体である
④課題中心的である
⑤孤独やプライバシーを好む
⑥文化や環境から独立し，能動的である

⑦物事の認識が絶えず新鮮である
⑧民主的な性格構造である
⑨創造性豊かである
⑩愛する能力がある

　マズローは以上のような特徴を持ち合わせた人間を「自己実現的人間」と呼んだ。晩年には第5段階の自己実現の欲求の先に自己を超越した領域があると提唱した。その至上の幸福と達成の瞬間を至高体験と名付け，自己実現した人にもこうした至高体験がみられるとした。

　しかし，マズローは，「自己実現」という言葉はいわゆる世俗的な成功であったり，自己の欲求を満たし，個人の充実を図ることと捉えられる欠点があることを，自著『完全なる人間―魂のめざすもの』（マズロー，1968／邦訳，1998）において述べている。自己実現とは他人から定義できるような「何か」ではない。マズローによれば，自己実現は自分がなしうる最大限のことをしていること，何かをしているというよりも，自分の存在に関わっているという意味である。そしてさまざまな本質的魅力が開花し，全体として自分らしくなっている状態を指している。単に欠乏している欲求を満たす能動性だけでなく，受動性や受容性も重視しているのである。

　世に広く知られることとなった5段階欲求説は，マズローにとっては人間理解のひとつのアイディアに過ぎず，固定的には考えていなかった。しばしば批判されるように自己実現という事象の操作的定義は曖昧である。マズロー自身も著書の中でその捉えどころのない自己実現という概念を幾度にもわたって多面的に表現している。「完全なる人間」という題名が意図したとおり，自己実現に至る道程は何個かの要素に還元するかということよりもっと統合的で，ホリスティックな概念であると言えよう。

■2-3. マズローが与えた影響

　社会的成功者を対象にした研究を通してマズローは，社会的に成功を得た者ほど，他者への思いやりが強くなること，自己実現をした人ほど社会貢献に熱心であることに注目し，このことからさらに組織において成果をあげる組織とそうでない組織があることへも関心を移した。組織に属する人間が幸福で

いられるより良い組織とは何かを考察し，組織の経営にも言及をした。その著書は多くの研究者や経営理論家に読まれ，ピーター・ドラッカー，ダグラス・マクレガーなど著名な経営学者がその影響を受けていると言われている（マズロー，1998／邦訳，2001）。

また，人間の5段階欲求説は，会社経営，モチベーション理論，看護などさまざまな領域で人間理解の指針のひとつとして取り入れられている。マズローらの生んだ人間性心理学の潮流は，今日では個人の人生や属する組織，社会のあり方が本来あるべき方向へ向かう状態を構成する諸要素について科学的に実証を試みるポジティブ心理学へと受け継がれている。

■2-4. ロジャーズ

カール・ランサム・ロジャーズ（Rogers, C. R.：1902-1987）はアメリカイリノイ州オークパークにて，プロテスタントの宗教的に厳格で妥協のない家庭に6人兄弟の4番目として生まれた。教育熱心な両親はとても手厚く愛情をかけて育ててくれたが，愛に満ちた仕方で，強く子どもたちをコントロールもしていた，とロジャーズは著書の中で述べている。

思春期の子たちを都会の誘惑から離すために，ロジャーズが12歳のとき一家は農園に移り住む。父親の農業経営の影響を受け，科学的農業に興味を持ったロジャーズは1919年にウィスコンシン大学の農学科に進学する。在学中，YMCA（キリスト教青年会）の活動に参加したことでキリスト教に興味を移し，牧師を目指すため1924年にユニオン神学校に入学，2年間学んだ。しかし，特定の信条を信じ続けなければならないところで働くことは難しいと考えたロジャーズは，コロンビア大学教育学部で心理学や精神医学を学び，在学中にニューヨーク州ロチェスターの児童虐待防止協会の児童研究部門の心理職として採用され，以後12年間臨床に携わることとなる。

ロチェスター大学心理学科，社会学科，教育学科で教鞭をとっていたロジャーズは1940年，オハイオ州立大学で5年間，以後，シカゴ大学で12年間，ウィスコンシン大学で4年間，教授職を得て，教育と研究に従事した。1959年にファーソン（Farson, R.）らと設立した西部行動科学研究所に1963年にウィスコンシン大学から移ったのち，1968年，ラホイヤに人間研究セン

ターを設立し精力的にエンカウンターグループの実践，研究に携わる。各国の紛争地域で積極的にエンカウンターグループを実施し，世界平和にも力を注いだ。1987年に亡くなるまで生涯をここに捧げたロジャーズはノーベル平和賞にもノミネートされている。

■2-5. 人間の持っている力

ロジャーズは，心理療法の歴史上，最も影響力のある心理学者であったとされる。また心理療法の完全なケースを詳細に記録して公開した初めての人物であり，膨大な客観的実証的研究を行って，医師ではない立場で初めて心理療法の体系を作り上げた。治療者とクライエントの間に権威を持ち込まず，対等な関係としたのもロジャーズの功績である。ロジャーズは，個人は自分自身の中に，自分を理解し，自己概念や態度を変え，自己主導的な行動を引き起こすための十分な力を持っており，条件さえ整えばこれらの力は働き出し個人の成長を促進すると考えた。

(1) クライエント中心療法

長い臨床活動の中でロジャーズのセラピーは，初期には「非指示的アプローチ」，中期には「クライエント中心療法」，後期では「パーソン・センタード・アプローチ（人間中心アプローチ）」とその名称が変遷したが，この経緯そのものが成長する人間の優れたモデルとなっている。治療者は知識を誇示したり明確な指示をしたりせずとも，クライエント自らが気づき，成長していくことができるとした。ロジャーズ（1957／邦訳，2001）はクライエントを援助する治療者の態度（条件）を3つにまとめている。

①**共感的理解**：クライエントの内的世界をあたかも自分自身のものであるかのように感じ取りクライエントに正しく伝える。このとき「あたかも〜のように（as 〜 if）」という態度が大切である。

②**無条件の肯定的配慮**：治療者はクライエントを自己成長の潜在能力をもった人間として尊重しあるがままを受け入れ，クライエントと向かい合う。

③**真実性**：治療者は自らを取り繕ったり，見せかけを保とうとせず，ありのままの正直な自分であるべきである。治療者は感情と意識，言葉や行動が自己

一致していなければならない。

　以上の条件が整ったとき，セラピーの場はクライエントにとって安心で安全なところとなり，そうして初めて自らを自由に語れるようになるとした。

(2) 自己理論

　ロジャーズ（1961／邦訳，2005）は人間の本質を生命体として統合性を持つ有機体と捉えた。この生命体は自らを維持したり成長や成熟へと向かう自己を実現するための能力を持っている。生命体が置かれた環境の中で，自己が意識され，その「自分はこういうものである」という自己概念と実際の経験とが一致した状態を人間にとって理想の状態であるとみなしている。自己が一致している時に自己一致の状態となり，人間は実現傾向の力を発揮し自己成長の実感を得ることができる。自己概念は人間の現実の行動を規定していくものであるが，自己概念と現実での経験が一致していない状態になるとパーソナリティの統合性が崩れ，自己不一致状態となり心的苦痛が生じるとした。

(3) エンカウンター・グループ

　エンカウンターとは「出会い」という意味をもつ。1960年代のアメリカは，末期的状態であったベトナム戦争の反戦運動，人種差別解消運動，ウーマン・リブ運動などによって社会の構造が動かされ，家族や地域の崩壊が進んでいた。アメリカ西海岸を中心に全世界へ広がった人間性回復運動のアプローチのひとつとしてエンカウンター・グループ運動が広がっていった。ロジャーズは「今世紀もっとも将来性のある社会的発明」と評し，多くのワークショップを主催した。

　エンカウンター・グループは治療を求めない一般人が，より深い心理的成長を求めて参加するものであり，非臨床機関で集中的にセッションを行う。「いま・ここ（Here & now）」というその場での正直さや相互交流が強調され，自己開示や感情や情動を含む全人的参加が求められる。従来のような治療者／クライエントという関係ではなく，リーダーも参加者と同等位置であり，ファシリテーターと呼ばれることが多い。一方で心的外傷を受ける者が出たり，現実生活に持続的な効果を与えていないなど，問題点も指摘されている。

■2-6. ロジャーズが与えた影響

　ロジャーズは現代カウンセリングの祖とされ，特に日本においてはカウンセリングといえばロジャーズのクライエント中心療法を指すほどの多大な影響をもたらした。傾聴，感情の反射，内容の繰り返し，開かれた質問等，その理論や技法はあらゆるカウンセリング場面での基礎となっている。また，個人が成長や成熟の方向へ向かって変化していく力と傾向をロジャーズは「生命というものの根本的な動機である」と述べた。クライエントを受容し，クライエント自らの成長の力を信じて引き出すクライエント中心療法は動機づけ面接法へと発展し，現代の動機づけ概念に大きな影響を与えている。［伊澤］

3. アドラー，マズロー，ロジャーズからコーチングへ

　以上，アドラー，マズロー，ロジャーズが，人間性心理学の流れの中で，提起してきた人間の見方について説明した。本節では，人間性心理学の考え方が，コーチングにどのように引き継がれているかということについて述べる。

■3-1. モダンな人間観から"第3勢力"人間性心理学へ

　実証科学としての心理学は，1879年にライプツィヒ大学のヴントが心理学研究室を創設したことで始まったとされている。このあと，19世紀末から20世紀前半にかけて，心理学の中では3つの潮流があった。それは，精神分析学，行動分析学，人間性心理学であり，それぞれ「第1勢力，第2勢力，第3勢力の心理学」と呼ばれている。

　"第1勢力"の精神分析学は，人間の精神の内的世界とそのメカニズムを重視しようとした。一方，"第2勢力"の行動分析学は，人間の観察可能な外的行動とそれが環境によって制御されることを重視しようとした。このように両者は正反対の立場を取ったものであったにもかかわらず，人間を分解可能なメカニズムのひとつとして見ようとする立場は共通であった。それはモダンな世界観に立脚していた。人間の自我や理性に信頼を置き，思考や行動は理性的にコントロールされるか，あるいは外的な環境条件によって統制されるかのどちらかであると考えられた。

精神分析学と行動分析学の両者に対して，"第3勢力"の人間性心理学は，人間を分解不可能な有機体として扱おうとした。理性と感情，意識と無意識，心と身体という区別は可能であるとしても，それら全体を動かすものは「個人」全体である。どのようなメカニズムを想定しようとも，最後に自分の行動を決めるのは，その個人以外にはないという立場を堅持した。

アドラーが，精神分析学から袂を分かったのちに，自分の心理学理論に「個人心理学」という名前を付けたのは，「個人」全体がその人の人生を決めているという基本前提を表明したものであった。人間性心理学の中心人物である，ロジャーズとマズローが若いときにアドラーの講演を聴き，そこから大きな影響を受けていることはもとより，アドラーの「主体的な個人」という概念が人間性心理学の源流になっていることは明らかである。

しかし，人間性心理学の方針は，近代科学の枠組みからは，常にはみだすものであった。人間性心理学は，人間の直接経験や長期的な成長と変容を重視していた。しかし，それらを扱おうとする限り，実証主義科学の枠組みの中では，客観的データとして提示しにくいという不利が常に働いていた。そのため，データに基づいた実証科学という大きな流れの中では，人間性心理学はけっして主流ではなかったのである。

しかし，人間とはいったい何なのか，何のために生きているのかという根源的な問いはいつの時代でも絶えることはない。その問いの答えを求める人々とそれに答えようとする心理学者たちは，人間性心理学の流れを絶やすことなく発展させてきた。

■3-2. 人間性心理学からコーチングへ

オコナーとラゲス（O'Conner & Lages, 2007／邦訳，2012）は，人間性心理学をコーチングの土台のひとつであるとし，さらにマズローとロジャーズをコーチングの祖父と位置づけている。

彼らによれば，人間性心理学では，人間は成長と発展を望む存在であるとしている。マズローはこれを「自己実現」という概念として提示した。マズローは自己実現について「人間性心理学が取り上げるのは，……人間が実際に自分のなれるものになろう，自分がなれるもののすべてになろうとする性質なの

だ」と言っている。現代のコーチングは，クライエントが持っている「自分がなれるもののすべてになろうとする性質」を基本的な前提として考えている。したがって，コーチの仕事は，クライエントに指示したり，方向性や解決策を示したりするのではなく，クライエント自身の「なれるもののすべてになろうとする性質」を実現するために手助けをするということになる。

また，人間性心理学では，人間を全体的な存在として扱うと同時に，個人の独自性も重視しているとオコナーとラゲスは言う。

全体的な存在というのは，人間を分割していっても，その全体の理解には至ることはなく，不可分なその人全体という見方が不可欠であるということである。もちろん，身体と精神や，理性と感情というような分け方は，対象を分析していくことには役立つかもしれない。しかし，最終的には，その個人全体とその人の人生という包括的な見方が必要となる。人間性心理学は，人間を全体として扱おうとしている。

また同時に，人間性心理学は個人の独自性を重視している。全体として不可分な個人は，それぞれに独自性があり，一人ひとりがユニークな個性を持ち，そして独自の人生を歩んでいる。コーチングにおいてはその独自性を尊重する必要がある。

ロジャーズはクライエントに関わるにあたって「無条件の肯定的関係」を前提として「クライエント中心主義」を提示した（のちに「パーソン・センタード」と表明する）。これは，相手を全体的な存在として受け入れ，相手の独自性を尊重するという態度を重視していることから発している。ロジャーズのカウンセリングでは，クライエントに指示を出すことはできるだけ控えられる。これは，相手を唯一の独自性を持った存在全体として，受け入れるということにほかならない。

以上，人間性心理学は，人間を「成長と発展を望む，独自性を持った存在全体」として見ようとする。これは，コーチングにおいても共通に受け入れられている前提条件であるということができるだろう。

■3-3. 現代アドラー心理学の枠組みとコーチングの対応

もしオコナーとラゲスが言うように，人間性心理学がコーチングの土台であ

り，マズローとロジャーズがコーチングの祖父であるとするならば，人間性心理学の源流であるアドラーは，同様にコーチングの源流であると言うことができるだろう。

　また，アルバート・エリス（Ellis, A.）が開発したREBT（Rational Emotive Behavior Therapy, 理性情動行動療法）は，その後のコーチングに大きな影響を与えている。REBTの中の，どんな人も多かれ少なかれ持っている「イラショナル・ビリーフ（不合理な信念）」というアイディアは，アドラーから影響を受けたものだろう。とすると，アドラーはエリスを介して，間接的にコーチングに影響を与えていることになる。

　現代のアドラー心理学の理論的枠組みは，アドラーがオリジナルのアイディアを提示したのち，アンスバッハー（Ansbacher, H. L.）によってその概念が整理され，ドライカース（Dreikurs, R.）をはじめとしたその後の研究者や実践者に継承され発展してきた。現代アドラー心理学が採用している理論的な基本前提は，「全体論，目的論，社会統合論，仮想論，個人の主体性」の5つにまとめることができる。以下に5つの基本前提が現代のコーチングにどのように関係づけられるかについて考えたい。

(1) 全体論（Holism）

　全体論とは，人間は統合された全体であり，分割することができない存在であると考えることである。たとえ意識と無意識，理性と感情というような区別はできるにしても，それらを統合しているのはその個人以外にはないとする考え方である。これは，ロジャーズの「有機的自己」という考え方に受け継がれている。そして，それはコーチングにおいても「成長と発展を望む存在」としてクライアントを扱う考え方に合致している。

(2) 目的論（Teleology）

　目的論とは，人はまず目的を持ち，そのために行動すると考えることである。アドラーは，人はまず，より優れた自分になろうという目的を持ち，そのために現在の自分に劣等感を抱くのだと考えた。これはマズローの自己実現という概念に影響を与えているだろう。また，ロジャーズの，人は自己成長を果

たそうとする存在であるという考え方にも取り入れられている。目的論もまたコーチングの考え方に合致していると言えるだろう。

(3) 社会統合論 (Social-embeddedness)

社会統合論とは，人は社会に埋め込まれた存在であり，対人関係の問題を考えざるをえないとすることである。アドラーは，人生のほとんどすべての悩みは対人関係の悩みであるということを指摘した。この文脈において，ロジャーズが，地域や家族における対人関係の崩壊を危機的なものと感じて，それに対抗する方法としてエンカウンター・グループを開発したのは必然的なものであったとも言えるだろう。人生のあらゆる場面で現れてくる対人関係の問題を扱わなければならないコーチングは，社会統合論の考え方に合致していると言えるだろう。

(4) 仮想論 (Fictionalism)

仮想論とは，人は自分が見たいように自分と他者，および世界を見ているということである。エリスのREBTでは，人はそれぞれに「こうなりたい」という人生の目的を持っている（アドラー心理学の目的論）ことを前提として，しばしばそれを妨害するようなイベント（たとえば「仕事を失う」）が起こったときに，その人は感情的あるいは行動的な結果（たとえば「ふさぎこむ」）を体験すると考える。しかし，「仕事を失う」→「ふさぎこむ」の間には，その人の信念（たとえば「仕事を失うのは私に価値がないからだ」）が介在している。そしてこの信念の多くは不合理（イラショナルビリーフ）であり，それを合理的な信念（たとえば「仕事を失ったのはたまたまであり，よりよい職に就ける可能性はある」）に変換していこうとするのである。アドラー心理学でも，その人が見ていることはすべてその人が「あたかも現実であるかのように認識していること」に過ぎないとするのである。エリスのREBTはその後のコーチング心理学の認知行動的アプローチに影響を与えている。

(5) 個人の主体性 (Creativity)

個人の主体性とは，自分の人生はほかでもない自分自身が決めるということ

である。マズロー，ロジャーズをはじめとした人間性心理学の研究者は，産業化された社会の中で，ともすれば規格化され部品化されてしまいがちな人間の存在に，主体性と尊厳を取り戻すことを常に意図していた。そしてこれは現代のコーチングに変わらず引き継がれている基本前提である。

■3-4. アドラー心理学に基づくコーチングの構想

以上見てきたように，アドラー心理学の5つの基本前提とコーチングとは，共通の枠組みを使っていることがわかる。アドラーのアイディアは，その後の研究者たちに，まるで共同採石場から取ってきたもののように自由に使われたと言われている（エレンベルガー，1980）。そう考えると，アドラーが提示した重要なアイディアが，マズローやロジャーズ，そして人間性心理学の研究者たちに受け継がれ，今日のコーチングと共通の土台になっていることは不思議ではない（表5-1参照）。

アドラーは，人間の成長と行動の原理についていくつか重要な発見をした。たとえば，劣等感と補償，ライフスタイルの形成，私的感覚と共通感覚，そして共同体感覚の育成といった概念である。しかしこれらは断片的に取り上げてキーワードとしても使ってもあまり意味はない。あくまでも人間を全体として捉えるという文脈の中で考えなくてはならない。もしアドラー心理学の概念を，コーチングの中でこのように使うことができるのであれば，その時「アドラー心理学コーチ」とも呼ぶべきものが構築できるかもしれない。

アドラー心理学では，人間全体を次のように捉えようとしている。人間は生まれついて，より良い存在であろうとする目的を目指している。そのために現在の自分について常に劣等感を感じ，それを補償しようとして努力を続ける。

表5-1. アドラー心理学の基本前提とその影響

アドラー心理学	その影響
全体論（Holism）	ロジャーズの「有機的自己」
目的論（Teleology）	マズローの「自己実現」
	ロジャーズの「自己成長」
社会統合論（Social-embeddedness）	ロジャーズの「エンカウンター・グループ」
仮想論（Fictionalism）	エリスの「イラショナル・ビリーフ（不合理な信念）」
個人の主体性（Creativity）	人間性心理学の「主体性と尊厳」

その補償の仕方は人によりさまざまであり、それをライフスタイルと呼ぶ。ライフスタイルは子どもの時からの体験や対人経験などにより10歳くらいまでには固まる。しかし、それを自覚することは少ない。対人葛藤を乗り越え、自分のライフスタイルを自覚し、他者と競合するのではなく、協力をしていくことを学んでいくことにより、徐々に共同体感覚が育成されていく。幸福な人生とは、共同体感覚が育成されたことによる副産物である。

もしアドラー心理学に基づく以上のような枠組みに基づいてコーチングを設計していくとすれば、それはアドラー心理学に基づくコーチングと呼ぶことができるだろう。とはいえ、アドラー心理学は思想抜きには使えない。その思想とは、アドラーが最終的に提示した「共同体感覚の育成」ということである。対人葛藤の中から自分の私的論理を探し出し、それを変えることで他者との協力関係を作っていく能力をすべての人が身につけなければならない。それが共同体感覚の育成である。それは必ずしも人生を「成功」に導くことはしないかもしれない。「成功」ではないけれども、しかし、必ず人生を「幸福」に導くことになる考え方であり、思想なのである。もし、コーチングが「人生の成功」を目指したものであるとすれば、「アドラー心理学に基づくコーチング」はそれそのものが自己矛盾になるかもしれない。しかし、人を幸福にするためのコーチングがあるとすれば、それはアドラー心理学に合致したものになる可能性があるだろう。［向後］

引用文献

Adler, A. (1929). *The science of living*. New York: Greenberg. (Original work.) (Edited and with an introduction by H. L. Ansbacher (1969). Garden City, NY: Doubleday Anchor Books.) (岸見一郎(訳) 野田俊作(監訳) (1996). 個人心理学講義―生きることの科学 一光社)

Ellenberger, H. F. (1970). *The discovery of the unconscious: The history and evolution of dynamic psychiatry*. New York: Basic Books. (木村 敏・中井久夫(監訳) (1980). 無意識の発見・下 弘文堂)

岸見一郎 (2010). アドラー心理学：シンプルな幸福論 KKベストセラーズ

Manaster, G. J., Painter, G., Deutsch, D., & Overholt, B. J. (Eds.) (1977). *Alfred Adler as we remember him*. Chicago, IL: North American Society of Adlerian Psychology.

(柿内邦博・井原文子・野田俊作(訳)(2007).アドラーの思い出　創元社)
Maslow, A. H. (1954). *Motivation and personality* (2nd ed.). New York: Harper. (小口忠彦(訳)(1987).人間性の心理学　産業能率大学出版部)
Maslow, A. H. (1968). *Toward a psychology of being* (2nd ed.). New York: Van Nostrand Reinhold. (上田吉一(訳)(1998).完全なる人間─魂のめざすもの　誠信書房)
Maslow, A. H. (With added interviews and edited by D. Stephens, & G. Heil.) (1998). *Maslow on management*. New York: John Wiley & Sons. (大川修二・金井壽宏(監訳)(2001).完全なる経営　日本経済新聞出版社)
野田俊作(1991).続アドラー心理学トーキングセミナー:勇気づけの家族コミュニケーション　アニマ2001
O'Connor, J. & Lages, A. (2007). *How coaching works: The essential guide to the history and practice of effective coaching*. London: A & C Black. (杉井要一郎(訳)(2012).コーチングのすべて　英治出版)
Rogers, C. R. (1957). The necessary and sufficient conditions of therapeutic personality change. *Journal of Consulting Psychology*, **21**, 95-103. Cited in H. Kirschbaum, & V. Henderson (Eds.), *The Carl Rogers reader*. Boston, MA: Houghton Mifflin. (伊藤博・村上正治(監訳)(2001).ロジャーズ選集(上)　誠信書房)
Rogers, C. R. (1961). *On becoming a person: A therapist's view of psychotherapy*.Boston, MA: Houghton Mifflin. (諸富祥彦・末武康弘・保坂　亨(共訳)(2005).ロジャーズが語る自己実現の道　岩崎学術出版社)

コラム5
国際ポジティブ心理学会（IPPA）世界大会の背景

宇野カオリ

　21世紀を目前に創設されたポジティブ心理学は，従来の諸心理学分野が未解決課題として抱えている「リサーチ（科学的研究）とプラクティス（応用・実践）の乖離」の問題をそのまま継承する形でその歴史をスタートさせた。当初，その課題は，ポジティブ心理学というダイナミックな学問的枠組においてはうまい具合に解決をみるものと思われていた。しかし実際には，特にコーチングに対する真摯なプロフェッショナリズムに従い，エビデンスに基づくポジティブ心理学にアプローチするような意識の高いコーチたちにとっては一筋縄ではいかない苦戦の様相を呈している。

　学者によって諸説あるポジティブ心理学の定義であるが，コーチングというプラクティス先行型のコンテクストにおいては，クレアモント大学院大学教授のミハイ・チクセントミハイの定義に拠るのが参考となるだろう。「ポジティブ心理学とは，ポジティブを志向する形而上学的な方向性である[1]」。この定義では，ポジティブ心理学リサーチが依拠するところの科学性と非科学性の境界設定がひとまず保留される。厳密には，ポジティブ心理学リサーチの一部，ならびに「応用ポジティブ心理学」と一括して称されるポジティブ心理学プラクティスの大部分はこの境界設定保留の領域（いわゆるグレーゾーン）に属する。この定義なくしては，エビデンスを要とする本来型のポジティブ心理学リサーチが実践現場からの需要に追いついておらず[2]，ポジティブ心理学コーチングがリサーチとプラクティスの乖離の解消を最優先課題としながらも，現状は依然としてグレーゾーン間を揺れ動くような展開を見せていることは，少なくともポジティブ心理学の名を冠する一領域のあり方としては許容されることではなかったであろう。

　リサーチとプラクティスの乖離の解消に向けての積極的取り組みをポジティブ心理学の使命のひとつとして掲げながらも，そのバロメーターでもあるポジティブ心理学コーチング分野の開発は，ポジティブ心理学の発祥地であり，コーチングを一大産業として有するアメリカにおいてさえも，事実上，しばらく散発的な試みにとどまっていた。そのような最中，2005年，ポジティブ心理学の創始者で，ペンシルベニア大学教授のマーティン・セリグマンが自ら教鞭を執る同大学大学院に「応用ポジティブ心理学科」が開設された。同学科に入学してきたプロコーチの学生たちの知的レベル

---

1) Csikszentmihalyi, M., Personal communication, 2002 October.
2) Seligman, M. E. P., Personal communication, 2013 March. 具体的には，ポジティブ心理学介入に関するリサーチの遅れが顕著となっている。

は高く，かつ，まさに自分たちこそが，ポジティブ心理学のリサーチをコーチングのプラクティスとして応用していく先駆者となるという気概に満ちていた。彼らは一様に，自分たちに備わっていないもの，すなわちエビデンスに基づくポジティブ心理学リサーチに関する知識の修得に情熱を注いだ。ポジティブ心理学が，コーチングに科学的なバックボーンをもたらす役割を担っているのに加え，彼らプロコーチたちにもまた，コーチを生業とすることの人間的自尊心というバックボーンを付与するに至った。実際のその様は，よくわが国で散見される「ポジティブ心理学とコーチングは親和性がある」といった表現では生ぬるいほどの，コーチとしての切実な実存的問題と直結する，緊迫感に満ちた渇望そのものである。

　引き続いて 2007 年に，セリグマンのメンターであり，アメリカ心理学会（APA）の重鎮にして APA の経済的・政治的危機を救うなどの功労者であった故レイモンド・ファウラー博士の発案で，ペンシルベニア大学の関係者によるイニシアティブとして「国際ポジティブ心理学会」（IPPA: International Positive Psychology Association）が設立され，学者と実践家の，また異業種の実践家たちの交流を促進する場として世界大会の隔年主催が企画された。その後，約 2 年間の準備期間を経て，2009 年 7 月，第 1 回世界大会がフィラデルフィア市で開催された。世界 50ヶ国以上から 1,500 人強を動員した同世界大会の参加者の内訳は，教育分野，医療・福祉分野，一般企業の従事者を主な区分としながら，いずれの分野でもコーチやコンサルタントを職種とする人の関与が目立ったのが特徴であった。IPPA 世界大会の使命は，ポジティブ心理学のリサーチならびにリサーチに基づく応用手法を，職種や学問的専門性を問わず広く共有していくことと定められた。IPPA の理事会もまた，ポジティブ心理学に対する学術的資格の有無は問わないところで，自発的な希望者により構成された。必然的な現象として，IPPA 世界大会は，2009 年を皮切りに，回を重ねるごとに「万屋のお祭り」的な色合いを濃くしていった。このような経緯において，ポジティブ心理学のあり方を拒絶し，ポジティブ心理学リサーチに造詣が深いにもかかわらず，自ら「ポジティブ心理学者」と認知されることを拒否する心理学者が複数人いることはあまり知られていない事実であろう。

　ポジティブ心理学の未来について真剣に考えるのであれば，ポジティブ心理学のグッドリサーチ，グッドプラクティスを促進していくことに尽力するほかない。本書の刊行に象徴されるようなコーチングに対する真摯な取り組みが，いずれポジティブ心理学コーチング全体を底上げするような大きな潮流へと繋がってくれることを祈念してやまない。

第6章
ポジティブ心理学

大竹恵子

　本章では，ポジティブ心理学の応用として位置づけられているコーチング心理学の理解を深めるために，ポジティブ心理学について紹介する。ポジティブ心理学が誕生した歴史的経緯を含めてポジティブ心理学が重視している実証科学に基づいた理論的研究と研究枠組みから，コーチング心理学の今後の展開と可能性について考える。

1. ポジティブ心理学とは

　ポジティブ心理学（positive psychology）とは，人間が持っているポジティブな側面に着目し，心理学の使命を再確認しようという心理学全体に対する新しい方向性と可能性を示した21世紀の心理学と称される研究動向である。
　ポジティブ心理学の始まりについては後に詳しく述べるが，セリグマン（Seligman, Martin E. P.）とともにポジティブ心理学の骨組みを作り上げたと言っても過言ではないピーターソン（Peterson, Christopher）は，ポジティブ心理学とは，「私たち人間が生まれてから死ぬまでの人生すべての時間において，"何が良いことなのか"ということを科学的に研究する心理学」と述べている（Peterson, 2006）。また，ポジティブ心理学は，人間が持っているポジティブな機能を解明し，それらを促進するための科学的で応用的なアプローチとも定義されている（Snyder & Lopez, 2007）。いずれにしても，ポジティブ心理学は，私たちの人生において生きる意味とは何なのかということや，価値のある人生をつくりだすものは何なのかという問いに対して実証科学として積極的に取り組もうとする心理学の運動である。

■1-1. ポジティブ心理学の提唱と広がり

　ポジティブ心理学は，1998年に当時アメリカ心理学会（APA）の会長であったセリグマンが *APA Monitor* に "Building human strength: Psychology's forgotten mission" というコラム記事を書き，これからの21世紀の心理学の方向性として人間が持つ強さ（human strength）を科学的に検証することの意義を述べたことから始まる（Seligman, 1998a）。彼は，これまでの心理学を振り返り，第2次世界大戦以降の心理学は目覚ましい発展を遂げ，とりわけ臨床心理学は精神的な問題を持つ人々に焦点を当て，人間の弱い部分や精神的な問題をどのように治療し，改善するのかということに多大な努力と労力を費やしてきたことを強調した。第2次世界大戦以前の心理学は，①精神的な問題や障害を治療すること，②すべての人たちの生活をより幸福で充実したものにすること，③優れた才能を持つ人たちを見出して育てること，という3つの使命があったが，第2次世界大戦後は，①に焦点を当て，他の2つの使命は忘れ去られてきたと述べたのである。つまり，そこには，心理学の焦点が精神病理に当てられていたという反省を込めたセリグマンの認識と今後の展望が込められている。そして，彼は，引き続き1998年の *APA Monitor* に "Positive social science" と "What is the 'good life'？" というコラムを書き（Seligman, 1998b, 1998c），この段階ではまだ「ポジティブ心理学（positive psychology）」という言葉は用いていないが，人間がより良い生き方をするためにはどうしたらよいのかということを科学的に考える，というポジティブ心理学の主張を展開している。

　もちろん，これまでの心理学の成果は誇るべきものであり，多くのすばらしい研究が行われ，精神的な問題や障害の理解の拡大と治療や予防に関する有意義な知見によって信頼できるさまざまなアセスメント法が開発され，治療効果をあげてきたことは言うまでもない。しかしながら，これまでの心理学の発展は，人間の精神病理の解明に過度に集中してきた結果，本来の心理学の使命が忘れ去られてしまった状態になっている。そして，この本来の心理学が目指してきたものこそ，人間の弱みばかりではなく，人間が持っている強さ（human strength）や人徳・美徳（virtue）を科学的に研究することなのではないだろうかとセリグマンは考えたのである。彼は，APA総会の会長講演で

20世紀の心理学を振り返り，21世紀の心理学の課題のひとつとして「ポジティブ心理学」という言葉を用いて演説し，ポジティブ心理学運動が展開したのである。2000年，2001年と立て続けにAPA発行の*American Psychologist*にポジティブ心理学の特集号が組まれ，研究テーマやポジティブ心理学が目指す内容が展開されている（Seligman & Csikszentmihalyi, 2000; Sheldon & King, 2001）。これについて詳しくは，次節で述べるが，①ポジティブな主観的経験の研究，②ポジティブな個人特性の研究，③ポジティブな環境の研究という3つのテーマを推進することを提唱している。

この流れを受けてその後，ポジティブ心理学という言葉を用いた研究発表や出版物が多くみられるようになり，2002年には，セリグマンの"*Authentic happiness: Using the new positive psychology to realize your potential for lasting fulfillment*"（邦訳，2004『世界でひとつだけの幸せ』）が出版され，一般向けへのポジティブ心理学の宣伝としても大きな反響を生んだ。また，同年には800ページを超えるハンドブック（Snyder & Lopez, 2002）が出版された。この本は，10のパートから構成され，たとえば人間が持つ強みであるストレングス（strengths）や，情動，認知，自己，対人，生物学的研究，対処法，特定の対象者やテーマなどアプローチごとにこれまでのさまざまな研究成果とポジティブ心理学としての展望がまとめられている。さらに翌年には同編者によってポジティブ心理学におけるモデルや測定法をまとめたアセスメントに関するハンドブックが出版された（Lopez & Snyder, 2003）。この本の内容は，ポジティブとは何なのかという定義に始まり，認知，感情，対人，宗教・哲学に関する各モデルと測定法，そして最終的に目指すべきポジティブな過程とその結果に関する個人から環境レベルまでのモデルと測定法であり，2002年のハンドブックとともにポジティブ心理学における初期の重要な基礎資料である。その後もさまざまな出版物や論文が公表され，わが国では2006年にポジティブ心理学の本が出版された（島井，2006）。

■**1-2. ポジティブ心理学が生まれた背景**

ポジティブ心理学は，21世紀の心理学と呼ばれ，この十数年の間に急激に発展した「新しい」心理学のように感じるかもしれないが，実際はそうではな

いと思われる。その理由は、ポジティブ心理学が主張していることは、これまでの心理学がまったく考えてこなかったことではなく、むしろ、これまでもさまざまな観点から考えられてきたことを再認識させるきっかけとなった、と考える方が納得できるからである。

たとえば、マズロー（Maslow, 1970）が述べた自己実現の欲求に代表されるように、人間が持っているポジティブな要因に関する研究には過去の多くの成果や積み重ねがある。ポジティブ心理学における主要な研究テーマのひとつであるポジティブ感情についても、1970年代の認知革命以降さまざまな研究が行われており、たとえばアイセンらは、ポジティブ感情が独創的な思考を引き起こすこと（Isen et al., 1985）や、柔軟性や創造性を高めること（Isen et al., 1987）、問題解決や意思決定に影響を与えること（Isen, 1993）など、さまざまな機能があることを明らかにしている。また社会心理学や臨床心理学、健康心理学といった領域でもポジティブな自己認知や個人特性についての研究が多く行われ、自己効力感（Bandura, 1986）や、ハーディネス（Kobasa, 1979）、近年注目されているセンス・オブ・コヒアランス（首尾一貫感覚）と呼ばれる健康生成論（Antonovsky, 1979, 1987）、楽観性（optimism）やポジティブ・イリュージョンと呼ばれる自己高揚的動機に基づく認知バイアス（Taylor & Brown, 1988）、日本語では復元力などと訳されるレジリエンス（Masten et al., 1990; Jew et al., 1999; Wagnild & Young, 1993）など、適応との関連からさまざまなポジティブな精神機能について検討されている。

このように考えると、ポジティブ心理学はこれまでの研究と社会的状況のもと、時を得て関心と反響を呼んだ、心理学がこれまでも考えてきたことにあらためて焦点を当て直そうとした運動だと言える。先進諸国における衛生栄養環境の改善と疾病構造の変化を受けて、心理学においても精神疾患や障害の回復を疾病モデルから理解していたこれまでの考え方を見直し、疾病の予防や健康増進に関連して充実した人生を探求する必要性が生じた。そして、高齢化社会とともにQOL（quality of life）や主観的ウェルビーイング（subjective well-being）の研究が多く行われるようになったこと（Diener, 1984; Diener et al., 1999; Kahneman et al., 1999）は、ポジティブ心理学運動を促進した背景として大きい。

■1-3. ポジティブ心理学に対する批判

　ポジティブ心理学の誕生は風のごとく世界中で反響を巻き起こした現象と言えるが，同時にさまざまな批判や警告を含んだ懸念があることも事実である。

　ポジティブ心理学を論じるうえで避けて通ることができない心理学のひとつが，本書の第5章に詳しく紹介されているが，人間性心理学（humanistic psychology）と言えるだろう。人間性心理学は，アメリカの行動主義における考え方とは対照的な人間の見方をしており，人間の経験や価値，意味などに重きを置き，主体性や自己実現などの人間のポジティブな側面に焦点を当てている（Smith, 1994）。この意味で，人間性心理学とポジティブ心理学は極めて研究対象が似ていると感じるかもしれないが，両者は以下に述べるいくつかの点で"対立"した経緯がある。

　セリグマンとチクセントミハイ（Seligman & Csikszentmihalyi, 2000）は，人間性心理学の研究について科学的および実証的ではない点を指摘し，その意味で人間性心理学はポジティブ心理学とは異なると述べた。これに対して *Journal of Humanistic Psychology* でポジティブ心理学の特集が組まれ，テイラー（Taylor, 2001）は，人間性心理学はナルシスティック（narcissistic）で反科学的（antiscientific）であるというセリグマンらの指摘に対して，人間性心理学の研究には伝統があり，科学に反していないことを歴史的な経緯や他領域の業績等を例に挙げながら猛然と批判論文を展開した。そして，セリグマンのような立場の心理学者こそ，「ポジティブ」という言葉の用い方が適切ではなく，科学主義的に偏っていると反論した。また2004年には，ポジティブ心理学が，ネガティブ側面を軽視することに対して疑問や批評をなげかけている（Held, 2004）。このように，両心理学の対立については近年も続いており，存在論，認識論，実践哲学という観点から対比され議論が展開されている（Waterman, 2013）。

　本書では，両心理学のどちらが正しいといったことを論じることは目的ではなく，また筆者にとっては批判論文等から両者の関係を理解しているに過ぎないため，実際にどのような対立が存在した（する）のかは推察の域を超えない部分がある。しかし両者には，たとえば「ポジティブ」の捉え方に違いがあるように感じられる。人間性心理学は，自己実現に代表されるように人間は常に

成長可能性を持っており，個人にとって何が良いか悪いかということも含めて個人が探求するのだという個人の発達的過程を重視していると考えられる。一方，ポジティブ心理学は，人間には良い面と悪い面があるが，あえて良い面に注目し，人間に共通するような満足感や幸せを研究対象として，得られた知見の応用可能性や公共性を重視していると考えられる。セリグマンは「ポジティブ」な側面に注目することを提唱したが，それはどちらが元祖だといった「ポジティブ」に関する優先権（priority）を主張しているのではないと述べている（Seligman & Csikszentmihalyi, 2000）。ポジティブ心理学の立場から考えると，人間性心理学の一部の研究者に見られる実証性に欠ける方法論や議論ではなく，あくまで科学性と客観性のある主張として展開することを強調したのである。それは，得てしてポジティブ心理学の主張が大衆心理学化する危険性を十分に有しているゆえの自戒の念でもあるのかもしれない。

　このほかにも人間性心理学とポジティブ心理学の違いとして，研究対象とその範囲を指摘できるかもしれない。どちらの心理学も人間のポジティブな側面を扱う点では共通しているが，人間性心理学では基本的にひとりの人間をまるごと研究対象として人間全体を統合的に扱うことを重視している。そのため，当然その中には人間のネガティブな側面も含まれており，主体的な自己理解と成長の可能性を主要なテーマとして質的データや事例といった研究手法を積極的に用いることが特徴だと言える。他方，ポジティブ心理学は，ひとりの人間の諸側面を統合的に判断するというよりはむしろ，人類に共通する特定のポジティブな要因を研究データとして取り出して検討する。すなわち，エビデンスに基づいた介入研究を実現すべく，科学的手法を用いて客観的で普遍的な知見を見出すことに重きを置いていると言える。このように比較してみると，人間性心理学とポジティブ心理学は，一見似ているようで，実は研究対象とする人間の捉え方やその範囲が本質的に違うと考えることもできる。本書では，両心理学の差異についての詳細な比較は行わないが，コーチング心理学を含めたさまざまな心理学においても，両心理学の発展や議論によって人間のポジティブな側面に関する興味深い研究が展開するかもしれない。

　ポジティブ心理学に対するもうひとつの批判として，ストレス研究で著名なラザルス（Lazarus, 2003）の指摘を挙げることができる。ラザルスは，ポジ

ティブ心理学運動は足が地に着いているのか？というタイトルの批判論文を執筆し，その中で，心理学という学問に流行があることへの嘆きとポジティブな感情や特性だけで人間の健康や幸せは導かれないのではないかと述べている。ラザルスは，自身の研究内容であるストレスという言葉や流行現象に対する思いを重ねたのかもしれないが，ある種の流行によって，基礎研究に支えられていない知見が一般社会に誤解とともに普及してしまうことを懸念したのである。ポジティブ心理学はその名前からして誤解を生じやすい心理学であることは事実であり，実際，ポジティブ心理学をポジティブシンキングだと誤解している人は多いかもしれない。セリグマンら（Seligman & Pawelski, 2003）は，人間にとってネガティブな側面が重要であることは言うまでもなく，ポジティブ心理学はそれを否定するものではないことを強調したうえで，人間のポジティブな側面に目を向けることには意義があると考えている。ポジティブ心理学はポジティブで幸せな感情だけではなく，個人の特性や強み，社会や制度も取り扱うことを目指している。それは，単なる安らぎやポジティブ感情だけでは，われわれ人間は幸せな状態にはならないだろうと考えているからである。また，ポジティブ心理学は，行動を伴わない単に座って考えだけを変えるプラス思考やポジティブシンキングとは異なるため，人間のポジティブな経験や感情，特性を研究することは，苦悩などのネガティブな側面においても有用な影響を与えるだろうと位置づけている。

　このように，ポジティブ心理学には批判も含めて現在もさまざまな反響があるが，重要なことは科学的な方法論に基づいた実証研究を行うことであり，その成果によって多くの質疑の答えが明らかになると期待できる。

2. ポジティブ心理学とコーチング心理学

　コーチング心理学とは何かということは第1章を参照いただければと思うが，コーチングは，個人だけではなく組織を変容する際に有効なツールのひとつとみなされている一方で（Grant et al., 2010），その根拠となる実証研究が少なく，理論的基盤や妥当な方法論が欠如していることが指摘されてきた（Passmore & Fillery-Travis, 2011; Bozer & Sarros, 2012）。しかし近年，この

コーチング研究に「flourish（繁栄・活力）」をもたらす2つの心理学が登場したのである。それらが本章で取り上げているポジティブ心理学とコーチング心理学である（Theeboom et al., 2014）。

　先にも紹介したように，ポジティブ心理学と人間性心理学には激しい論争があり，コーチング心理学がポジティブ心理学を基盤にしているという点では，厳密にはポジティブ心理学とコーチング心理学は相容れない部分が存在していると考えることもできる。しかしながら，両者の心理学はともに，人間のパフォーマンスを高め，人間が持っている強さやポジティブな側面に焦点を当て，人生を幸福で生きがいのあるものにすることを目指しているという点で似ていると考えることができる（Linley & Harrington, 2005）。各心理学の領域にはそれぞれの特徴があるが，コーチング心理学が発展するためには，一部の研究に対して科学的根拠が保証されていないと指摘されている人間性心理学のみを研究基盤にするのではなく，ポジティブ心理学が主張する実証科学に基づいた理論的研究とその実践に関する業績を蓄積することが必要であり，それによって新しい応用心理学として生まれ変わる可能性が期待できる。実際，オーストラリア心理学会（Australia Psychological Society）ではコーチング心理学部門の説明として，「ポジティブ心理学の応用としてのコーチング心理学」と明言しており，このことからもコーチング心理学がポジティブ心理学を基盤として発展する応用心理学と位置づけられていることがわかる。つまり，コーチング研究における理論的な枠組みの欠如という弱点に対するひとつの解決策は，ポジティブ心理学が目指そうとしている研究枠組みにあるのではないだろうか。

　セリグマンら（Seligman & Csikszentmihalyi, 2000）は，ポジティブ心理学の研究領域として，①ポジティブな主観的経験の研究，②ポジティブな個人特性の研究，③ポジティブな環境の研究という3つのレベルを想定している。そこで本章では，このポジティブ心理学の3つの研究テーマを紹介しながらコーチング心理学の発展と可能性について考えてみたい。

■2-1.　ポジティブな主観的経験とコーチング心理学

　ポジティブな主観的経験には，ポジティブ感情や，幸福感，満足感，充実感といった多面的側面を含む主観的ウェルビーイングなどが含まれている。ポジ

2. ポジティブ心理学とコーチング心理学　127

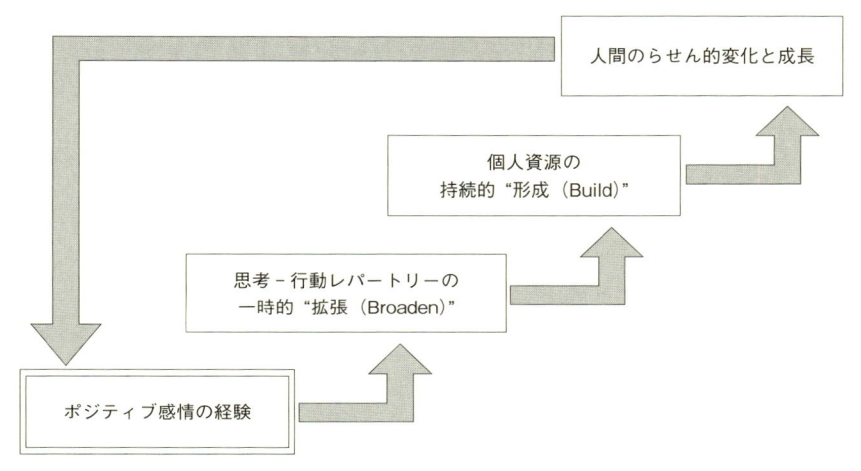

図 6-1. 拡張 - 形成理論の図式（Fredrickson, 2002 より）

[図：ポジティブ感情の経験 → 思考 - 行動レパートリーの一時的"拡張（Broaden）" → 個人資源の持続的"形成（Build）" → 人間のらせん的変化と成長 → ポジティブ感情の経験（循環）]

ティブ感情は，主観的ウェルビーイングや幸福感に影響を及ぼすものである（Diener, 2000）。

　ポジティブな主観的経験のうち，コーチング心理学においても注目すべきポジティブ感情の機能を説明する理論として，フレドリクソン（Fredrickson, 1998, 2001）が提唱した"拡張 - 形成理論（broaden-and-build theory）"がある。この理論では，ポジティブ感情には「拡張（broaden）」と「形成（build）」という2つの機能があることを，図6-1で示されるように4つのプロセスから説明している（Fredrickson, 2002）。

　まず第1の機能として，私たち人間はポジティブ感情を経験することによって，思考 - 行動レパートリーが一時的に広がる，つまり，ポジティブ感情は注意や認知的情報処理を「拡張」する働きを持つということである。このポジティブ感情の拡張機能については，前述したアイセンらの一連の研究からも実証されているが，フレドリクソンらはさまざまな感情喚起実験を行い，検討している（Fredrickson & Branigan, 2001）。具体的には実験対象者を，喜び（joy），満足（content），ニュートラル（neutral），恐怖（fear），怒り（anger）という5つの感情状態のいずれかの条件に振り分け，感情喚起後に「私は○○をしたい」という文章の○○に思いつくことを記入するという認

知課題を行い,それを思考-行動レパートリーとして想起数を比較した。その結果,レパートリー数が多かった感情条件は,喜び,満足,ニュートラル,恐怖,怒りの順であり,ポジティブ感情(喜びと満足)群は,ニュートラルやネガティブ感情群(恐怖と怒り)に比べて有意に多くのレパートリー数を想起していたことを明らかにした。このほかにも同様に感情喚起実験を行い,ポジティブ感情によって注意の範囲や思考-行動レパートリーが拡張し,課題に対して注意を向ける速度や識別反応が高まることを示している(2005)。

もうひとつのポジティブ感情の機能である「形成」とは,「拡張」の結果として,身体的(physical),知的(intellectual),社会的(social)などのさまざまな資源(resources)が継続的に形成されることを意味している。フレドリクソンら(Fredrickson et al., 2008)は,社会人を対象に介入実験を行い,日常的なポジティブ感情の経験を増加させることによって,2ヶ月後の個人的な資源(personal resources)が形成されることを示している。具体的には,認知的資源であるマインドフルネス,心理的資源である人生の目的や自己受容,社会的資源であるソーシャルサポートが増加し,身体的資源である病気の自覚症状が減少したことが報告されている。つまり,これらの結果から,個人の状態としてポジティブ感情が増加することによって自己に対するポジティブな認識や他者との良い人間関係を築く動機づけが高まり,結果的に個人のさまざまな資源の獲得と形成につながる可能性が示唆されている。

ポジティブ感情の拡張と形成によって生じる最後の段階として,「人間のらせん的変化と成長」が想定されている。これは,個人のさまざまな対処能力やレジリエンスが向上し,最終的に個人の健康やウェルビーイングの促進につながり,それによってまたポジティブな感情が生み出されるようになるという上方のらせん的変化が生じることを意味している(Fredrickson & Joiner, 2002; Tugade et al., 2004)。

このように考えると,私たちの心身の健康やウェルビーイングを高めるうえで,ポジティブ感情の経験はひとつの重要な要因であることがわかる。そして,そこには,ポジティブ感情の経験によってさまざまな人生の課題に対処するためのレパートリーが拡張され,個人的資源を獲得し,その結果,上向きの変化や成長が生じるというメカニズムがあるのだと理解できる。ポジティブ感

情の機能に関する実証研究とその活用法こそ、ポジティブ心理学が目指している予防的介入においても極めて重要な課題のひとつだと言えるが、このようなポジティブ感情の理論やアプローチ法は、まさにコーチング心理学においても重要であり、コーチング心理学を実証科学として確立し、発展させるうえで非常に意義のある研究上のヒントとなるだろう。

　ポジティブ感情のほかにもポジティブな主観的経験に関する研究は多く、なかでも主観的ウェルビーイングの研究は、ディーナーら（Diener et al., 2003）を中心にさまざまな知見が報告されている。そこでは個人が自分の人生をどのように評価し、満足しているのかという主観による判断を重視している。近年では、一時的な幸福感や満足感といった状態だけではなく、持続的な幸福感に関するアプローチも増えている（Diener, 2013）。たとえば、主観的幸福感（subjective happiness）の規定要因のうち、40％は自分で変容可能な意図的な活動要因であることが提唱されたり（Lyubomirsky et al., 2005）、主観的ウェルビーイングの指標として「flourish（繁栄・活力）」という新しい概念の重要性も提案されている（Seligman, 2011）。

　このようなポジティブな状態は、ポジティブ心理学はもちろんであるが、コーチング心理学が目指している最終目標でもあると考えられる。主観的なウェルビーイングや幸福感に関連する諸要因を明らかにし、その科学的な測定法と評価法を理解することによって、コーチング心理学における実証研究が可能になり、長期的な効果検証も含めた実践への活用可能性が高まることが期待できる。

■2-2. ポジティブな個人特性とコーチング心理学

　個人特性についてはパーソナリティ心理学を中心にさまざまな尺度が開発され、心身の状態との関連についても多くの研究が行われてきた。たとえば外向性や神経症傾向の特性や楽観性は、主観的ウェルビーイングと関連があることから注目されてきた（Peterson, 2006）。このような個人特性と心身の状態に関する研究は、疾病モデルに基づいた人間の精神病理やそのメカニズムの解明と治療に大きく貢献し、そのすばらしい成果のひとつが、精神疾患の分類基準であるDSM（Diagnostic and Statistical Manual of Mental Disorders）である。

しかしながら当然ではあるが，DSM には人間のポジティブな精神機能や特性については含まれていない。そこでピーターソンとセリグマン（Peterson & Seligman, 2004）は，DSM とは対照的なものとして，人間のポジティブな機能や能力，強さ，特徴を包括的に捉え，それらを「ヒューマン・ストレングス（human strengths）」と定義し，その分類や測定する枠組みを提案した。彼らは，どの国や文化でも当てはまる普遍的で包括的な人間の強さや長所，人徳を表しているものを作成する必要があると考え，さまざまな哲学書や教典からヒューマン・ストレングスと考えられる概念や道徳的基準を検討し，「知恵と知識」「勇気」「人間性」「正義」「節度」「超越性」という 6 つの中核概念を見出した。つぎに，この 6 つの領域に含まれる具体的な特性を検討するため，たとえば，①良い人生につながる充実をもたらす，②それ自体が精神的，道徳的に価値を持つ，③発揮することが他の人を傷つけない，などの 10 の基準を設け，これらを満たす 24 の特徴をヒューマン・ストレングスとして選出した（表 6-1）。そして，このヒューマン・ストレングスを測定するために，各 24 の特性にそれぞれ 10 項目，全体で 240 項目の VIA-IS（Value in Action Inventory of Strengths）という自己評定式の質問紙が開発され（Peterson & Seligman, 2004），その邦訳も試みられている（大竹他，2005）。このほか，10 歳から 17 歳を対象にした青少年版も開発されている（Park & Peterson, 2005, 2006）。VIA-IS は心理尺度という点では，妥当性の検討など検討すべき課題も残されているが，ピーターソンらは人間のポジティブな個人特性を理解し，それらの形成を目指すうえで必要な研究の基礎としての大きな枠組みを整理したのである。

表 6-1. VIA-IS の構成：6 つの領域と各ヒューマン・ストレングス

領域	ヒューマン・ストレングス
知恵と知識	独創性，好奇心・興味，判断，向学心，見通し
勇気	勇敢，勤勉，誠実性，熱意
人間性	愛する力・愛される力，親切，社会的知能
正義	チームワーク，平等・公正，リーダーシップ
節度	寛大，謙虚，思慮深さ・慎重，自己コントロール
超越性	審美心，感謝，希望・楽観性，ユーモア・遊戯心，精神性

このヒューマン・ストレングスに関して，興味深い知見がいくつか報告されている（Peterson, 2006）。本章ではそれらを詳しく紹介することはしないが，たとえば54の国や日米比較のデータ（Shimai et al., 2006）から，文化的，民族的，宗教的，経済的な差異にもかかわらず，自己評価として高く順位づけをするものと低く順位づけする特性が共通していることや，部分的に世代による違いがあること，他者に対する特性（感謝，希望・楽観性，愛する力・愛される力など）は人生満足感と高い相関を示すこと，人は高く自己評価している特性に合致した仕事や人間関係を選ぶ傾向があること，人生におけるさまざまな危機を経験し，それを乗り越えた人たちは特定の特性が高いこと，などが示されている。このほか，各24のヒューマン・ストレングスの関係性についても検討されており，それは，いくつかのヒューマン・ストレングスはトレードオフの関係（二律背反的関係）にあるという指摘である。図6-2は，各ヒューマン・ストレングスの関係性を2次元の円環モデルとして表したものであり，横軸は自己あるいは他者に対する焦点の軸，縦軸は感情的な側面としての心あるいは思考や知性などの意識的な側面としての心の軸とされている。相互の相対的な距離が近い特性は同時に発現するが，一方，相互の距離が遠い特性はトレードオフの関係にあるため，同一人物内では発揮されにくいことを意味している。

　ここで紹介したヒューマン・ストレングスというポジティブな個人特性は，「幸福で価値のある人生」を自分で実現するために重要だと考えられている。問題は，どのようにすれば，これらのポジティブな特性を育成することができるのかということであるが，これについては，効果的な介入を実現するためにもポジティブな特性に関する基礎的で実証的な研究の蓄積が必要不可欠であり，現在もさまざまな研究とその科学的な知見が求められている。このことは，コーチング心理学が直面している課題のひとつでもあり，同時に，コーチング心理学が目指している個人や組織のパフォーマンスを高め，より幸せで生きがいのある人生を実現するために人間が持っている強みを活用するというポジティブ心理学の枠組みは，コーチング心理学にとってひとつの新しいアプローチを提供してくれるのではないだろうか。今後，ポジティブ心理学だけではなく，コーチング心理学においても，ヒューマン・ストレングスの発達過程

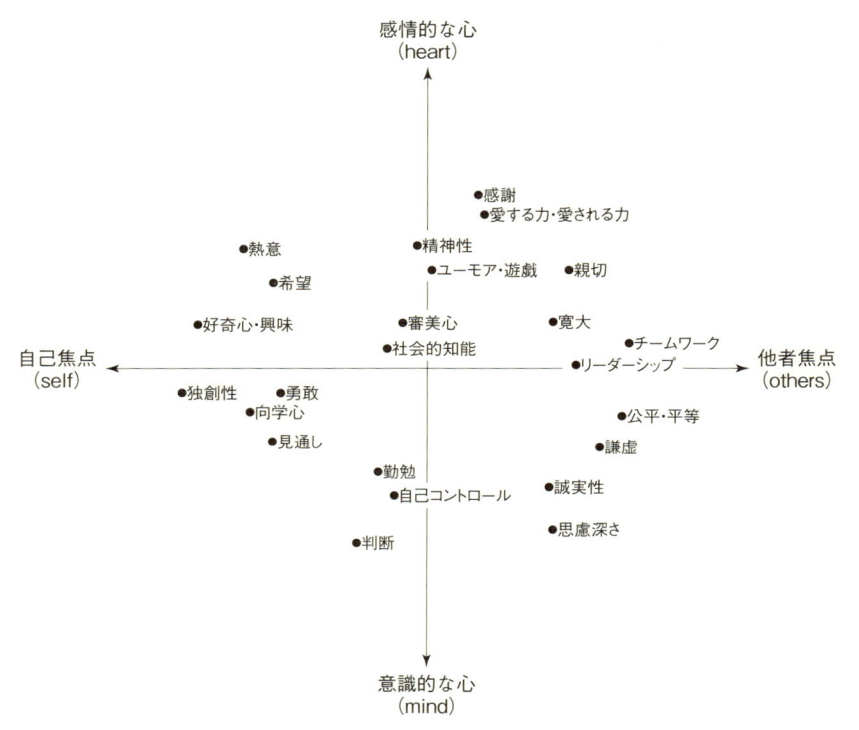

```
                    感情的な心
                    (heart)
                      ↑
                    ●感謝
                    ●愛する力・愛される力
        ●熱意     ●精神性
                  ●ユーモア・遊戯   ●親切
        ●希望
     ●好奇心・興味  ●審美心    ●寛大
                  ●社会的知能        ●チームワーク
自己焦点 ←─────────────────────────→ 他者焦点
(self)            ●リーダーシップ        (others)
      ●独創性  ●勇敢
             ●向学心            ●公平・平等
             ●見通し            ●謙虚
                    ●勤勉
                    ●自己コントロール  ●誠実性
                                   ●思慮深さ
                    ●判断
                      ↓
                    意識的な心
                    (mind)
```

図 6-2. ヒューマン・ストレングス間における二律背反的関係
(Peterson, 2006 より)

や介入方法など、さらなる研究成果とその発展が期待される。

■2-3. ポジティブな環境とコーチング心理学

ポジティブな環境とは、ポジティブな人間関係や集団、組織、コミュニティというレベルから機構や制度といった大きな規模までのすべてを含む。家族や友人、職場、学校といったさまざまな人間関係に関する心理学的研究はこれまでも多く行われており、なかでもソーシャル・サポートや資源、ネットワークといった概念も含めてポジティブな環境要因が心身の健康や適応に影響することが明らかにされてきた。スナイダーら（Snyder & Lopez, 2007）は、子どもたちのポジティブな学習活動を促進するためにはポジティブな学校の雰囲気や

環境づくりが重要であり，子ども同士での配慮しあえる関係や環境，教師と子どもの間の信頼関係，多様性に対して許容される環境は，ポジティブな学校教育を行ううえで基盤となることを指摘している。

　ポジティブ心理学は，最終的にはさまざまな政策や制度づくりという大きなレベルでのポジティブな環境づくりを目指している。それは，ポジティブな環境が，先に紹介したポジティブな主観的経験を高めたり，ポジティブな個人特性を伸ばす可能性を高めると考えているからである。そしてもちろん，これらの関係は一方向ではなく，相互に影響しあうと考えられている。ポジティブ心理学もコーチング心理学も，個人だけではなく，集団や組織のウェルビーイングが高まることを目指しているという点では共通している。しかしながら，とりわけスポーツやビジネス業界で普及しているコーチング心理学では，個人と組織の関係や変化について，実証データとは言えないレベルであるとしても経験を含めた質的なデータを多く蓄積しているのではないかと思われる。その意味で，コーチング心理学の発展に必要なことは，さまざまな環境と個人の主観的経験や特性との関係性に関する基礎研究に基づいた介入研究の実現とその効果検証だと言える。そして同時に，これこそポジティブ心理学が提案している心理学の応用のひとつの形でもある。

3.　コーチング心理学の展開

　これまでポジティブ心理学を紹介しながら，コーチング心理学の可能性について検討してきたが，ここでは最後に，コーチング心理学の展開に必要な2つの点を指摘したいと思う。

　まず第1点は，これまでも述べてきたように，コーチング心理学は理論的枠組みをより強化し，エビデンスに基づいた行動科学としての研究を行うことが必要だということである。ジーブームら（Theeboom et al., 2014）は，メタ分析を行い，コーチングは，個人レベルにおける5つのカテゴリーについて効果があることを指摘している。そして，この効果が認められる5つは，パフォーマンスやスキル，ウェルビーイング，コーピング，態度，自己制御の向上であり，個人の変化によって組織の変化という効果も十分に期待できることを考察

している。このことは，コーチングという手法が極めて有用性が高いこと，科学的手法を用いることによって学問としての発展と応用可能性が十分に期待できることを意味していると言える。また近年，メタ分析によってポジティブ心理学の介入研究における効果検証が試みられており（Bolier et al., 2013; Donaldson et al., 2015），介入によって主観的ウェルビーイングや幸福感が高まる可能性が指摘されている。ドナルドソンら（Donaldson et al., 2015）は，ポジティブ心理学で用いられている主要な介入タイプを5つ（コーチング，マインドフルネス，ポジティブ感情，人間の強み，感謝）に分類し，各介入タイプとその介入効果について検討している。それによると，コーチング介入では，実証研究としてメタ分析の対象となった13の研究のほとんどがソリューション・フォーカスト・アプローチ（solution focused approach: SFA）に代表される解決型の認知モデル（solution-based cognitive model）に基づいて行われており，介入の結果，ウェルビーイングやハーディネス，希望，レジリエンス，エンゲイジメント，自己動機づけ，目標達成，メンタルヘルスなどの変数に効果がみられることが明らかにされている。

　コーチングやコーチング心理学における実践研究では，勘やコツといった経験値を含むさまざまな蓄積された，ある種の「データ」が存在していると思われる。それを科学的に適切なアセスメント法を用いて実証し，理論に基づいて行動のメカニズムを検討しようとしているのが，まさにポジティブ心理学であるのかもしれない。その意味でもポジティブ心理学の基盤とアプローチを活用することでコーチング心理学が実証科学として発展する可能性は非常に高い。

　コーチング心理学の展開に関して筆者が考える第2点は，健康領域への応用である。具体的には，医療や健康心理学に代表される領域にコーチング心理学が積極的に参入することで，より予防的な健康対策が実現できるだろうという確信を込めた期待である。健康増進や健康教育のためのコーチングである「ヘルスコーチング（health coaching）」は，ポジティブ心理学の誕生と同時期に本格的に展開され始めたと言えるが，西垣（2013）が指摘しているように，とりわけ，わが国の医療や健康領域では，医学教育や医療システムという点も含めて理論的基盤を持つ実証研究としてのコーチング心理学が十分に機能していないと言える。健康をウェルビーイングとして捉える現代社会においては，衛

生・栄養の改善と医療水準の向上,疾病構造の変化によって,一次予防対策がより重要視されている。効果的な一次予防対策を実現するためには,心理学の知見が必要不可欠であり,その意味でも,コーチング心理学の応用可能性は,医療や健康領域でこそ,健康心理学やポジティブ心理学と手を取りながら発展できるのではないかと考えられる。

　以上,本章では,ポジティブ心理学を紹介しながらコーチング心理学の今後の可能性と展開について考えてきた。人間のポジティブな側面に着目することによって生じる現象を,個人だけではなく,集団や組織,社会全体のウェルビーイングなどさまざまなレベルから検討することによって,充実した人生や幸福の持続とは何なのかということが解明されると期待できる。その鍵を握っている分野こそ,コーチング心理学なのかもしれない。

引用文献

Antonovsky, A. (1979). *Health, stress and coping: New perspective on mental and physical well-being.* San Francisco, CA: Jossey-Basss Publishers.

Antonovsky, A. (1987). *Unraveling the mystery of health: How people manage stress and stay well.* San Francisco, CA: Jossey-Bass Publishers.

Bandura, A. (1986). *Social foundations of thought and action: A social cognitive theory.* Englewood Cliffs, NJ: Prentice Hall.

Bolier, L., Haverman, M., Westerhof, G. J., Riper, H., Smit, F., & Bohlmeijer, E. (2013). Positive psychology interventions: A meta-analysis of randomized controlled studies. *BMC Public Health*, **13**(1), 119.

Bozer, G. & Sarros, J. (2012). Examining the effectiveness of executive coaching on coachees' performance in the Israeli context. *International Journal of Evidence Based Coaching and Mentoring*, **10**(1), 14-32.

Diener, E. (1984). Subjective well-being. *Psychological Bulletin*, **95**, 542-575.

Diener, E. (2000). Subjective well-being: The science of happiness and a proposal of a national index. *American Psychologist*, **55**, 34-43.

Diener, E. (2013). The remarkable changes in the science of subjective well-being. *Perspectives on Psychological Science*, **8**(6), 663-666.

Diener, E., Oishi, S., & Lucas, R. E. (2003). Personality, culture, and subjective well-being: Emotional and cognitive evaluations of life. *Annual Review of Psychology*, **54**(1), 403-425.

Diener, E., Suh, E. M., Lucas, R. E., & Smith, H. E. (1999). Subjective well-being: Three

decades of progress. *Psychological Bulletin*, **125**, 276-302.
Donaldson, S. I., Dollwet, M., & Rao, M. A. (2015). Happiness, excellence, and optimal human functioning revisited: Examining the peer-reviewed literature linked to positive psychology. *The Journal of Positive Psychology*, **10**(3), 185-195.
Fredrickson, B. L. (1998). What good are positive emotions? *Review of General Psychology*, **2**, 300-319.
Fredrickson, B. L. (2001). The role of positive emotions in positive psychology: The broaden-and-build theory of positive emotions. *American Psychologist*, **56**, 218-226.
Fredrickson, B. L. (2002). Positive emotion. In C. R. Snyder, & S. J. Lopez (Eds.), *Handbook of positive psychology*. New York: Oxford University Press. pp. 120-134.
Fredrickson, B. L. & Branigan, C. (2001). Positive emotions. In T. J. Mayer, & G. A. Bonnano (Eds.), *Emotion: Current issues and future directions*. New York: Guilford Press. pp. 123-151.
Fredrickson, B. L. & Branigan, C. (2005). Positive emotions broaden the scope of attention and thought-action repertoires. *Cognition & Emotion*, **19**(3), 313-332.
Fredrickson, B. L., Cohn, M. A., Coffey, K. A., Pek, J., & Finkel, S. M. (2008). Open hearts build lives: Positive emotions, induced through loving-kindness meditation, build consequential personal resources. *Journal of Personality and Social Psychology*, **95**(5), 1045-1062.
Fredrickson, B. L. & Joiner, T. (2002). Positive emotions trigger upward spirals toward emotional well-being. *Psychological Sciences*, **13**, 172-175.
Grant, A. M., Passmore, J., Cavanagh, M. J., & Parker, H. M. (2010). The state of play in coaching today: A comprehensive review of the field. *International Review of Industrial and Organizational Psychology*, **25**(1), 125-167.
Held, B. S. (2004). The negative side of positive psychology. *Journal of Humanistic Psychology*, **44**, 9-46.
Isen, A. M. (1987). Positive affect, cognitive processes, and social behavior. In L. Berkowitz (Ed.), *Advances in experimental social psychology*, Vol. 20. San Diego, CA: Academic Press. pp. 203-253.
Isen, A. M. (1993). Positive affect and decision making. In M. Lewis, & J. M. Haviland (Eds.), *Handbook of emotions*. New York: Guilford Press. pp. 261-277.
Isen, A. M., Daubman, K. A., & Nowicki, G. P. (1987). Positive affect facilitates creative problem solving. *Journal of Personality & Social Psychology*, **52**, 1122-1131.
Isen, A. M., Johnson, M. M. S., Mertz, E., & Robinson, G. F. (1985). The influence of positive affect on the unusualness of word associations. *Journal of Personality & Social Psychology*, **48**, 1413-1426.
Jew, C. L., Green, K. E., & Kroger, J. (1999). Development and validation of a measure of resiliency. *Measurement and Evaluation in Counseling and Development*, **32**, 75-89.
Kahneman, D., Diener, E., & Schwarz, N. (Eds.) (1999). *Well-being: The foundations*

of hedonic psychology. New York: Russell Sage Foundation.

Kobasa, S. C. (1979). Stressful life events, personality, and health: An inquiry into hardiness. *Journal of Personality and Social Psychology,* 37, 1-11.

Lazarus, L. R. (2003). Dose the positive psychology movement have legs? *Psychological Inquiry,* 14, 93-109.

Linley, P. A. & Harrington, S. (2005). Positive psychology and coaching psychology: Perspectives on integration. *The Coaching Psychologist,* 1 (1), 13-14.

Lopez, S. J. & Snyder, C. R. (2003). *Positive psychological assessment: A handbook of models and measures.* Washington, DC: American Psychological Association.

Lyubomirsky, S., Sheldon, K. M., & Schkade, D. (2005). Pursuing happiness: The architecture of sustainable change. *Review of General Psychology,* 9 (2), 111-131.

Maslow, A. H. (1970). *Motivation and personality* (2nd ed.). New York: Harper & Row.（小口忠彦（訳）(1987). 人間性の心理学（改訂新版） 産業能率大学出版部）

Masten, A. S., Best, K., & Garmezy, N. (1990). Resilience and development: Contributions from the study of children who overcame adversity. *Development and Psychopathology,* 2, 425-444.

西垣悦代 (2013). ヘルスコーチングの展望：コーチングの歴史と課題を基に 支援対話研究, 1, 7-22.

大竹恵子・島井哲志・池見　陽・宇津木成介・Peterson, C.・Seligman, M. E. P. (2005). 日本版生き方の原則調査票（VIA-IS: Values in Action Inventory of Strengths）作成の試み　心理学研究, 76 (5), 461-467.

Park, N. & Peterson, C. (2005). The Values in Action Inventory of Character Strengths for Youth. In K. A. Moore, & L. H. Lippman (Eds.), *What do children need to flourish? Conceptualizing and measuring indicators of positive development.* New York: Springer. pp. 13-23.

Park, N. & Peterson, C. (2006). Moral competence and character strengths among adolescents: The development and validation of the Values in Action Inventory of Strengths for Youth. *Journal of Adolescence,* 29, 891-905.

Passmore, J. & Fillery-Travis, A. (2011). A critical review of executive coaching research: A decade of progress and what's to come. *Coaching: An International Journal of Theory, Research and Practice,* 4 (2), 70-88.

Peterson, C. (2006). *A primer in positive psychology.* Oxford, NY: Oxford University Press.

ピーターソン, C.（著）大竹恵子(訳) (2006). ポジティブ心理学の課題と挑戦　島井哲志（編）ポジティブ心理学：21世紀の心理学の可能性　ナカニシヤ出版　pp. 253-268.

Peterson, C. & Seligman, M. E. P. (2004). *Human strengths: A classification manual.* Washington, DC: American Psychological Association.

Seligman, M. E. P. (1998a). President's column: Building human strength: Psychology's forgotten mission. *APA Monitor,* 29 (1), 1.

Seligman, M. E. P. (1998b). President's column: Positive social science. *APA Monitor,*

29 (4), 1.
Seligman, M. E. P. (1998c). President's column: What is the 'good life'? *APA Monitor*, 29 (10), 1.
Seligman, M. E. (2002). *Authentic happiness: Using the new positive psychology to realize your potential for lasting fulfillment*. New York: Free Press.
Seligman, M. E. P. (2011). *Flourish: A visionary new understanding of happiness and well-being*. New York: Free Press.
Seligman, M. E. P. & Csikszentmihalyi, M. (2000). Positive psychology: An introduction. *American Psychologist*, 55, 5-14.
Seligman, M. E. P. & Pawelski, J. O. (2003). Positive psychology: FAQs. *Psychological Inquiry*, 14, 159-163.
Sheldon, K. M. & King, L. (2001). Why positive psychology is necessary? *American Psychologist*, 56, 216-217.
島井哲志（編）(2006). ポジティブ心理学：21世紀の心理学の可能性　ナカニシヤ出版
Shimai, S., Otake, K., Peterson, C., & Seligman, M. E. P. (2006). Convergence of character strengths in American and Japanese young adults. *Journal of Happiness Studies*, 7, 311-322.
Smith, M. B. (1994). Humanistic psychology. In R. J. Corsini (Ed.), *Encyclopedia of psychology* (2nd ed.). Vol. 2. New York: John Wiley & Sons. pp. 176-180.
Snyder, C. R. & Lopez, S. J. (2002). *Handbook of positive psychology*. London: Oxford University Press.
Snyder, C. R. & Lopez, S. J. (2007). *Positive psychology: The scientific and practical explorations of human strengths*. Thousand Oaks, CA: Sage Publications.
Spence, G. B. & Oades, L. G. (2011). Coaching with self-determination theory in mind: Using theory to advance evidence-based coaching practice. *International Journal of Evidence-Based Coaching and Mentoring*, 9 (2), 37-55.
Taylor, E. (2001). Positive psychology and humanistic psychology: A reply to Seligman. *Journal of Humanistic Psychology*, 41, 13-29.
Taylor, S. E., & Brown, J. D. (1988). Illusion and well-being: A social psychological perspective on mental health. *Psychological Bulletin*, 103, 193-210.
Theeboom, T., Beersma, B., & van Vianen, A. E. (2014). Does coaching work? A meta-analysis on the effects of coaching on individual level outcomes in an organizational context. *The Journal of Positive Psychology*, 9 (1), 1-18.
Tugade, M. M., Fredrickson, B. L., & Barrett, L. F. (2004). Psychological resilience and positive emotional granularity: Examining the benefits of positive emotions on coping and health. *Journal of Personality*, 72 (6), 1161-1190.
Wagnild, G. M. & Young, H. M. (1993). Development and psychometric evaluation of the resilience scale. *Journal of Nursing Measurement*, 1, 165-178.
Waterman, A. S. (2013). The humanistic psychology-positive psychology divide: Contrasts in philosophical foundations. *American Psychologist*, 68, 124-133.

コラム6
ハーバード大学医学部・マクリーン病院付インスティチュート・オブ・コーチングの誕生

宇野カオリ

　ポジティブ心理学の創始以来，ポジティブ心理学コーチング分野の開発が当初の思惑から外れて散発的な試みに終始していた時分，ハーバード大学医学部臨床准教授のキャロル・カウフマンが，自らの大学でポジティブ心理学とコーチングのイニシアティブを具体化すべくアクションを起こしていた。2007年のことであったが，この年は，ポジティブ心理学の普及拡大のための主要な計画が複数発議され，それぞれ1，2年後の本格始動に向けて準備が整えられていった時期に当たる。国際ポジティブ心理学会（IPPA）の設立発議しかり，世界最大規模のレジリエンスの実証的介入研究として飛躍的発展を遂げることになる「ペン・レジリエンシー・プログラム」（PRP; Penn Resiliency Program）の米陸軍による導入発議しかりだ。

　ハーバード大学におけるカウフマンのイニシアティブは，ポジティブ心理学コーチング分野のテコ入れに頓挫していたセリグマンにとっては福音であった。また，カウフマン自身も，セリグマンの認知と激励を得る形でポジティブ心理学の発展に寄与できることを我が喜びとする表明を各所で何度も行った。頓挫，というのは，当時，セリグマン自身，オンラインベースのコーチング教育会社メンターコーチ代表のベン・ディーン氏と共にポジティブ心理学コーチング分野の開拓を試みたものの，結局，C. R. スナイダーの希望理論や，ウェルビーイング理論（2010年以降のPERMAモデルとは異なるもの）をコーチングプラクティスにくっつけた程度の産物しか打ち出せずにいた状況を指す。

　カウフマンに加え，マーガレット・モア氏（ヘルスケアとウェルネスのコーチング教育に特化したウェルコーチーズ・コーポレーション代表），ならびにクリストファー・パーマー医師（ハーバード大学医学部准教授，マクリーン病院生涯学習部ディレクター）が共同発起人となり，ハーバード大学医学部，マクリーン病院，そしてハーニッシュ財団のThe Foundation of Coaching（コーチング心理学の研究支援と助成金を付与するプロジェクト）の協力関係の下，2009年，ハーバード大学医学部・マクリーン病院付インスティチュート・オブ・コーチングが設立された。

　設立に先立ち，前年の2008年，第1回ハーバード大学医学部医学生涯教育（CME）コーチング会議がボストン市にて開催された。基調講演者の一人，豪シドニー大学でコーチング心理学科を率いるアンソニー・グラント教授は，「エビデンスに基づくコーチングこそが応用ポジティブ心理学」とする明確な見解を同タイトルの講演でもって打ち出した。グラントはまた，一般人口の分布図を提示し，従来の心理

学が対象としていなかった半数以上のマジョリティをポジティブ心理学コーチングが指導対象として担えるとし，プロコーチや医療従事者たちにポジティブ心理学の専門教育を施す重要性を訴えた。

　ポジティブ心理学におけるリサーチとプラクティスの乖離の問題は，インスティテュート・オブ・コーチングという新たな場を得てその解決への道が模索されることとなった。翌2009年の第2回会議からは，基調講演以外は「医療（健康とウェルネス）」と「リーダーシップ」の2編成（「コミュニケーション」を含めると3編成）による受講が可能となり，2011年の第4回会議からは「ポジティブ心理学」と「アドバンスレベルのコーチングプラクティス」を分科する形で計4編成となっている。

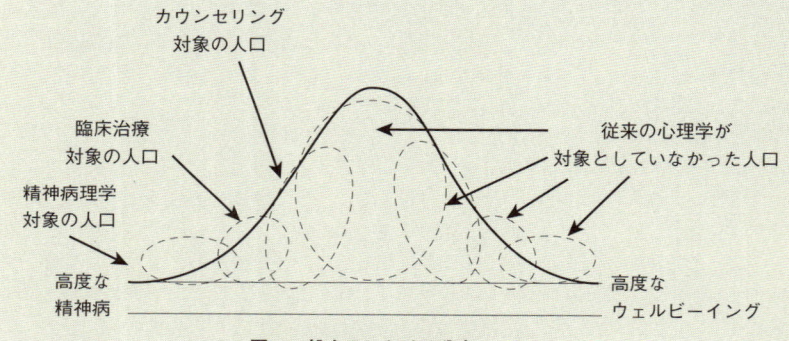

図．一般人口における分布
（資料提供：シドニー大学・アンソニー・グラント博士，一部改変）

第7章
認知行動コーチング

吉田　悟
荒木　光
大島裕子

　本章では，認知行動コーチング（cognitive behavior coaching: CBC）の理論と技法を紹介する。認知行動コーチングは認知行動療法（cognitive behavior therapy: CBT）に依拠していること，感情の問題に焦点を当てていることを述べるとともに，認知行動コーチングの理論と技法について概説する。

1. 「認知行動」療法とコーチング

　本節では，第1に認知行動コーチングのもととなる認知行動療法の発展段階と特徴を概観するとともに，それを踏まえて，認知行動コーチングの特徴について説明する。

■1-1. 認知行動療法の発展段階

　認知行動療法の発展は，3段階で説明されることが多く，それは波にたとえられる。第1波とされるのは行動療法（behavior therapy: BT）である。行動療法は，スキナー（Skinner, B. F.），ウォルピ（Wolpe, J.），アイゼンク（Eysenck, H. J.）などによって体系化された治療法であり，それぞれに独立した複数の起源から発展した（山上，2007）。行動療法が依拠する理論には，古典的条件づけ，オペラント条件づけ，観察学習（モデリング）などがある。第2波は，認知や思考の働きの重要性を強調し，認知的アプローチと呼ばれる。その先駆者には，エリス（Ellis, A.），ベック（Beck, A. T.），ラザルス（Lazarus, A.），マイケンバウム（Meichenbaum, D. H.）などが挙げられる。エリスはREBT（rational emotive behavior therapy），ベック派認知療

法（Beck's cognitive therapy），ラザルスはマルチモーダル行動療法（multi-modal behavior therapy），マイケンバウムは自己教示訓練（self instruction training）およびストレス免疫訓練（stress inoculation training）という起源の異なる独立した治療法を提唱した。第2波は，認知的アプローチに行動的な技法を取り入れたのであり，現在，認知行動療法の主流である。そして，第3波は，「文脈的アプローチ」（Emmelkamp et al., 2010／邦訳，2012, p.6）と呼ばれる。第3波の共通テーマは，「ネガティブな感情を受け入れる一方で，行動のコントロールにフォーカスすること」（同上書，pp.6-7）である。『臨床実践を導く認知行動療法の10の理論』では，第3の波の中でも，アクセプタンス＆コミットメント・セラピー（Waltz & Hayes, 2010／邦訳，2012），弁証法的行動療法（Lynch & Cuper, 2010／邦訳，2012），マインドフルネス認知療法（Dimidjian et al., 2010／邦訳，2012）について詳しく取り上げている。

■1-2. 感情の問題を重視

認知行動療法の特徴は，感情の問題を重視する点である。このことに関して，エメルカンプら（同上書）は，「認知行動療法の研究と実践において，最も一般的に用いられるタイプの理論モデルは感情問題の病因を説明するものである。ごく折衷的なアプローチは別であるが，ほぼすべての治療が，感情障害の発現に関わる要因と，維持を導く要因とを区別する，明確に定式化された理論に基づいている」と述べている。近年，世界的な規模で最大の問題となっている感情に関わる障害は，うつ病（特に，大うつ病性障害）である。うつ病は2004年の世界疾病負担（global burden of diseases: GBD）では第3位にあるが，2030年には第1位になると予測されている（World Federation For Mental Health, 2012）。

認知行動療法は，科学的根拠（エビデンス）に基づく効果検証を重視している。上記のようにうつ病が世界的に最も重大な疾病となってきたこともあり，認知行動療法は特にうつ病の予防や治療の効果検証に焦点を当ててきた。ちなみに，REBTとベック派認知療法のうつ病に対する治療効果は，選択的セロトニン再取り込み阻害薬（selective serotonin reuptake inhibitors: SSRI）と同程度に有効であることが実証されている（Szentagotai et al., 2008）。さらに，

日本では,「2010 年よりうつ病に対する認知行動療法が保険点数化され,認知行動療法に習熟した医師が一定の条件のもとで認知行動療法を実施した場合に診療報酬の対象となった」(佐藤, 2014)。このように,認知行動療法は,感情に関わる障害に関して,治療効果が実証された心理療法なのである。

■1-3. セルフヘルプとホームワークの重視

心理療法やカウンセリングと聞くと,どのようなイメージを思い浮かべるだろうか? 専門家から話を聞いてもらうことで,安心感を得たり,問題解決を促進していくというイメージを思い浮かべるかもしれない。しかし,認知行動療法では,「クライアントが将来起こりうる問題に,自分自身の力で対処する方法を習得できるようにすることを最終的な目標とする」(沢宮, 2010)。すなわち,クライアントのセルフヘルプ(自助)を促進することが重視される。そのため,各セッションの終わりに,セッションで話し合われたことに関連したホームワーク(宿題)を必ず出すようにする(大野, 2010)。つまり,クライアントは日常生活でホームワークを遂行することにより,自らの思考-感情-行動の変化を経験し,自分自身の力で感情の問題に対処する方法を身につけていくのである。

■1-4. 「認知行動」療法からコーチングへ

1990 年代に入ると,認知行動療法の理論と技法をコーチングに活用する認知行動コーチングが発展してきた(Williams et al., 2014)。そして,21 世紀に入って,コーチング心理学の実践・研究が非常に活発になってきた(Palmer & Whybrow, 2008／邦訳, 2011)。コーチング心理学は,臨床心理学,カウンセリング心理学とは異なる独立した研究・実践領域として,急速に確立されつつある。英国では 2004 年に,英国心理学会内にコーチング心理学に関心を持つグループがつくられた。2014 年 6 月認知行動コーチング国際会議(International Congress of Cognitive Behavioral Coaching: ICCBC)が,ルーマニアのバベシュ=ボーヤイ大学(Babeş-Bolyai University)で開催された[1]。

---

1) 認知行動コーチング国際会議 (2014) ウェブサイト 〈http://www.iccbc2014.ro/〉。

このことからも，認知行動療法は，精神保健の領域だけでなく，コーチング心理学の実践においても注目されていることがうかがえる。認知行動療法で重視されている，エビデンス，セルフヘルプ，ホームワークは，認知行動コーチングにおいても同様に重視されている。加えて，認知行動コーチングの強みは，第1章の表1-1（p. 8）に示されているように，他の理論や技法と比較して，適用範囲が広い点が挙げられる。

■1-5. 認知行動コーチングの2つの立場

　認知行動療法では感情の問題に焦点を当てることは既に述べた。このことを踏まえると，認知行動コーチングは，少なくとも2つの立場が想定可能であろう。第1は，感情の問題が解決されればクライエントの目標は必然的に達成に向かう，という立場である。この立場は，文字どおりの意味で，認知行動療法の理論と技法に基づくコーチングである（Neenan, 2006; Neenan, 2008; Palmer & Gyllensten, 2008）。そしてこの立場には，ベック派認知療法の理論と技法のみに基づくコーチング（McMahon, 2009），REBTの理論・技法にのみ基づくREBコーチング（Kodish, 2002; Palmer, 2009a; Palmer, 2009b; Palmer & Gyllensten, 2008）などが含まれる。第2は，感情の問題の解決に加えて，実際の問題を解決することがクライエントの目標達成には必要である，という立場である。この立場は，認知行動療法の理論と技法に加えて，問題解決技法を組み合わせた統合的アプローチである（たとえば，Neenan & Dryden, 2002／邦訳, 2010; Neenan & Palmer, 2001; Palmer, 2007; Palmer, 2008; Palmer & Szymanska, 2007; Williams et al., 2010）。ニーナンとドライデン（同上書, 2010）の『認知行動療法に学ぶコーチング』は統合的アプローチの立場で書かれた著作で，活用可能な領域やそこで適用される技法について，詳細に解説されている。

2. 認知行動コーチングの理論と技法

　つぎに，認知行動コーチングのなかでも特にREBコーチングに焦点を当て，認知行動コーチングにおける実践で有益だと考えられる理論と技法を紹介

する。

　以下，文中で用いられる A, B, C, B-C 関係という用語は，REBT および REB コーチングの専門用語である。

　　A（activating events）：きっかけとなる出来事（事実・体験）
　　B（beliefs or thoughts）：ビリーフ（イラショナル／ラショナル）
　　C（emotional and behavioral consequences）：結果（感情と行動）
　　B-C 関係（B-C connection）：ビリーフ（Belief: B）が変わることにより感
　　　　　　　　　　　　　　　　情（consequence: C）が変わること

■2-1. 感情の機能性

　第1節で述べたが，認知行動コーチングは感情の問題に焦点を当てたアプローチである。REB コーチングでは，クライアントの成果（performance）やウェルビーイング（well-being）の向上を支援するために，目標達成を妨げる行動の原因となる機能不全な感情の改善を目指す。

　REB コーチングの依拠する REBT では，感情の機能に着目し，感情を2種類に識別する。すなわち，機能不全な感情と，機能的な感情である。機能不全な感情は，4つの有害な機能があるため，機能的な感情に変える必要がある（Dryden et al., 2003, p.5）。有害な機能の第1は，その感情が過剰な精神的な苦痛や不快感につながること，第2は自滅的な行動に追いやること，第3は自分の目標達成に必要な行動の遂行を妨げること，第4は機能不全な思考を生み出すこと，である。対照的に，機能的な感情には4つの有益な機能がある。第1は，自分の目標に障害が生じていることに気づいているが凍結した状態には陥らないこと，第2は自己啓発的行動へ向かうよう動機づけること，第3は自分の目標達成に必要な行動を首尾よく遂行するように勇気づけること，第4は建設的かつ焦点づけられた思考を生み出すこと，である。REB コーチングでは，主に第3の機能と関連が深いと言えるだろう。

　感情の4つの機能のどれに焦点を当てるかによって，REBT の実践は，心理療法的，カウンセリング的，コーチング的側面が増すという違いが生じることに注意することは重要である。クライアントの精神的な苦痛や不快感，自滅的な行動，機能不全な思考に対する支援として，特に医師の診断に基づいた治

療のために用いる場合は，心理療法としての側面が強くなる。一方，診断の基準を満たしていない場合は，カウンセリングとしての側面が強くなる。そして，感情がクライアントの目標達成に必要な行動の遂行を妨げることへ対応する場合は，コーチングの側面が強くなる。つまり，REBコーチングの目標とは，自分の目標達成に必要な行動を妨害する感情を，目標達成に必要な行動遂行を促進する感情へと変容することである。

■2-2. ABCモデル

ここでは，REBコーチングで最も重要であるABCモデルを，事例を使って説明する。

事例1：

Yさんは，数週間後に資格試験を控えている30代の女性です。その資格は年1回しか受験の機会がなく，Yさんは今回が2回目の受験になります。Yさんはここ数日，上司から残業を指示され，定時に帰宅できません。今日も夕方頃上司から「Yさん，明日の会議の資料を，急いでまとめてくれないか？ 私はこれから本部で打ち合わせがあるから，頼んだよ」と言われてしまいました。しかし，強い怒りを感じて資料作成に集中できず，帰宅が遅くなってしまいました。そして，帰宅後も試験勉強に集中できませんでした。そこで，資格取得を目標としたREBコーチングを受けました。

この事例において，Yさんが問題となる感情（強い怒り）を感じた原因は何だろうか？ 資格試験間際の連日の残業だろうか？ それとも，資格試験間際にもかかわらず連日残業を頼む上司だろうか？ このように一般的には，自分の感情の原因は，出来事や他者にあると考えるかもしれない。しかし，REBコーチングでは，出来事や他者が感情の原因だ（図7-1）とは考えず，YさんのA（出来事）に対する受け止め方（iBまたはrB）がC（感情）をつくりだすと考える（図7-2）。

図7-2に示したように，嫌な出来事が生じて，苦痛な感情を感じるとき，その前段階では，その出来事に対する考えを自らがつくりだしている。出来事

2. 認知行動コーチングの理論と技法　147

```
┌─────────────────────┐          ┌─────────────────────┐
│  出来事             │          │ 感情：怒り（レベル10点中8点）│
│  資格試験直前だが，上司から │  ⇒   │ 行動：資料作成，試験勉強に │
│  連日残業を頼まれる。   │          │       集中できない。      │
└─────────────────────┘          └─────────────────────┘
         A                                  C
```

図 7-1. 出来事が感情の原因だという考え方（一般的な捉え方）

```
                  ┌──────────────────────┐       ┌──────────────────────┐
                  │ イラショナル・ビリーフ │       │ 機能不全な感情：      │
                  │ （機能不全な考え方）   │       │ 怒り（レベル10点中8点）│
                  │ 上司は私の都合に絶対に │  ⇒   │                      │
                  │ 配慮しなければならない。│       │ 目標達成を妨げる行動：│
                  │ 配慮すらできない上司は， │       │ 資料作成，試験勉強に集中で│
                  │ 本当にどうしようもない。│       │ きない。              │
                  └──────────────────────┘       └──────────────────────┘
   ┌──────────┐          iB                                C
   │ 出来事   │
   │ 資格試験直前│ 
   │ だが，上司か│ 
   │ ら連日残業を│
   │ 頼まれる。  │
   └──────────┘
       A          ┌──────────────────────┐       ┌──────────────────────┐
                  │ ラショナル・ビリーフ  │       │ 機能的な感情：        │
                  │ （機能的な考え方）    │       │ 怒り（レベル10点中4点）│
                  │ 私は，上司に私の都合を │  ⇒   │ 目標達成に向かう行動： │
                  │ 配慮して欲しいと思う。 │       │ 資料作成に集中する。   │
                  │ しかし，上司も間違いを │       │ 部下に仕事を頼む。     │
                  │ 犯しやすい。不快だけど， │       │ 上司に事情を説明して残業を│
                  │ それを受け入れて今でき │       │ 断る。その日にやる勉強量を│
                  │ ることに取り組もう。   │       │ 設定してこなす。       │
                  └──────────────────────┘       └──────────────────────┘
                          rB                                C
```

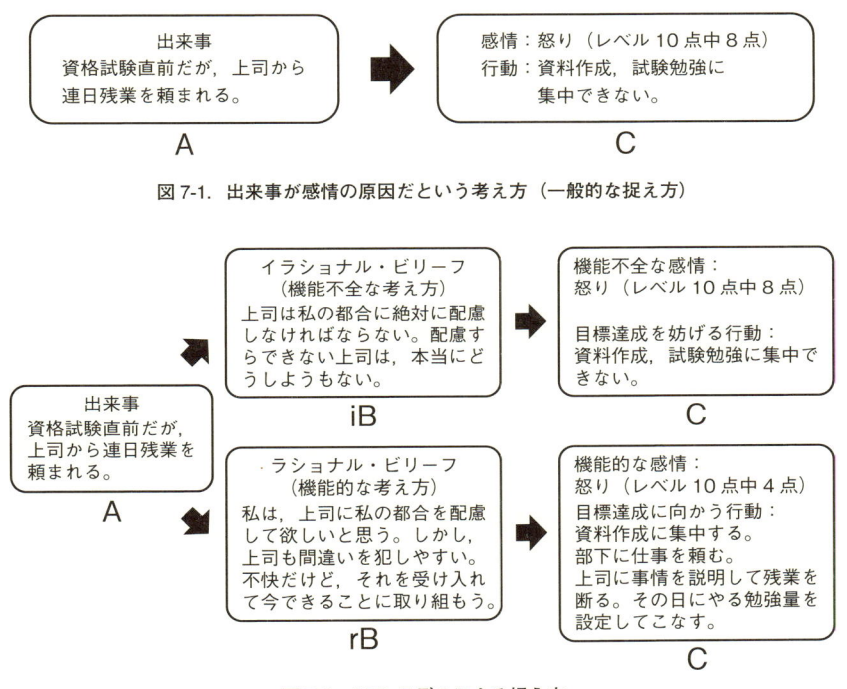

図 7-2. ABC モデルによる捉え方

に対する考え方は2種類あり，ひとつはイラショナル・ビリーフ（irrational beliefs: iB）であり，もうひとつはラショナル・ビリーフ（rational beliefs: rB）である（2種類の考え方の対比の詳細は表 7-2 参照）。iB は機能不全な感情をつくりだす機能不全な考え方であり，rB は機能的な感情をつくりだす機能的な考え方である。すなわち，iB を rB に変えることで，機能不全な感情を，機能的な感情に変えることができる。

REBT の提唱者であるエリスは，上記のような感情問題を分析するために，ABC モデルを提唱した。ABC モデルを使った感情問題の分析の中核は，出来事（A）に対する受け止め方（iB または rB）が，自分の感情（C）をつくりだしていることを理解すること，すなわち B-C 関係を理解することである。

2-3. ABC記録表

　REBコーチングの実践では，B-C関係を理解するため前提としてABCモデルの習得が必要である。そのエクササイズとして，機能不全な感情を感じた場面をABCで分析するABC記録表をつけることが有用である。以下は，コーチとクライアントによるABC記録表（表7-1参照）を使ったセッション例である。

　　コーチ：その時あなたは，どんな感情を感じたのですか？【C（感情）の査定】
　　クライアント：すごくムシャクシャしました。怒りです。
　　コーチ：10点が最も高いレベルの怒りだとした場合，何点ぐらいの怒りですか？
　　クライアント：そうですね。8点です。
　　コーチ：他に感じた感情はありますか？
　　クライアント：ありません。
　　コーチ：では，その8点の怒りを感じたとき，どのような"自分の目標達成を妨げる行動"をしてしまいましたか？【C（行動）の査定】
　　クライアント：はい。指示された資料作成に集中できず，帰宅がさらに遅くなってしまいました。あと，帰ったあとも怒りが治まらずに，試験勉強に集中できませんでした。
　　コーチ：そうでしたか。8点の怒りを感じた場面を，簡潔に，かつ具体的に聞かせてください。【A（出来事）の査定】
　　クライアント：はい。夕方，今日こそは定時で帰ろうと思っていた矢先に，上司に「Yさん，明日の会議の資料なんだけど，これから急いでまとめてくれないか？　私はこれから本部で打ち合わせがあるから，頼んだよ」と言われた場面です。
　　コーチ：その場面で，Yさんはどんな"ねばならない"を頭の中でつぶやいていましたか？【B（ビリーフ）の査定】
　　クライアント：上司は私の都合に絶対に配慮しなければならない。
　　コーチ：そうでない上司は？
　　クライアント：本当にどうしようもない。

　ABC記録表を使ったセッションのポイントは以下の4つである。
　①コーチは，クライアントのABCにクライアント自身で注意を向けられるよう，ソクラテス的質問を行う。ソクラテス的質問とは，コーチが開かれ

表 7-1. ABC 記録表の記入例

日付	C：感情と行動	A：出来事	B：機能不全な考え方
1月15日	☐不安　　／10点 ☐抑うつ　／10点 ☑怒り　　8／10点 ☐羞恥心　／10点 ☐罪悪感　／10点 目標達成を妨げる行動： 資料作成に集中できない 試験勉強に集中できない	上司に「Yさん，明日の会議の資料なんだけど，これから急いでまとめてくれないか？　私はこれから本部で打ち合わせがあるから，頼んだよ」と言われた。	上司は私の都合に絶対に配慮しなければならない。そうでない上司は，本当にどうしようもない。

た質問（「はい」か「いいえ」で答えられない質問）をすることで，クライアントの気づき（特に，自分の思考，感情，行動や，それらの連関に気づくこと）を促す技法である。

② ABC 記録表への記入の順序は，C（感情と行動），A（出来事），B（ビリーフ）の順である。これは，ABC に注意を向け，識別することのきっかけは感情にあるためである。

③感情が複数挙げられる場合もあるが，1回のセッションで取り上げる感情は，ひとつに絞る。

④ REB コーチングが初めての場合，B を特定することが難しいだろう。B を特定するには，表 7-2 に掲載のビリーフが参考になる。

ABC 記録表に日常生活で生じた自身の ABC を毎日記入することは，"感情日記をつける"と呼ばれている。セッションのなかで，ABC 記録表への記入方法をクライアントに示して，次回のセッションまでに感情日記をつけることをホームワークの課題にする。そして，毎回のセッションの初めに，感情日記をつけて気づいたことや疑問点などを，振り返る。ホームワークの課題とセッションでの振り返りにより，ABC モデルの理解が深まるだろう。

■2-4. ビリーフの典型例を覚える

REB コーチングが初めての場合は，まず典型的な iB と rB をペアで覚えることが有用である。その際，苦痛な感情を感じる場面で iB と rB をつぶやいたときの感情の違いを体感することが必要である。

ビリーフの典型例を覚えることの有効性に関する実証研究（Lupu & Iftene,

2009）では，10代の若者（88人）を対象にした介入（1時間の研修および，iBとrBのペア10パターンを2週間毎日音読するというホームワーク）によって，不安が低減すると報告されている。

ここでは，ビジネス場面における典型的なiBとrBのペアを表7-2に示す[2]。

iBの一般的な言語表現は，「〜でなければならない」という絶対的な要求に加えて，自己卑下（例：自分はダメな人間だ），他者非難（例：彼はダメな人間だ），低い欲求不満耐性（例：耐えられない）から構成される。一方rBの一般的な言語表現は，「〜であって欲しいと思う」という願望に加えて，無条件の自己受容（第2節2-5参照），高い欲求不満耐性（例：不快だけど耐えられる）から構成される。REBTでは，絶対的な要求，自己卑下・他者非難，低い欲求不満耐性といった言語表現が，感情問題の原因であると考える（Yankura & Dryden, 1994／邦訳, 1998）。

■ 2-5. 無条件の自己受容（unconditional self acceptance: USA）の習得

無条件の自己受容は，REBコーチングで習得することが特に重要視されている。エリス（Ellis, 1990／邦訳, 1997）は，無条件の自己受容に関して，自分の存在価値は評価できないが，特定の一時点での自分の行動のみを評価することができる，と述べている。

ここで，無条件の自己受容を習得することを目標としたREBコーチングの実践例を紹介する（詳細は，Neenan & Dryden, 2002／邦訳, 2010, pp. 232-271参照）。

クライアントであるアリソン（女性）は，コーチングセッションを通して「自分には教養がないから，自分は劣った人間である」というビリーフ（iB）が，不安感や気疲れ，生き辛さの原因であることに気づいた。他者から認められるために教養を身につけることで問題解決を図ろうとするアリソンに対して，コーチは無条件の自己受容の習得を促す支援を行った。セッションの終盤

---

[2] より一般的なイラショナル・ビリーフとラショナル・ビリーフの典型例については，菅沼憲治（監訳）・日本論理療法学会（訳）(2004). 論理療法トレーニング 東京図書 pp.210-230 を参照のこと。

2. 認知行動コーチングの理論と技法

表 7-2. ビジネス場面における典型的な iB と rB のペア（吉田，2014 を改変して作成）

1	iB：	私は，周囲から認められなければならない。そうでないなら，私は価値がない。
	rB：	私は，周囲から認められたいと思う。しかし，残念だが認められない場合もあるだろう。認められようが，認められまいが，そのことと私の価値に関係はないことを受け入れ，今できることをしよう。
2	iB：	彼は，周りに協調的でなければならない。独善的な彼は，ダメだ。
	rB：	私は，彼にできる限り周りに協調的にして欲しいと思う。しかし，私が強く望むからといって，彼が絶対にそうでなければならない根拠はどこにあるだろうか？ 彼が周りに協調的でないことは残念だが，人は過ちを犯しやすいものであることを受け入れ，今私ができることをしよう。
3	iB：	私は，高い成果を出さなければならない。高い成果を出せない私は，価値がない。
	rB：	私は，高い成果を出したいと思う。しかし，満足のいく成果が出せない場合もあるだろう。満足のいく成果が出せないことは残念だが，成果と私の価値は関係しないことを受け入れ，今私ができることをしよう。
4	iB：	彼は，高い成果を出さなければならない。高い成果を出せない彼は，価値がない。
	rB：	私は，彼に高い成果を出して欲しいと思う。しかし，残念だが出せない場合もあるだろう。たとえそうであっても，人は過ちを犯しやすいものであることを受け入れ，今私ができることをしよう。
5	iB：	ルールは守られなければならない。ルールを守らない彼は，ダメだ。
	rB：	私はできるだけルールは守った方が良いと思う。しかし，残念だがルールを守らない人もいる。たとえそうであっても，人は過ちを犯しやすいものであることを受け入れ，今私ができることをしよう。
6	iB：	私は，公平に処遇されなければならない。公平に扱われなければ，耐えられない。
	rB：	私は，できる限り公平に処遇されたいと思う。しかし，残念だが不遇な扱いを受ける場合もあるだろう。不快ではあるが，本当に耐えられないほどだろうか？ 今を受け入れ，今私ができることをしよう。
7	iB：	いつも自分の思い通りにならなければならない。そうでないなら，耐えられない。
	rB：	私は，できるだけ自分の思い通りになって欲しいと思う。しかし，残念だがそうならない場合もあるだろう。不満を感じるが，本当に耐えられないほどだろうか？ 今を受け入れ，今私ができることをしよう。
8	iB：	仕事はやりがいがなければならない。そうでない仕事は，意味がない。
	rB：	私は，できるだけやりがいがある仕事がしたいと思う。しかし，そうでないと感じる仕事もあるだろう。私がやりがいを感じるかどうかと，その仕事の価値には関係がないことを受け入れて，今私ができることをしよう。
9	iB：	仕事は楽しくなければならない。そうでないなら，耐えられない。
	rB：	私はできるだけ，楽しく仕事をしたいと思う。しかし，仕事は楽しくないこともあるだろう。楽しく感じない仕事をすることは，私にとって不快ではあるが，今の状態を受け入れ，今私ができることをしよう。

iB	彼は，私を批評してはならない。私を批評する彼は，ろくでもない奴だ。
rB 10	私は，できれば彼から批評されたくないと思う。しかし，残念だが批評されることもあるだろう。 彼に批評されることは，私にとって不快ではあるが，そのことだけで彼をろくでもない奴と決め付けるのは早合点ではないだろうか？ 彼の意見に対するより建設的な対応を考え，今私ができることをしよう。

で，アリソンは，他者からの評価を過度に気にせずに，自分が本心からやりたいことを自ら選択するようになった。つまり，セッションの終了時点において，無条件の自己受容の習得，そのことによるウェルビーイングの向上が達成されたのである。

■2-6. B-C関係の体験的理解

　B-C関係の理解はREBコーチングの目標のひとつである。その理解には理論的側面と体験的側面があり，体験的側面がより重要である。そこで筆者らは，REI（rational emotive imagery）というイメージと感情喚起の技法（Yankura & Dryden, 1994／邦訳，1998, pp. 149-150）を用いて，B-C関係を体験的に理解するモデルを構築した。REIとは，REBTの技法のひとつであり，出来事に対する考え方が変わると感情が変化することを体感的にクライアントが気づくことを支援する技法である。

　以下にREIを使ったB-C関係の体験的理解の6ステップを提示する。

事例2：

　Hさんは，機械メーカーでメンテナンス業務に従事する若手社員です。客先には，Hさんが見たことのない機械が数多くあります。最近，先輩社員が多忙なこともありHさんは，一人で修理をすることが多く，客先へ行くことが億劫でたまりません。

ステップ1． 本人にとっての最悪の場面を特定する。

　客先で機械を修理できず，「どうしてくれるんだ！　責任をとってくれ！」と怒鳴られる場面。

ステップ 2.　「最悪の場面をイメージして，感情をピークまで高めてください」，「いま，頭の中にどんなつぶやきがありますか？」と質問する。REB コーチングが初めての場合は表 7-2 のリストが参考になる。

　H さんは iB として，表 7-2 のリストから，たとえば，「私は，周囲から認められなければならない。そうでないなら，私は価値がない」を選択した。

ステップ 3.　iB の感情体験：ステップ 1 で特定した最悪の場面をイメージして iB をつぶやいて感情体験し，感情とそのレベルを査定する。

　H さんの感情は抑うつで，レベルは 10 点評価で 8 点であった。

ステップ 4.　rB の感情体験：ステップ 3 と同一の場面をイメージして，rB をつぶやいて感情体験し，感情の種類およびそのレベルを査定する。

　表 7-2 の iB のペアとなる rB は，「私は，周囲から認められたいと思う。しかし，残念だが認められない場合も少なくないだろう。認められようが，認められまいが，そのことと私の価値に関係はないことを受け入れ，今できることに取り組もう」である。

　ステップ 3 と同一の場面をイメージして，rB をつぶやいたときの H さんの感情は抑うつで，レベルは 5 点であった。

ステップ 5.　iB をつぶやいたときと，rB をつぶやいたときの感情のレベルの違い，B が変われば C が変わる，iB と rB のどちらが有用なつぶやきか，について振り返る。

　H さんは，iB をつぶやいたときよりも，rB をつぶやいたときに感じる感情のレベルが低いことを体験した。

ステップ 6.　iB と rB の機能と言語表現の違いについて，話し合う（場合によって教える）。

　H さんは，ステップ全体を通し，iB がより強い苦痛な感情（抑うつ：レベル 8）を生むこと，rB は iB に比べて感情のレベルが低くなることを，体験的に理解した。つまり，iB をつぶやく場合と rB をつぶやく場合では感情のレベ

ルに違いがあることを体感したのである。さらに，rB は無条件の自己受容に関わる表現が含まれていることを確認した。

セッションの最後に，H さんは，日常生活の中で強い苦痛な感情を感じたとき，この6ステップを実行する，というホームワークに取り組むことをコーチと合意した。

3. 問題解決技法

ここでは，感情の問題を扱ったあと実際の問題に着手する，という2段階の統合的アプローチの意義と，実際の問題を扱う問題解決技法の概略を説明する。

■3-1. 統合的アプローチの意義

これまで論じてきたように，認知行動コーチングの実践の中核は，感情の問題を解決することである。加えて REBT では，感情の問題が解決することによって，実際の問題をセッションで扱わなくても，解決してしまう場合が多いことが示唆されている（Dryden & DiGiuseppe, 1990／邦訳，1997）。しかし，感情の問題が解決しても，実際の問題が解決しないこともあるだろう。たとえば，実際の問題に取り組むうえで，自分が達成すべき現実的な目標が設定できなかったり，目標は設定できても，どのような方法を選択したらよいか迷って行動できない，ということがある。こうした場合に役立つ技法が，問題解決技法である。

■3-2. PRACTICEモデルと事例

ここでは，感情の問題を扱ったあとで，実際の問題を分析し，取り組むための技法として，パーマー（Palmer, 2007）が提示した PRACTICE モデルを紹介する。PRACTICE モデルは，①問題の特定（Problem identification），②目標設定（Realistic, relevant goals developed），③解決策の洗い出し（Alternative solutions generated），④結果の予想と査定（Consideration of consequences），⑤解決策の選定（Target most feasible solutions），⑥実行

(Implementation of Chosen solutions), ⑦評価（Evaluation）の全7ステップからなる。"PRACTICE"とは，実際の問題に取り組むことを意味しており，各ステップの頭文字などから構成された頭字語（アクロニム）がモデル名となっている。

事例3：
　福祉系大学に通うSさん（3年生）は，3月になり友人が就職活動を始めているのを目の当たりにし，「自分も就活しなければ」と思いました。しかしSさんは，就職活動を始めるといっても，どのようなことから始めればよいのか皆目見当もつきません。

　ステップ1．問題の特定
　ここでは，問題を具体的に表現し，特定化する。問題が複数ある場合は，問題リストをつくり，優先順位の高いものからひとつを選ぶ。さらに，問題に関連する自身の長所，知識，技能，過去の経験などを明らかにする。

　　Sさんの事例：
　　コーチ：具体的に就職活動の，どのようなことに困っているのでしょう？
　　クライアント：就職活動ができていないし，何も進んでいません。
　　コーチ：就職活動ができていないことの，どこに最も困っているのですか？
　　クライアント：就職活動の取り掛かりとして，まず何を始めたらよいかわからないし，動けないことに一番困っています。

　ステップ2．目標設定
　目標設定する際は，5つのポイントが重要である。それは一般に，SMARTゴールな目標と呼ばれている（Neenan & Dryden, 2002／邦訳, 2010, pp. 97-97）。
　　① S（Specific）：目標は具体的か？
　　② M（Measurable）：目標は測定可能か？
　　③ A（Achivable）：目標は達成可能か？

④ R（Realistic）：目標は現実的か？
⑤ T（Timebound）：目標はいつまでに達成可能か？

Sさんの事例：
コーチ：どのような目標を設定すればよいと思いますか？
クライアント：就職活動のきっかけをつかみたいです。
コーチ：具体的な行動で表現するとどうなりますか？　また，いつまでに実行することが望ましいでしょうか？
クライアント：1週間以内に，就職活動（職種：福祉職）の流れを知る。そして，就職活動の最初にやることをリストアップする，これを目標にします。

ステップ3．解決策の洗い出し

ステップ2で設定した目標を達成するための解決策を可能な限り多く考え出す。解決策は，バカバカしく思えるものでも構わない。すなわち，このステップでは，各解決策を評価しない。

Sさんの事例：以下の7つの解決策が出された。
①自分で就職活動の流れをイメージする
②施設や病院の新卒採用説明会に参加して，他の参加者にアドバイスをもらう
③すでに福祉職で働いている先輩に話を聞く
④就職活動に関する書籍を，図書館で借りる
⑤大学のキャリア支援課で福祉職の就職活動に詳しい職員から話を聞く
⑥有料の就職活動支援相談を受ける
⑦近所の福祉施設のパンフレットを集める

ステップ4．結果の予想と査定

ステップ3で出した各解決策の長所と短所，および実行した場合予想される結果を評価する。評価に際しては，0点（最も低い）-10点（最も高い）で点数をつける。

Sさんの事例：結果の予想と評価は以下のとおりである。
①どこからイメージしていいか全然わからない。　評価：0点

②今の自分にはハードルが高すぎるし，有益な情報が得られるか不明。　評価：2点
③話は聞けると思う。しかし，どこまで自分の参考になるだろうか。　評価：5点
④何か参考になることが得られるかもしれない。　評価：8点
⑤職員から小言を言われるかもしれないが，よいアドバイスがもらえそう。評価：9点
⑥良さそうだが，お金がかかる。これは最終手段ではないか。　評価：5点
⑦施設のパンフレットでは，就職活動の流れがわかるとは思えない。　評価：0点

ステップ5．解決策の選定
　ステップ4で評価した解決策の中から，実行するものを選ぶ。解決策は，複数選定してもよい。さらに，目標（ステップ2参照）を達成するために，選定した解決策をいつ，どのように実行するか，具体的な計画を立てる。
　Sさんの事例：
　選定した解決策：（案④）
　　具体的計画：図書館に行き，司書に福祉職の就職活動で参考になる本を紹介してもらう。借りた本を読み，やるべきことのリストをつくる。
　選定した解決策：（案⑤）
　　具体的計画：明日の午前中，キャリア支援課で福祉職の就職活動に詳しい職員との面談を予約する。職員との面談当日は，就職活動の流れとやるべきことを確認し，リストを作る。

ステップ6．実行
　ステップ5で立てた解決策を実行する。実行する前に，必要であれば練習する。実行したが解決しない場合は，ステップ5もしくは，ステップ3に戻ることが必要である。

ステップ7．評価

ステップ2で設定した目標の，達成度を査定する。

目標が達成されていない場合は，達成されていない点とその原因を検討する。スキル不足が原因であれば，練習して再度実行する。また，別の解決策や，新たな解決策を選定してもよい。

すでに達成されている場合は，ステップ1で作成した問題リストから次に取り組む問題を選び，もう一度ステップ1から始める。

実際の問題を扱っている途中で，感情の問題が生じることがよくある。その場合には，感情の問題を優先的に扱うことが，目標を達成するために有用である。REBコーチングでは，実際の問題を解決するうえでも，感情の問題を解決することが必須であると考える。

4. おわりに

事例で挙げたように，日常生活であれ，ビジネス場面であれ，感情に問題があって，成果が上がらないケースは多い。認知行動コーチングとは，感情の使い方を改善して，成果やウェルビーイングを高めるための理論と技法である。いわば，認知行動コーチングの理論と技法とは，"感情の取り扱い説明書"であり，それを知り実践することによって，目標達成に向けた行動がとれるようになるのである。是非とも，認知行動コーチングを学び，自身の感情の使い方を改善して，よりよい生活を獲得していただくとともに，他者支援に活かしていただきたい。

引用文献

Dimidjian, S., Kleiber, B. V., & Segal, Z. V. (2010). Mindfulness-based cognitive therapy. In N. Kazantzis, A. M. Reinecke, & A. Freeman (Eds.), *Cognitive and behavioral theories in clinical practice*. New York: Guilford Press. pp. 307-331.（小堀　修・沢宮容子・勝倉りえこ・佐藤美奈（訳）（2012）．第10章マインドフルネス認知療法　臨床実践を導く認知行動療法の10の理論：「ベックの認知療法」から「ACT」・「マインドフルネス」まで　星和書店　pp. 375-408.）

Dryden, W. & DiGiuseppe, R. (1990). *A primer on rational-emotive therapy*. Champaign, IL: Research Press. (菅沼憲治(訳) (1997). 実践論理療法入門：カウンセリングを学ぶ人のために　岩崎学術出版社)

Dryden, W., DiGiuseppe, R., & Neenan, M. (2003). *A primer on rational-emotive therapy* (2nd ed.). Champaign, IL: Research Press.

Emmelkamp, P. M. G., Ehring, T., & Powers, M. B. (2010). Philosophy, psychology, causes, and treatments of mental disorders. In N. Kazantzis, A. M. Reinecke, & A. Freeman (Eds.), *Cognitive and behavioral theories in clinical practice*. New York: Guilford Press. pp. 1-27. (小堀　修・沢宮容子・勝倉りえこ・佐藤美奈(訳) (2012). 第1章精神障害の哲学, 心理学, 原因, および治療　臨床実践を導く認知行動療法の10の理論：「ベックの認知療法」から「ACT」・「マインドフルネス」まで　星和書店　pp. 1-28.)

Kodish, S. P. &Kodish, B. L. (2001). *Drive yourself sane: Using the uncommon sense of General Semantics* (Revised 2nd ed.). Pasadena, CA: Extensional Publishing.

Lupu, V. & Iftene, F. (2009). The impact of rational emotive behavior education on anxiety in teenagers. *Journal of Cognitive and Behavioral Psychotherapies*, **9**(1), 95-105.

Lynch, T. R. & Cuper, P. (2010). Dialectical behavior therapy. In N. Kazantzis, A. M. Reinecke, & A. Freeman, (Eds.), *Cognitive and behavioral theories in clinical practice*. New York: Guilford Press. pp. 218-243. (小堀　修・沢宮容子・勝倉りえこ・佐藤美奈(訳) (2012). 第7章弁証法的行動療法　臨床実践を導く認知行動療法の10の理論：「ベックの認知療法」から「ACT」・「マインドフルネス」まで　星和書店　pp. 265-298.)

McMahon, G. (2009). Cognitive behavioural coaching. In D. Megginson, & D. Cluttebuck (Eds.), *Further techniques for coaching and mentoring*. London: Butterworth-Heinmann. pp. 15-28.

Neenan, M. (2006). Cognitive behavioural coaching. In J. Passmore (Ed.), *Excellence in coaching: The industry guide*. London: Kogan Page. pp.91-105.

Neenan, M. (2008). From cognitive behaviour therapy (CBT) to cognitive behaviour coaching (CBC). *Journal of Rational-Emotive and Cognitive-behavior Therapy: RET*. **26**(1), 3-15.

Neenan, M. & Dryden, W. (2002). *Life coaching: A cognitive-behavioural approach*. Hove, UK: Burunner-Routledge. (吉田　悟(監訳)・亀井ユリ(訳) (2010). 認知行動療法に学ぶコーチング　東京図書)

Neenan, M. & Palmer, S. (2001). Cognitive behavioural coaching. *Stress News*, **13**(3), 15-18.

大野　裕 (2010). 認知療法―REBTカウンセリング　現代のエスプリ, **518**, 172-182.

Palmer, S. (2007). PRACTICE: A model suitable for coaching, counselling, psychotherapy and stress management. *The Coaching Psychologist*, **3**(2), 71-77.

Palmer, S. (2008). The PRACTICE model of coaching: Towards a solution-focused approach. *Coaching Psychology International*, 1(1), 4-8.

Palmer, S. (2009a). Rational coaching: A cognitive behavioural approach. *The Coaching Psychologist*, 5(1), 12-19.

Palmer, S. (2009b). Inference chaining: A rational coaching technique. *Coaching Psychology International*, 2(1), 11-12.

Palmer, S. & Gyllensten, K. (2008). How cognitive behavioural, rational emotive behavioural or multimodal coaching could prevent mental health problems, enhance performance and reduce work related stress. *Journal of Rational-emotive and Cognitive-behavior Therapy: RET*, 26(1), 38-52.

Palmer, S. & Szymanska, K. (2007). Cognitive behavioural coaching: An integrative approach. In S. Palmer, & A. Whybrow (Eds.), *Handbook of coaching psychology: A guide for practitioners*. Hove, East Sussex, UK: Routledge. pp. 86-117.

Palmer, S. & Whybrow, A. (2007). Coaching psychology: An introduction. In S. Palmer, & A. Whybrow (Eds.), *Handbook of coaching psychology: A guide for practitioners*. Hove, East Sussex, UK: Routledge. pp.1-20.(堀　正(訳)(2011). 第1章　コーチング心理学とは何か　堀　正(監修・監訳)　自己心理学研究会(訳)　コーチング心理学ハンドブック　金子書房　pp. 1-24.)

佐藤　寛(2014). 実践講座　認知行動療法・第3回　うつ病　総合リハビリテーション, 42(11), 1071-1075.

沢宮容子(2010). 第1節　認知行動療法とは―認知行動療法の理論と臨床　現代のエスプリ, 520, 12-17.

Szentagotai, A., David, D., Lupu, V., & Cosman, D. (2008). Rational emotive behavior therapy versus cognitive therapy versus pharmacotherapy in the treatment of major depressive disorder: Mechanisms of change analysis. *Psychotherapy Theory, Research, Practice, Training*, 45(4), 523-538.

Waltz, T. J. & Hayes, S. C. (2010). Acceptance and commitment therapy. In N. Kazantzis, A. M. Reinecke, & A. Freeman, (Eds.), *Cognitive and behavioral theories in clinical practice*. New York: Guilford Press. pp. 148-192.(小堀　修・沢宮容子・勝倉りえこ・佐藤美奈(訳)(2012). 第5章アクセプタンス＆コミットメント・セラピー臨床実践を導く認知行動療法の10の理論：「ベックの認知療法」から「ACT」・「マインドフルネス」まで　星和書店　pp. 179-234.)

Waren, R. S., DiGiuseppe, R., & Dryden, W. (1992). *A practioner's guide to rational-emotive therapy* (2nd ed.). New York: Oxford University Press. (菅沼憲治(監訳)日本論理療法学会(訳)(2004). 論理療法トレーニング　東京図書)

Williams, H., Edgerton, N., & Palmer, S. (2010). Cognitive behavioural coaching. In E. Cox, T. Bachkirova, & D. Cluttebuck (Eds.), *The complete handbook of coaching*. London: Sage. pp. 37-53.

Williams, H., Palmer, S., & Edgerton, N. (2014). Cognitive behavioural coaching. In E. Cox, T. Bachkirova, & D. Cluttebuck (Eds.), *The complete handbook of coaching*. (2nd ed.). London: Sage. pp. 34-50.

World Federation for Mental Health (2012). うつ病：世界的危機 World Federation for Mental Health
 〈http://wfmh.com/wp-content/uploads/2013/11/2012_wmhday_japanese.pdf〉
 (2015. 06. 01).

山上敏子 (2007). 方法としての行動療法　金剛出版

Yankura, J. & Dryden, W. (1994). *Albert Ellis*. Thousand Oaks, CA: Sage. (國分康孝・國分久子(監訳) (1998). アルバート・エリス　人と業績：論理療法の誕生とその展開　川島書店)

吉田　悟 (2014). ビジネス・コーチング心理学　大木桃代・小林孝雄・田積　徹(編著) 日々の生活に役立つ心理学　川島書店　pp. 243-256.

コラム7

英国のコーチング心理学トレーニング：
Centre for Coaching, London, UK の例

西垣悦代

　ロンドン・シティ大学のコーチング心理学課程の元主任教授のパーマー（Palmer, S.）は国際コーチング心理学会（ISCP）の会長であり，シドニー大学のグラント（Grant, A.）と共にコーチング心理学界を牽引してきた人物である。認知行動コーチング（CBC）を最初に提唱した人物でもある。パーマーと認知行動療法家のニーナン（Neenan, M.）が共同プログラムディレクターとなって設立したのが Centre for Coaching で，本センターで開講されるトレーニングコースは国際コーチング心理学会の認証を受けている。

　Centre for Coaching はロンドン市内にある英国心理学会（BPS）の本部ビルの研修室を会場（一部はロンドン以外でも開催）に，2日から5日のコーチングのショートコースを年に36回程度開催するほか，通信教育も行っている。受講者は原則として自分の都合に合わせて自由に科目を選択することが可能で，入門コースの受講にコーチングの特別な知識と技能は必要ないが，その難易度は英国の大学教育の level5（学部レベル）から level7（大学院レベル）に相当する。また，5日間のコースは英国の大学の授業の15単位分となる。

　以下は筆者が受講した Certificate for coaching と Stress management の両コースの概要である。コースの申込みをすると，事前に読むべき課題図書が送られてくる。コースは朝9時から昼食と午後の休憩をはさんで16時半まで行われる。インストラクターはパーマーをはじめ全員サイコロジスト資格を持っており，コーチとしても活動している。受講生は10名から15名程度で，プロのコーチ，カウンセラー，教員，会社員，会社経営者，退職者，キャリアチェンジを目指す人など多様で，筆者以外にも海外からの受講生がいた。コースの冒頭で，コース内で知りえた個人情報に関する守秘義務についての説明があり，続いて，コーチの契約，倫理規範の話に入る。修了後すぐにコーチとしての活動を始めることを前提としているので内容は非常に実践的・具体的で，コーチに起こり得る倫理的ジレンマに関するケーススタディなども行われた。コースはインストラクターの説明，ピア・コーチング，ディスカッションを中心に進められたが，活発な質問や意見がでるので，大変インタラクティブな雰囲気で，互いの経験のシェアも積極的に行われた。ピア・コーチングで用いる内容はすべて現実の問題で，いわゆるロールプレイングは行われない。1日が終了すると，その日の学びを振り返り，文章化する宿題がでる。

　コース修了後2ヶ月以内に課題レポートの提出が義務づけられるが，BPS（英国心

理学会）スタイルと呼ばれる学術論文の様式で書くことが求められる。日頃から論文を書き慣れていない受講生は，英国人でも苦労した人がいたようである。特に制約は課されないが，筆者の課題レポートは 20 ページ，引用文献 20 近く使用した。実際に経験してみて，たしかに大学院レベルのコースであると実感した。全日程の出席と課題レポートの合格をもって，certificate が授与される。

　Centre for Coaching の各コースは，ISCP のほか，Association for Coaching（AC：英国に本部のあるコーチ団体　コラム 8［p. 186］参照），英国心理学会学習センター，などの認定も受けており，さらにミドルセックス大学のグラデュエートディプロマの対象にもなっている。ディプロマを取得するには全部で 5 つのコースの履修と各課題レポートのほか，コーチングセッションの逐語記録と批判的分析のレポート，セッションの録音記録とその振り返り，クライアントと共に作成したコーチング記録，学習ログの記録，スーパービジョン，Centre for Coaching が主催するフォーラムへの出席が課され，さらに 5,000~7,500 ワード（ディプロマの種類によって異なる）の論文または実証研究論文の作成，5~8 冊の学術書の書評レポートの提出が必要となり，かなりハードルが高い。

　英国には現在，ロンドン・シティ大学（City University London）ほか数校にコーチング心理学の大学院課程があり（コラム 4［p. 90］参照），社会人学生にも配慮したカリキュラムを組んでいるが，いずれも難関のようである。Centre for Coaching は，国際コーチング心理学会の認証コースの中でも英国の認知行動コーチングをしっかりと身につけることができる点，短期のコースを自分の都合に合わせて履修できる点がメリットと言えるだろう。

参考
Centre for Coaching, London, UK HP 〈http://www.centreforcoaching.com/〉

各論・実践編

第8章
プロコーチによるコーチング：
契約／倫理／コーチのコア・コンピテンシー

原口佳典

　筆者は心理学の専門家ではなく，コーチングの実践者である。したがって，この章では理論の紹介ではなく，実際に行われているコーチングについて，できるだけ根拠やデータを示しながら記載していく。

　セッションはコーチングを構成する最小単位である。コーチングはセッションを重ねることで成立する。この章では，実際にコーチングを受けるまでの経緯を示しながら，どのようにセッションが行われるのかを見ていくこととする。

1. 前提（契約に至るまで）

■1-1. 人はなぜコーチングを受けようと思うのか?

　コーチングは何らかの治療や修理のように，トラブルや問題を対症療法的に解決するものではなく，生活に必需なサービスでもない。だから，それを薦められたからといってコーチングを受けたいというように思うかどうかは，クライアント次第である。したがって，まずはコーチングを受ける動機というものが，クライアントの中で必要となってくる。

　ICF Global Coaching Client Study（2009）（コラム9［p. 206］参照）では，このクライアント側の動機について調査している。最も重要な要因として，「キャリアの機会」「ビジネスでのマネジメント」「自己肯定感／自己確信」「ワーク・ライフ・バランス」という項目が挙がっている。環境や状況の変化があったとき，人は迷う。この迷ったときに自分が何を選択することが将来のベストにつながるのか，という課題を解決するために，人はコーチを探す。

　ICF Global Coaching Study（2012）（コラム9［p. 206］参照）では，国際

的にみて，コーチングの契約が交わされた主要なテーマは，「個人的な成長」「人間関係」「自己肯定感」「コミュニケーションスキル」「スタッフやチームの生産性」「ワーク・ライフ・バランス」「戦略的思考と計画」となっている。日本では特徴的に，51.1%のクライアントが「コミュニケーションスキル」を挙げており，国際社会における値26.2%のほぼ倍の値になっている。そのほか，日本で特徴的に多いのは，「ビジネスのマネジメント」の26.4%，「組織文化」の23.6%であり，逆に国際社会と比較して少ないのが，「個人的な成長」の25.3%（国際社会では37.8%），「戦略的思考と計画」の16.5%（同23.3%），「ワーク・ライフ・バランス」15.4%（同24.8%）という結果になっている。日本ではビジネスユースのコーチングが多く，逆に個人でコーチングを受けている人が少ないような印象である。

　それを裏付けるデータとして，ICF Global Coaching Study (2012) では，各テーマ別の属性も取っており，ここでは「個人的な成長」「自己肯定感」「ワーク・ライフ・バランス」は個人クライアントに主要なテーマとなっている。

■1-2. コーチを探す

　当たり前のことだが，コーチングを受けるためには，コーチを探さなくてはならない。人はどのようにしてコーチを探すのであろうか。

　ICF Global Coaching Client Study (2009) によると，コーチを決める前に複数のコーチと接触，あるいは話を聞いたというクライアントは29%しかなく，58%が単独のコーチに決めて接触しており，13%はそもそも選ぶ権利を持っていなかった，としている。これはつまり会社などで雇われたコーチによるコーチングを受けた，ということである。逆に考えれば，87%の人はコーチを選ぶ権利を持っていたにもかかわらず，約3割の人しか，コーチを比較して決めようとはしなかったということである。これはコーチングを最寄品，買回品，専門品のどれかに当てはめた場合，クライアントは専門品としての購買行動を取っている，ということになる。

　ほとんどの人がたった一人のコーチにアクセスするだけでコーチを選んでいるとしたら，その人のコーチを探したもととなる情報源はどこだろうか。同じ

く ICF Global Coaching Client Study（2009）によると，最も多い回答は「人脈と口コミ」の46％であり，その後，かなり差をつけて「コーチのウェブサイト」20％，さらに下がって「コーチのセミナーやワークショップ」14％，「職場の同僚」13％，「プロコーチ団体のリスト」「既に知っていた」11％となっている。つまりほとんどの人は知人のつてや紹介でコーチを一人選び，そのコーチングを受けていることになる。

　コーチングはマッサージや美容院，あるいは法律相談やコンサルティングと同じようなプロフェッショナル・サービスである。しかも人生において，なくても別に生活するには困らない，非必需なサービスである。さらに，人生をより良く生きようということに，あるいは組織や個人の生産性を高めようという目的のために，対価を支払うことができる人のみが利用するという，非常に専門的なサービスである。サービスであるからには，サービス財の特質である「無形性」「一過性」「非貯蔵性」「不可逆性」という性質を持っている。そうすると，どうしても口コミや，自分の体験からの判断に頼りたくなるのが自然ななりゆきというものである。

　筆者が2006年に，コーチ養成学校の出身母体を問わないプロコーチの登録＆紹介サービスであるコーチングバンクというサービスを立ち上げたのは，まさにほかでもない自分自身が，自分に合ったコーチを探せないと感じたからであった。確かにネットで検索すれば，コーチのサイトはいくらでもあるが，そういうサイトというのはどれも基本的に良いことしか書いていない。それは，当時は珍しかった，有料のコーチ紹介サイトや，コーチ団体のサイトでも同じことである。せめて客観的な立場から，履歴書をめくるようにぱらぱらと，コーチを見ることができるサイトがあるとよいと考え，コーチングバンクという無料登録のできるサービスを立上げ，現在に至っている。そのうえで，「無料お試しセッション」というコーナーを設け，協力してくださるコーチの方と，コーチを選びたいクライアントの間をつなぐ試みをしている。これは先に挙げたサービス財の特徴のうち，「不可逆性」への不安を解消する仕組みである。

■1-3. コーチを選ぶ

　紹介などである特定のコーチを選択したのでないとして，もし，複数のコーチにアクセスした場合には，その中から自分に合ったコーチを選ばなくてはならない。実はこのコーチを選ぶというのが難しく，現在のところ，私が知る限り，マッチングに関する有効な手法は開発されていない。よく言われるのは「コーチとクライアントの相性」であるが，つまりはお見合いと同じで，こればかりは実際に対話してみないとわからない，ということが言われている。筆者が運営するコーチングバンクはまさにこの自分に合ったコーチと出会うためのサポートを無償で行っているが，そこで推奨しているのは，何名かと話をしてみて，その中からいちばん話しやすそうなコーチを選ぶ，という方法である。それに先立ち，クライアント側より，

①コーチングのテーマ
②コーチの年齢・性別
③セッション方法（対面かオンラインか）
④セッション回数，料金
⑤コーチの得意分野
⑥その他，コーチの経歴など

という項目で希望を尋ねている。これらの条件を見て，コーチが立候補し，その中からクライアントに選んでもらう，というマッチングの方法を取っている。
　コーチングはまだ未研究の部分が多い分野のため「何人かのコーチを比較検討した方が，選んだコーチに対しての満足度は高い」というデータはない。しかし，筆者はさまざまなクライアントにコーチを紹介し，感謝の声もいただいていて，実感としては有効であると感じている。この点については，今後の何らかの調査を待ちたい。

■1-4. セッションでの責任

　契約の前に，何があればプロフェッショナルなコーチングセッションが成り立つのかについて，国際コーチ連盟（ICF）の倫理規定に定義がある。引用し

ておきたい。

> プロフェッショナルなコーチングの関係：コーチングが双方の責任を明確にした業務契約や同意があるときに，プロフェッショナルなコーチングの関係が成立する。
> A professional coaching relationship: A professional coaching relationship exists when coaching includes a business agreement or contract that defines the responsibilities of each party.
>
> 「国際コーチ連盟によるプロコーチの倫理規定　ICF Code of Ethics」より

　ここで言う「プロフェッショナルな」であるが，ICFでは独立した専業コーチだけのことを言っているのではない。たとえば社内コーチとして，会社から給料を受け取りながらその責務を果たしている場合にも，「プロフェッショナルなコーチング」という定義をしている。アメリカを中心としたダイバーシティな労働環境では job description が定義され，従業員は，その内容に対して対価が支払われるのが普通である。したがって，つまりは job description に部下等へのコーチングが含まれていれば，プロフェッショナルなコーチ，ということになる。コーチというのは任務であり，役割なのだ。そこに体系だった訓練が施されていればそれでよいし，そうではなくても，その業務が果たせることが証明できれば，プロフェッショナルなコーチなのである。日本では通常，仕事は会社が定義するものではなく，人についていることが常識になってしまっているため，この概念がわかりにくいものになってしまっているのが現実である。しかし，もともとは単純な話であり，要は，business agreement or contract（業務契約や同意）があれば，プロコーチのコーチングになる，ということである。そしてその business agreement or contract（業務契約や同意）には，the responsibilities of each party（双方の責任）を明確にしたものである，とされていることがポイントである。そして当然のことながら，セッションを始める前に，双方の責任について，合意を取っておく必要がある。
　ICFの「コーチングについてのよくある質問」の中に，コーチおよびクライアントの責任について，表8-1，8-2のように示されている。

表 8-1. コーチおよびクライアントの責任

コーチの責任	クライアントの責任
コーチは，クライアントを自分の人生と仕事のエキスパートとして尊重し，すべてのクライアントが，創造的で，可能性に満ちており，完全であると信じています。この前提のもとに，コーチの責任は以下のとおりです。 ・クライアントの本当に達成したいことを発見し，明確にし，それに沿うこと ・クライアントがそれらを自らの手で見つけることをサポートする ・クライアント自身が生み出す解決策と戦略を引き出す ・クライアント自身の主体性と責任の自覚を支える 　このプロセスは，リーダーシップスキルを向上させ，潜在的な能力を開花させながら，クライアントの仕事や人生に対する見方を劇的に向上させます。	成功するために，コーチングにはいくつかの要件があります。これらはすべて心づもりから始まります。 ・自分自身，難しい質問，厳しい真実そして自身の成功に焦点を当てる ・他者の行動やコミュニケーションを観察する ・直感，思い込み，決めつけ，そして自分が話す時にどのように聞こえるかに耳を傾ける ・今の態度，信じていること，行動に対峙しもっと優れた方法でゴールに到達できるような新しいものを築く ・強みを活かし，足りないことを克服し，勝つためのスタイルを構築する ・不安であったり自信がなかったりしても，特別なところに到達するために強い意志に基づいた行動をとる ・新しい行動や後退を経験しても自分に慈悲を示す，そして他者が同じ状態でいるときに，同じ慈悲を示す ・あまり深刻にならずに，ユーモアを使い状況を軽く，明るくすることに注力する ・落胆したり，期待に満たなくても，感情的な反応をせず，平静を保つ ・恐怖なしに自分を見つめる継続作業をする間，以前よりさらなる高みに到達する勇気を持つ

国際コーチ連盟日本支部「コーチングについてのよくある質問」より筆者作成

表 8-2. コーチングの中での役割

コーチ	クライアント
・個人やチームの，自己認識や他者認識を育てる客観的な評価や観察を提供します ・個人やチームの状況を完全に理解するために，傾聴します ・共鳴板としての役割を担い，可能性を探り，熟考された計画や決定事項を実施します ・チャンスや可能性をリードし，個人の長所と願望に即したチャレンジを応援します ・新しい視点を発見し，違う考え方を養います ・新しい可能性に光を当てるために，盲点に挑戦し，代替のシナリオを作ることをサポートします ・コーチングの関係の中で，秘密事項やプロフェッショナルコーチとしての倫理規定を守り，プロフェッショナルとしての境界線を保ちます	・コーチングのために設定した個人のために有益なゴールに基づいたアジェンダを作ります ・評価や観察を個人や他者の認識向上のために使います ・個人と（や）組織の成功を思い描きます ・個人の決定と行動に対してすべての責任を負います ・コーチングプロセスを可能性の考察と新しい視点を取り入れます ・個人のゴールと大望のために勇気ある行動をとります ・大きな視野の思考と問題解決能力を使います ・コーチから与えられたツール，コンセプト，モデル，信条を受け取り，さらに行動を進めるために効果的に動きます

■1-5. コーチとの契約

次はいよいよ契約である。後述するICFコア・コンピテンシーでは，契約書を交わさず，合意だけでも問題ないとしている。そのうえで，コーチとクライアントとの間に明確な合意あるいは契約を求めている。その項目は下記のとおりである。

・具体的な進め方，費用，スケジュール，必要ならば含まれるほかの対象者
・コーチとクライアントの関係において，何が適切で何が適切でないか
・コーチとクライアントの関係において，何が提供され何が提供されないか
・クライアントとコーチそれぞれの責任

コーチングの手法や進め方については，それはコーチの自由であり，そこはICFが規定すべきものでもない。馬に乗ってコーチングしても，カードなどのツールを使っても，何らかのワークを取り入れても，あるいは何も特殊なことをしないというのも，それはコーチのオリジナリティであり，どのようなプロセスを構築するのかは，コーチ本人の自由である。しかし，その進め方について，事前にクライアントは知り，コーチとクライアントは合意しておく必要がある，ということである。

ICFの「コーチングについてのよくある質問」の中に，実際にコーチングの中で，コーチおよびクライアントが行うことが示されている。

実際のコーチングで言えば，これらのことを契約書や同意書という形でまとめ，クライアントがサインをする，ということになる。このような合意と，そして実際にセッションの中でコーチとクライアントがお互いの役割を遂行することになる。

日本のコーチングの本などでは，上司がどこかでコーチングを習ってきて，部下に断りもなくいきなり試してみる，などという場面が出てくることがあるが，本来，コーチングはクライアントとの合意があって初めて成り立つものであり，これは本来の姿ではない。同様のことは，教師が生徒や学生に，医者が患者や家族に対して行う際も同様である。日本でのコーチングの常識と異なるため，違和感があるかもしれないが，ICFでは，少なくともそういうことは社内であっても，プロフェッショナルなコーチがすることではないと考えているという点は，留意しておきたい。

■1-6. コーチとの相性

　ICF Global Coaching Client Study（2009）では，クライアントがコーチを選ぶうえで最も重要な要素についても調査している。最も重要と答えた順に「信頼感」「個人の相性」「コーチングの効果」「コーチの自信」となっており，こちらも実際に会って話し，確かめてみないとわからない項目が重視されていることがわかる。

　ICF Global Coaching Study（2012）でも同様の調査を行い，複数回答で80％以上のものは「プロとしての信頼感」「コーチングプロセスの有効性」「プロフィール」となっており，逆に，50％以下のものは「コーチの以前の経歴」「コーチの資格」「コーチ歴」「コーチのビジネス経験」，40％以下のものは，「コーチの場所」「クライアントの数」という結果になっている。要は経歴や肩書きではなく，相性が重要だ，という結論は変わらないようだ。

　これらの結果から，コーチングはその機能というよりもコーチの人となりが重要とクライアント側が考えているサービスであることがわかる。それがゆえに，コーチとクライアントがいきなり契約することはあまりなく，大抵はオリエンテーションと呼ばれる面談を，実際に会って行うことが多い。ただし，たとえば遠方等の理由により，面談で話せない場合もあるが，この場合は電話やSkype® 等の代替手段で行うことがある。一部のコーチを除き，オリエンテーションは，通常，無料で実施されることが多く，主として世間話も含めた相性確認の場である。この際には，コーチの側も，クライアントを引き受けるのかどうかを決めることになる。

　コーチが何らかの理由でクライアントを引き受けないという場合には，ほかのコーチを紹介することもある。しかし，筆者の体験から言えば，なかなかコーチが紹介するほかのコーチというのはクライアントにとっては微妙な存在のようで，恋愛において告白して振られた相手にほかの人を紹介してもらう行為と似ていて，うまく信頼関係が築けないケースも多いのではないかと思われる。これも，クライアントとコーチの相性には明確な根拠がないし，クライアント側もほかのコーチの紹介を望んでいないことが原因ではないかと思われる。

■1-7. セッションの方法

　ICF Global Coaching Client Study（2009）では，ライフコーチングやビジョンを描くようなコーチングでは電話のセッションが好まれ，ビジネスやエグゼクティブ，リーダーシップに関するコーチングでは，対面の方が好まれるというデータが出ている。筆者の印象では，クライアントからすれば，対面の方に価値があると思えるのではないだろうか。

　ICF Global Coaching Client Study（2009）によれば，国際的には対面でのセッションが50％，電話でのセッションが47％，その他，オンラインチャットやビデオ会議システムなどによるものが3％という結果が出ている。この調査は世界の動向の調査であるために，電話が多くなっている。ICF Global Coaching Study（2012）によると，世界全体では対面が66％，電話が27％と変化しているが，内訳を見ると北米の電話50％という数字が全体を押し上げているように見える。北米を除く国際社会では，対面が主流であると言える。

　筆者の実感としては，おそらく日本では「その他」に分類されているSkype® やLINE® 等，通話料無料によるセッションが多いという印象である。これは一般的に言って，日本の交通費や電話代金が高額であることと関係があるのかもしれない。ICF Global Coaching Study（2012）の詳細な数字を見ると，日本では電話46.5％，対面31.2％，インターネットを介した音声や映像が20.4％という数字になっている。国際社会合計では，26.9％，66.5％，4.6％だから，かなり傾向が違っている。

■1-8. セッションの時間

　ICF Global Coaching Client Study（2009）では，セッションの時間について，対面セッションの場合，国際的には1時間という答えが最も多く44％であった。次いで1-2時間という回答が37％，59分以下は合計でも20％に満たない。したがって，1時間のセッションというのが一般的であると言える。平均すると70.6分という数字となる。一方，電話でのセッションでは，1時間という答えはやはり39％と多いものの，次いで多いのは31-59分の29％，次いで16-30分の19％と，対面よりは電話の方が短いという傾向があることがわかる。こちらの国際的な平均は48.2分であった。電話は対面のセッションよ

り 20 分強短くなる傾向がある、ということになるが、対面の場合には挨拶から始まり、メモの準備や最後の片付けなどの時間が必要になるため、これは当然の結果といえるかもしれない。

■1-9. セッション費用

1 セッション当たりの費用だが、これは経済状況や物価によっても左右されるが、ICF Global Coaching Client Study（2009）では、平均は 171 ドル、中央値は 134 ドルとなっている。もちろん、コーチングの対価を個人が支払うのか法人が支払うのかということでも差があり、個人支払の場合の平均は 150 ドル、法人が支払う場合には 265 ドルとなっている。

ICF Global Coaching Study（2012）によると、国際的な平均では、コーチは常時 10 名程度のクライアントを抱え、コーチングだけで、年間 47,500 ドルの収入を得ているという。中央値では収入が 25,000 ドルである。この数字から計算されるクライアントがコーチに支払う月額は、約 396 ドルということになる。

ビジネスでの領域におけるセッション費用が高いのは当然であろうが、ICF Global Coaching Study（2012）ではその対象による価格の差も出している。1 時間当たり、エグゼクティブ層（CEO、CFO）は 350 ドル、マネージャーでは 240 ドル、起業家は 220 ドル、チームリーダーは 170 ドル、スタッフや個人クライアントは 120 ドル、という回答であった。

現在の日本の場合、コーチングバンクを運営している実感から言えば、個人で支払う場合には、新米コーチで 5,000 円、通常は 1 万 -3 万円程度が平均的な額ではないか、というところである。ICF Global Coaching Study（2012）によると、1 時間のコーチング単価の世界平均は 229 ドル、中央値は 170 ドルである。

■1-10. セッションの開始

さまざまな条件が決まり、契約や合意が取れれば、実際にセッションを行うことになる。セッションのスケジュールは、あらかじめすべて決めておくという方法もあるが、実際には変更となることも多いため、通常は前回のセッショ

ンの終わりに次回のセッションの日程を確定する。特に電話等の遠隔セッションでは，時間になってもクライアントが連絡してこないというケースもあり，その場合には，1回とカウントするというのが普通であるが，対応はコーチによって異なる。

2. コーチの能力水準と倫理

■2-1. コーチの能力水準
(1) ICF コア・コンピテンシーの成り立ち

　クライアントがコーチを選ぶ際には，さほど能力は気にしておらず，相性の方を重視していることは先に述べた。しかし，最低限，どのような能力がコーチには必要なのだろうか？

　さまざまなコーチ団体によってコーチングの定義もその中身もばらばらであるので，コーチの能力を測定することも，実は簡単なことではない。

　そこで，本章では，ICF の定める基準を紹介しておくこととしたい。

　コーチの能力水準については，国際コーチ連盟（ICF）がコア・コンピテンシーとして定めている。この ICF コア・コンピテンシーを創った人々と，その所属団体は下記のとおりである。

　　Coaches Training Institute (CTI) /Laura Whitworth
　　Coach U, Inc / Pamela Richarde
　　Hudson Institute /Frederic M. Hudson
　　Newfield / Terrie Lupberger
　　Coach for Life / Peter Reding
　　Academy for Coach Training (ACT) / Fran Fisher
　　Success Unlimited Network (SUN) / Teri-E Belf
　　New Ventures West / Pam Weiss

　このうち，Coach U はトマス・レナードによるものであり，CTI は，Co-active Coaching を名乗り，コーチとクライアントの共創性を強調した。コア・コンピテンシー制定時，トマス・レナードは既に ICF と袂を分かっていたが，この2つのコーチ団体の考え方は ICF コア・コンピテンシーにも強く

反映している。ほかの各団体の特徴は表 8-1 のとおりである。

表を見ると，いわゆる「パーソナル・コーチング」の領域のプログラムが非常に多いように見えるが，それにしても，それぞれバックボーンが違うことがわかる。それはたとえるなら，魚を釣る，という目的は一緒でも，たとえばルアーを使うのか，撒き餌を使うのか，網を使うのか，など，手段が違うようなものであり，したがって，結果として ICF コア・コンピテンシーとは，魚を釣る，という例で言えば「魚を釣ることができていれば，釣り人として認めよう」という基準である，ということが言える。そしてこの表のメンバーを見る限り，単に話を聴くとか質問するというレベルではなく，それぞれの人の人生のあらゆる領域を統合し，幸福や成功に導くのがコーチである，というメッセージを読み取ることができる。クライアントはこれだけ多彩なコーチのアプローチの中から，自分に合っていると思うコーチを選ぶことができるというの

表 8-3. ICF コア・コンピテンシーの設立に関わったメンバーの出身団体（CTI & CoachU 除く）

団体名	設立年 設立者	特徴（筆者の印象）
Hudson Institute	1986 年設立 設立者：Pamela McLean 共同設立者：Frederic M. Hudson	アカデミックなアプローチ
Newfield	1973 年設立？ 設立者：Julio Olalla	Ontological Coach（存在論的コーチ）。東洋思想的・ヨガ的な色彩。
Coach for Life	1996 年設立 共同設立者：Peter Reding	ライフコーチプログラム。ホリスティック（心，身体，精神）で，Coaching the Human Spirit や The Fulfillment Coaching Model を使用。精神も含め人生全般を「満たす」というプログラムか？
Academy for Coach Training	1997 年設立 設立者：Fran Fisher	2006 年に inviteCHANGE が買収 http://www.invitechange.com/ 現在は，ビジネス系。
Success Unlimited Network	1981 年英国にて設立，1987 年アメリカへ渡る 設立者：Teri-E Belf	スポーツ心理学に起源，とのこと。太陽のマーク。すべての人生の存続と幸福の強化を，ということで，パーソナル・コーチング系。
New Ventures West	1987 年設立 設立者：James Flaherty	インテグラルコーチング。「完全」という意味。

各サイトの記述より筆者作成（CTI, Coach U については本書 p. 17～参照）。

は，コーチ業界の多様性に価値があるとも言えるだろう。

(2) ICF コア・コンピテンシーの全体像

さて，このように多彩なコーチ団体の代表者の対話から，最大公約数的に抽出されたのが，ICF コア・コンピテンシーである。

まずは全体像を眺めてみよう。和訳は国際コーチ連盟日本支部の訳を採用している。全体から見れば，4 分野 11 カテゴリー70 項目からなっている。まず，4 分野というのは，

  A. 基盤を整備する setting the foundation
  B. 関係性を共に築く co-creating the relationship
  C. 効果的なコミュニケーション communicating effectively
  D. 学びと結果を促進させる facilitating learning and results

である。ここでは大まかに，それぞれの項目がどういうことを求めているのかまとめながら，実際のセッションがどのように進んでいくのかを解説する。

A. 基盤を整備する setting the foundation

ここでは，「1. 倫理指針とプロフェッショナルの基準を満たしている Meeting Ethical Guidelines and Professional Standards」「2. コーチングの契約を確立する Establishing the Coaching Agreement」を扱う。いずれもコーチがコーチングを始める前，そして，実際にクライアントと契約をするまでを扱っている。具体的に言えば，クライアントにコーチングを受けるように説得したり，コーチングの進め方について打合せやヒアリングをしたり，最終的に契約をしたりするときに必要な内容である。

これらをまとめれば，まずは，オリエンテーションでの合意形成が必要，ということになる。コーチはこれらの項目を踏まえて，オリエンテーション用の資料や書類を作成することが必要である。そしてこの項目では，倫理規定を遵守することも，何度となく求められている。

B. 関係性を共に築く　co-creating the relationship

　「3. クライアントと共に信頼と安心感を作り上げる　Establishing Trust and Intimacy with the Client」「4. コーチングを行う際のコーチの在り方　Coaching Presence」ということで，実際にセッションを行っている間にコーチがどのように振る舞えばよいのか，ということを言っている。最もシンプルに言えば，信頼関係と柔軟性である。何を言ってもいい，何を話してもいい，という信頼感があり，そのうえでコーチもクライアントのその場の変化に合わせて柔軟に対応できる。そういう状態を生み出すことが，この項目では求められている。

C. 効果的なコミュニケーション　communicating effectively

　この項目は「5. 積極的傾聴　Active Listening」と「6. 人を動かす質問　Powerful Questioning」，そして，「7. 明確なコミュニケーション　Direct Communication」から成り立っている。いわゆるコーチングのスキルと日本で呼ばれるような領域ではあるが，その中身は主に「積極的傾聴」である。これは単なる「受動的傾聴」として，単に黙って聴いているのではなく，質問やフィードバックも交え，積極的にクライアントの語りを引き出す，というものである。

　日本ではこのCの項目のみが取り出され，コーチングとして紹介される場合が多かったようである。しかし，コア・コンピテンシーの最初の説明文にも記載されているように，ほかの項目に比べてこの項目が重要であるということはなく，あくまでもコーチングの一部なのである。

D. 学びと結果を促進させる　facilitating learning and results

　このグループは「8. 気づきの創造　Creating Awareness」と「9. 行動のデザイン　Designing Actions」と「10. 計画とゴール設定　Planning and Goal Setting」そして最後に「11. 進捗と説明責任の管理　Managing Progress and Accountability」の4つから成っている。コーチングではセッションの中で気づきや行動のデザインを行い，セッションとセッションの間でもクライアントに行動させ，ゴールを達成させなければならない。そのために，個々のセッ

ションの中でやらなければならないこと，セッション全体を通してやらなければならないことが紹介されている。

　結論から言えば，コーチとしての能力とは，このA-Dの項目の全てができることである。これが価値を生み出すコーチングができる，ということである。日本では導入当初より「コーチング」のうち「コーチングスキル」と称して会話術のみがクローズアップされたり，安易に「三大スキル」が吹聴されてきたりした。結果として，それは次に述べる「コーチングセッションの構造」の重要な部分を生み出せず，本来の意味でのコーチングが価値を生み出すこともなく，21世紀初頭にコーチングは一時「ブーム」となりはしたが，ブームが終わるとともに去っていったと言える。本質を見極めず，流行りものに飛びつくことを否定するものではないが，真の価値はその後，定着するかどうかであり，そういう意味でもコーチング心理学などのようにコーチングにアカデミックな検証が加えられることには極めて意義があると思える。

2-2. コーチの倫理

　コーチの倫理はICFコア・コンピテンシーとは違い，ICF倫理規定で定義されている。このICF倫理規定は「コーチングの定義」「国際コーチ連盟の倫理規定」「倫理誓約」の3部構成から成り，第2部の「国際コーチ連盟の倫理規定」は，「広義のプロフェッショナルの基準」「利益相反」「クライアントに対するプロフェッショナルとしての基準」「守秘義務・プライバシー」の4項目から成っている。

　コーチングは支援型の営利サービスであるために，セッションの中で利益誘導を行っていないかどうかというところが非常に重要である。たとえば，コーチングで提案や情報提供を行う際に，クライアントを動かして自分へ利益が出るように，ということは許されることではない。また，確実に成功するとか，必ずうまくいくなどの虚偽の情報を提供してクライアントにするなどの誇大広告はもちろん禁止されている。さらに，自らコーチングが機能しているかどうかをコーチは常に意識し，もし，機能していない場合にはサービス提供の終了ないし，別のプロフェッショナル・サービスの紹介を行うことも，求められて

いる。

　コーチングは人の話を聴く時間であるので、そこにはどうしても守秘義務の問題が発生する。しかし明確な規定はなく、「守秘義務の最も厳しいレベルを維持」とのみ、表現されている。この内容は地域により人によって捉え方が違うであろうが、「最も高いレベル」と言うからには、ある人物がクライアントであることさえ、実は秘密であるとするのが妥当であろう。たとえばアフリカのある地域では女性が自らの話をすることがタブー視されている。このような社会では、セッションで話をした事実がコミュニティにわかると本人に不利益をもたらす可能性もある。

　さらに、コーチ、クライアントに加えて、コーチングを設定したり費用を支払ったりする存在のことを、ICFではスポンサーと定義しているが、スポンサーがクライアントとは別に存在する場合に、誰とどのような情報共有を行うのかということは重要なポイントになる。これらについて明確な基準はなく、ICF倫理規定では、最初に合意を取ることを求めている。「全ての場合において、コーチングの実施についての契約もしくは同意は、クライアントとスポンサーが同一人物でない場合には、それぞれの権利と役割と責任について明確にされていなければならない」とあり、これも契約時に取り決める必要がある。

3. セッションの開始からコーチングの終結までのプロセス

■3-1. セッション期間

　セッションが開始され、終了するまでには、一体、どのくらいの期間がかかるものなのだろうか？　回復や治療が目的のカウンセリングとは違い、コーチングには原則としては終わりがない。ひとつのテーマが終わっても次のテーマが出てくる可能性もあるからである。特にパーソナル・コーチングの分野では、コーチは人につくのでセッションが長い期間にわたって続く傾向がある。一方、ビジネスコーチングの場合には、セッションはその内容や進展というよりも、予算や評価といったほかの理由で期間が決まることが多い。

　ICF Global Coaching Study（2012）によると、コーチングの期間については、日本でも国際的にも、4ヶ月から6ヶ月という期間が多い、という結果に

なっている。次に多いのは、7ヶ月から1年間だが、日本では1年以上の比率が25％以上もあり、特殊な結果となっている。世界的には目的に応じて、3ヶ月以内で成果を出す、という方が、日本よりは多いようだ。世界全体では3ヶ月以内が17.9％、1年以上が8.3％に対して、日本では3ヶ月以内が、6.7％、1年以上が25.5％と逆転している。これは日本を除くアジアや世界では、ビジネス分野でのコーチングの活用がさかんであることの特徴を反映していると言えるだろう。

■3-2. 1回のコーチングセッションの流れ

先に紹介した、ICF コア・コンピテンシーの項目から見えてくるコーチングセッションの形は、以下のようなものである。

①前回の振り返り
コーチはクライアントが前回、行動すると宣言した内容を覚えておき、実際に行動したのかしなかったのか、その行動から成果が出たのか出なかったのか、そこから学んだことは何かということを聴く。行動していなかったとしても、そこには何か行動していない意味があると考え、そこを訊く。

②今回のセッション
行動していた場合にも、そもそもこのコーチングを始める際に合意していた目標を思い出させ、そのために今後は何をしていくか、ということを考え、今回のセッションのテーマを決める。決めるのはもちろんクライアント本人である。その後、必要があれば、コーチもブレイン・ストーミングに参加し、必要であればさまざまなリソースを提供する。クライアントはセッション中にさまざまな新しい考えが生まれ、行動のアイディアが出る。基本的にコーチはその場をホールドするが、クライアントを誘導したり心理的な働きかけをしたりすることはなく、クライアントに合わせて柔軟に対応する。

③コミットメント
さまざまなアイディアを整理し、明確な目標と行動計画に落とし込む。

④次回の約束
今回のセッションを振り返り、次回のセッションの約束をする。

タイムラインだけをなぞれば，このような流れがコーチングセッションの構造が，ハード面としては存在している．しかし，コア・コンピテンシー全体を見ると，ここに「柔軟なコーチという存在の仕方」「安心感と信頼性のある関係性」「クライアントの成長を信じる視座」といった，よりソフトな面がなければ，単にこのタイムラインをなぞっただけではコーチングは機能しない．

そのために，前述のようにICFコア・コンピテンシーと倫理規定では，まずコーチングとはどういうものでどういうものではないのか，そのコーチが提供するコーチングのプロセスとはどういうものなのか，ということをきちんとクライアントに説明し，理解を得て合意を取るということを非常に重要視している．現象面だけを考えれば，コーチングの成果を出すのはあくまでもクライアント本人の行動であり，コーチが何かをするわけではない．たとえば，Coach U（2005）のテキストにおいて，冒頭に「コーチングとは何か？」が語られているが，そこでは「コーチングは触媒の関係である」と書かれている．触媒とは即ち，自身は何も変化せずに相手を反応させる物質のことを言う．それだからこそ，ICFコア・コンピテンシーでもコーチのクライアントとの関係性を「コーチングの関係性（the coaching relationship）」と呼び，いかにこの関係性を生み出すことができるのか，ということを強調している．こうした「コーチングの関係性」の中で，先に述べたような目標を明確化し，その実現に向かって行動のデザインを形作っていくこと，これがコーチングセッションの中にあるソフト面の構造である．

このソフト面の構造とハード面の構造とが一致したとき，コーチングセッションはプロフェッショナルなコーチングセッションとして，初めて成立すると言える．

■3-3. セッション契約の終了と継続

セッション期間は普通，3ヶ月や6ヶ月といった有限の期間で契約されることが多い．この期間が終わるとコーチングも終了となる．スポンサーがいる場合には，コーチは最初に取り決めた情報共有のルールに従って，レポートを書いて終了する．コーチによっては，ここで振り返りのシートやアセスメントなどを使い，クライアントにアンケートを取ることもある．

継続してセッションを受けたい，というクライアントがいれば，必要に応じて，再度，条件を整理して継続することになる。テーマは変更になることもあるだろうし，そのまま引き続き，ということもある。それはクライアントのニーズが引き続き存在するか，ということが問題であり，ケースバイケースであると言えよう。

引用文献

Academy for Coach Training 〈http://www.invitechange.com/academy-coach-training/〉
Coach for Life 〈http://www.coachforlife.com/〉
Coach U, Inc. (2005). The Coach U personal and corporate coach training handbook. Hoboken, NJ: Wiley.
Hudson Institute 〈http://hudsoninstitute.com/〉
ICF Global Coaching Client Study (2009).
〈http://www.coachfederation.org/about/landing.cfm?ItemNumber=830〉
ICF Global Coaching Study (2012).
〈http://www.coachfederation.org/about/landing.cfm?ItemNumber=828〉
国際コーチ連盟日本支部「国際コーチ連盟によるプロコーチの倫理規定」
〈http://www.icfjapan.com/whatscoaching/code-of-ethics〉
国際コーチ連盟日本支部「コーチングについてのよくある質問」
〈http://www.icfjapan.com/whatscoaching/coachingfaq〉
国際コーチ連盟日本支部 (2013). 国際コーチ連盟によるコーチングを行う際に必要な核となる能力水準　ビズナレッジ

Newfield 〈http://www.newfieldnetwork.com/〉
New Ventures West 〈http://successunlimitednet.com/〉
Success Unlimited Network 〈http://www.newventureswest.com/〉

コラム8

コーチの団体

林健太郎
西垣悦代

　世界中には数多くのコーチ団体があり，統一はされていない。ここでは，本書で言及されている関連のある組織を紹介する。[1]

　国際コーチ連盟（ICF）：国際コーチ連盟（International Coach Federation：ICF）はプロコーチを支援することを主な目的とし1995年に米国，ケンタッキー州で設立された非営利団体である。現在，128ヶ国に25,701人の会員（2015年3月29日時点）を有する会員数世界最大のコーチング団体である。

　ICFが世界中で支持を得ているひとつの要因として『国際コーチ連盟が定めるコーチングを行う際に必要な核となる能力水準』（Core Competencies）および，『国際コーチ連盟によるプロコーチの倫理規定』（Code of Ethics）の2つの基準書類の作成が挙げられる。この基準書類では，コーチがコーチングを行う際に必要となる能力と，守るべき倫理観について言及されており，他団体に先駆けてこのような基準を設けたことの功績は世界中で評価され，業界標準としてコーチおよびコーチングを受ける個人や企業，非営利団体に参照されている。

　ICFに会員として加盟するには，この基準書類の内容を遵守する旨を宣誓することが義務づけられているほか，コーチングに特化した教育を60時間以上受けたことを証明する必要がある。つまり，ICFの会員になることはコーチとして一定の教育を受け，業界基準を守っていることの証明となり，職業としてコーチング業を営むコーチにとってのひとつの能力証明手段となっている。

　コーチングに特化した教育を受ける機会を増やすため，ICFではコーチ育成のための教育に関するカリキュラムスタンダードを制定し，教育機関にその使用を促している。一定の基準を満たしたプログラムはACTP（Accredited Coaching Train-ing Program）および，ACSTH（Approved Coach Specific Training Hours）として認可している。

　ICFの認定資格制度は先の基準書類に記載のある項目を満たす，質の高いコーチを認定する目的で制定され，ACC（Associate Certified Coach），PCC（Professional Certified Coach），MCC（Master Certified Coach）の3レベルの資格がある。それぞれの資格を取得するためには，以下のステップを踏むことが求められている。

1）　なお第1章にも記載したとおり，2015年現在，日本には複数会員によって組織化されたコーチング心理学の学術団体（学会，協会，研究会等）はまだ存在しない。

①コーチングに関する学習時間の証明
②コーチングセッション実施時間数の証明
③資格取得のためのメンター・コーチングの受講
④CKA と呼ばれるコーチングの基礎知識に関する筆記試験への合格
⑤実際のコーチングセッションの録音とそのスクリプトを提出し試験官の評価を受ける

　すべての要件を満たしたコーチは ICF 資格保持者として認定され3年間その資格を維持することができる。2014 年末時点での ICF 資格保持者は 15,654 人存在し，これは前年比 34％の増加となっている。

Association for Coaching（AC）：Association for Coaching は，2002 年に設立された英国に本部を置く独立の非営利団体であり，英国，アイルランドをはじめ，ヨーロッパに支部を持っている。設立の趣旨は，その会員―プロフェッショナルコーチおよびコーチングに関わる組織・会社―に対して価値ある利益を提供することによって，コーチング業界全体に最高の実践，自覚とその水準の高揚を促進することを目的とする，とされている。

　AC は個人会員およびコーチトレーニングコースに対する認証を行っているほか，継続教育プログラムの提供，国内および国際会議の開催，ネットワークを広げるイベントなどを行っている。また，AC のホームページ上では，コーチングを受けたい人に対するコーチの紹介や，コーチ相互のピア・コーチングのためのグループやスーパービジョンの情報が提供されている。

　AC の会員には賛助会員，準会員，正会員，フェローの4段階が設けられており，それぞれ満たすべき要件が決められている。本書で紹介した Centre for Coaching で行われるコースは，すべて AC の認証を受けており，たとえば，Certificate for Coaching のコースを修了し合格した受講生の場合は，その後一定時間以上のコーチング実践を積むことで準会員に登録することが可能となる。正会員に昇格するには，さらに一定時間以上のコーチング実践を証明する書類や録音記録，逐語録，紹介状などの提出が必要である。正会員資格を持つ個人会員はレベルに応じて（Foundation）Coach, Accredited Coach, Accredited Professional Coach, Accredited Master Coach の認証を受けることが可能である。

International Society for Coaching Psychology（ISCP: 国際コーチング心理学会）：2008 年に発足したサイコロジストによるコーチング心理学の国際団体で，実践と研究の両面に熱心である（詳しくはコラム1 [p. 28]，および HP を参照のこと）。

第9章
医療におけるコーチングの応用

森谷　満

1. はじめに

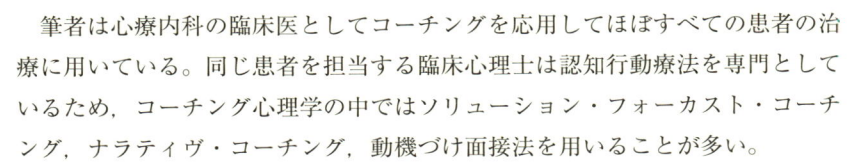

　筆者は心療内科の臨床医としてコーチングを応用してほぼすべての患者の治療に用いている。同じ患者を担当する臨床心理士は認知行動療法を専門としているため，コーチング心理学の中ではソリューション・フォーカスト・コーチング，ナラティヴ・コーチング，動機づけ面接法を用いることが多い。
　オーストラリア心理学会の定義では「コーチング心理学は，ポジティブ心理学の応用分野であり，確立した心理学研究法に基づき，それを発展させたもの（Palmer & Whybrow, 2011)」とされる。しかしながら，医療においては"病い"というネガティブな出来事を対象にするため，ポジティブな側面はあまり重要視されてこなかった。古くは心身医学の創始者である池見（1986）が，祈り，生きがい，感謝などによる「幸せへの医学」を提唱したものの，その後めざましい進展はなかった。近年になって高橋（2004）は，ポジティブ心理学は人間が持つさまざまな問題について科学的方法の範囲で最良のものを探すべきであり，健康支援を心理学の立場からら考える際，ひとつの立脚点になりうるとし，ポジティブ心理学の医療への応用を予測した。さらに困難から立ち直る力であるレジリエンス（Bonanno, 2010）やストレス対処能力である首尾一貫感覚（山崎・坂野・戸ヶ里，2008）が提唱され，それらの応用研究が現在進行中である。2012 年に日本ポジティブサイコロジー医学会が発足し，ポジティブ心理学が医療に積極的に取り入れられるようになった。医療におけるコーチング心理学はこれらのポジティブ心理学の進展を背景に今後さらに発展が期待される分野である。病気というネガティブな側面だけではなく，たとえば患者がもつ治療意欲（運動したい，リハビリしたいなど）や病気を克服あるいは病

気と共存して人生の目的を達成するといったポジティブな側面にもっと焦点を当てて支援するべきであると考える。

　一方，ポジティブ心理学では"幸せ"がひとつの重要なテーマであるが，リュボミアスキーは幸せに関わる要因を科学的アプローチにより実証的に研究し，感謝の気持ちを表す，人を許す，楽観的になるなどの幸せがずっと続く12の行動習慣を提唱した（Lyubomirsky, 2007）。本章では，コーチング心理学で扱う技法のうち，医療の現場で用いやすい技法を紹介し，さらにそれらの技法と幸せへの行動習慣と関係の明確化を試みた。

　本章におけるコーチングとはGROWモデルを中心とした従来型のビジネス・コーチングもしくはそれが医療用に改良された，基本的な狭義のコーチングを指す。医療では狭義のコーチング，認知行動療法，ソリューション・フォーカスト・アプローチ（SFA）などがそれぞれ独立して用いられている。一方，コーチング心理学ではこの狭義のコーチングに加えて認知行動コーチングやソリューション・フォーカスト・コーチングのように，狭義のコーチングと認知行動療法やソリューション・フォーカスト・アプローチ（SFA）（解決指向アプローチ）との組み合わせも含んでいることをお断りしておく。

2. コーチングに関する進歩

■2-1. 患者満足度調査から

　患者満足度調査（塚原，2010）における医療全般の満足度に関する多変量分析では，医師の技術が1位であるのは当然であるが，2位の医師との対話に3位の患者の意思尊重を加えた標準化係数は1位に匹敵する結果であった。この結果は患者側からの要望を受け入れてほしいという声ではなかろうか。医学的に正しいこと（たとえば肥満の患者が運動したいなど）であれば，積極的に患者の意思を尊重した治療を行い，その際にコーチングを用いることは，患者満足度を高める新しい医療のあり方と思われる。

■2-2. コーチングの基本構造

　医療においても基本構造は第2章で述べられたGROW（Goal, Reality and

2. コーチングに関する進歩　191

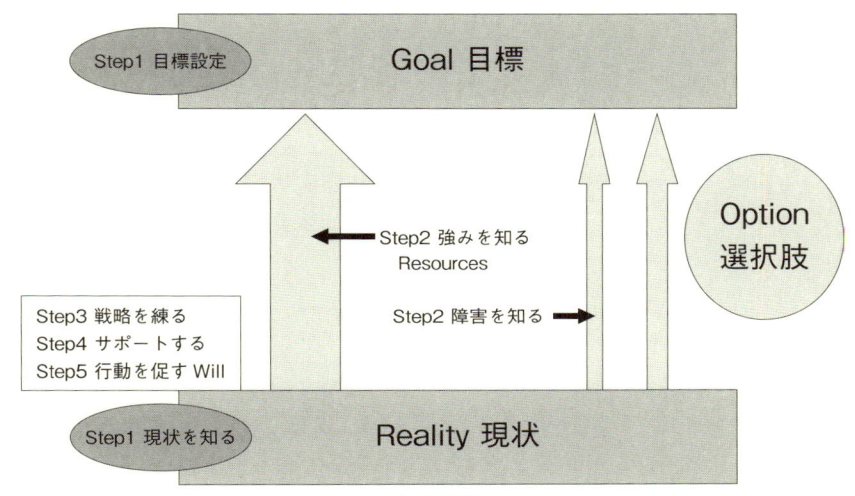

図 9-1. コーチングの基本構造 (柳澤ら, 2008)

Resources, Option, Will) モデルであると考えられる。コーチングの基本スキルとして傾聴，承認，質問，提案等があり，柳澤ら (2008) はビジネスで用いられてきた GROW モデルを医療に導入する際に改良したモデルを提唱した (図 9-1)。

2-3. 医療スタッフに対するコーチング

医療スタッフを対象とするコーチングの方法は一般のビジネス・コーチングと大差はない。しかし，看護師においてコーチング・スキルの承認については他職種と異なり注意が必要で，患者やその家族からの感謝を伝えるだけという承認では，その効果はみられなかったという報告 (太田, 2011) がある。患者やその家族からの感謝をただ伝えるだけではなく，同僚や上司の目によって専門能力やプロとしての貢献を承認することが必要とされる。

一方，医療スタッフの過重労働，燃え尽き，離職などの問題から，医療従事者を対象としたコーチングが注目され発展してきた。医療スタッフを教育する場面では医療の知識を教える機会が多い。その中で諏訪はどのようにティーチングとコーチングを使い分けていくのかを明らかにした (諏訪, 2011)。また，

多忙な医療スタッフのために気軽にできるセルフ・コーチングの書（鱸・柳澤，2010；奥田・木村，2003）も出版された。さらに，看護管理者（出江・坪田，2013），リハビリ・スタッフ向け（出江，2009）のコーチング活用書も出版された。

　さらにコーチングが病院経営に応用されるようになった。『エクセレント・ホスピタル：メディカル・コーチングで病院が変わる』（Studer, 2004）の出版が契機となったと思われる。その訳者あとがきに，「病院経営の本質は，サービス面でも金銭面でも「人」にあります。…中略…，正しい行いをして高い成果をあげている人を正しく評価し，褒め，さらなる成長の機会を与えることによって，良いスパイラルに導いていくことが大切なのです」とあり，同書の解説で坪田は，「権限や権威によらず職種・職位を超えて対話し，相手を動かしていくコミュニケーション・スタイル」としてコーチングを推奨した。実際その影響を受けて名古屋第二赤十字病院，そしてJMA海老名総合病院で，病院長が指揮をとり病院をあげてコーチングを導入している。一方，畑埜（2010）は研修医から人事に至るまでの職員を対象とした具体的なマネジメント・コーチングを連載し，大きな反響があった。

　また，医学教育（鈴木，2006；西城ら，2011）や指導医講習会においてもコーチングが取り入れられるようになった。臨床医療系学術団体として臨床コーチング研究会がある。「本会は，医療コミュニケーションの技術向上をめざし，医療従事者相互のコーチング技術と知識の交換を行うことによる医療社会福祉の向上を図ることを目的としています」（臨床コーチング研究会）とあるが，実際には医療従事者間のコーチングだけでなく，医療従事者－患者間のコーチングの議論もされている。

■2-4. コーチングの医療への応用：患者に対して

　一方患者を対象としたコーチングは保健指導（柳澤ら，2008；鱸ら，2010），糖尿病（松本，2015），難病（安藤・柳澤，2002），がん（安藤，2005），リハビリテーション（出江，2009），介護予防（出江ら，2009），栄養指導（柳澤ら，2006），不定愁訴（鱸ら，2010），機能性ディスペプシア（森谷ら，2010）などの領域で応用されている。

しかし，コーチングが奏功する患者がいる一方で，ときにコーチングがうまくいかない患者に遭遇することも多い。その原因のひとつは，患者という病をもったクライエントである以上，アンコーチャブル（コーチング不可能）なクライエントが含まれることが考えられる。アンコーチャブルとは，①話を聞けない人，②約束（時間・行動）を守らない人，③信頼関係が築けない人，④常に否定的に考える人，⑤思考や感情をコントロールできない人，⑥過度に依存性が高い人，⑦攻撃的な人，⑧治療が必要な精神疾患のある人とされる（出江・鱸，2006）。

しかし，アンコーチャブルであっても患者である以上医療スタッフとしての対応は避けて通れないのが現状である。筆者はアンコーチャブルな患者，すなわち，従来のビジネス・コーチングの方法では対応が困難な患者に次節以下に紹介する，コーチング心理学の手法を併用してうまく対応できる場合を多く経験してきた。コーチング心理学は従来のビジネス・コーチングと心理療法から発展したコーチングを包括しており，コーチング心理学を学ぶことにより患者への心理的アプローチの最善を目指すことができると思われる（1章表1-1 [p. 8] 参照）。

3. コーチング心理学の応用

■3-1. 認知行動療法　認知行動コーチング

うつ病に関して有用性に関するエビデンスのある認知行動療法であるが，うつ病治療マニュアルが作成され，2010年にようやく保険点数化された。しかし，認知療法・認知行動療法に習熟した医師が一連の計画を作成し，患者に説明を行ったうえでその計画に沿って30分以上行った場合に算定するとされた。医師が行う再診に30分以上かけられる病院・クリニックは極めて限られるのが現実であるため，今後臨床心理士あるいは（新規に制定される予定の）心理師が行う認知行動療法の保険点数化が望まれる。

一方，コーチング心理学の一分野に認知行動コーチングがある。そのうちG-ABCDEFコーチング・モデルでは認知行動療法コラム法同様，新しい感情，考え，行動を想起してもらう方法であるが，ネガティブな感情を扱うのは

患者の状態を正確に見極める必要があり、かつ治療に時間を要するため、多忙な日常診療の中では困難を伴う。可能であれば、認知行動療法を行える心理士に紹介するのが理想である。

以下は自分が臭っていると思いたくないという目標があり、G-ABCDEF モデル（Palmer, 2007）の認知行動コーチングを行った自験例である。

統合失調症の既往歴のない 20 代女性
患者：自分が臭っているんです。（現実に起こっている出来事）でも自分が臭っているとは考えたくないんです。
医師：自分が臭っていると考えてどうなってしまうのですか？
患者：自分が臭ってお客様に迷惑かけていると思って（信念）仕事に集中できなくて……。このままなら辞めないといけない（涙）（結果）。
医師：それはお困りですね。自分は臭っていないと考えたいんですね（目標設定）。どんな状況で臭っていると感じられたのですか？
患者：職場で勤務中に臭ってきたんです。どぶのような臭いが。掃除ロッカーが空いていて中の雑巾が臭っていました。
医師：そうすると雑巾の臭いが職場の中でしたのですね。
患者：そうです。でも自分の臭いだと思います。（自動思考）
医師：ロッカーを閉めてどうなりました？
患者：臭いはなくなりました。
医師：ということは臭いのもとは？（討論）
患者：私です。（自動思考）
医師：臭いのする雑巾があって、それを閉じ込めたら臭いがしなくなった。この事実から臭いのもとはあなた以外に何でしょうね？（反証・新しい効果的アプローチ）
患者：え〜。何でしょう。やっぱ、雑巾かなあ。
医師：そうですね。臭いのもとがあなたからではなく、もし雑巾だとしたらどんな風に変わりますか？（未来への焦点化）
患者：……。安心して仕事ができますね。……そうそう。ありがとうございました。
医師：ロッカーを閉めて雑巾を臭わなくすると、臭いがなくなるというから客観的には雑巾の臭いですね。それにいまあなたからどぶの臭いは私は感じません。自信をもってください。

■3-2. 動機づけ面接法

動機づけ面接法はコーチング心理学でも扱う分野であるが、近年トレーナー

などの資格制度など教育体制が急速に整ってきた。その名のとおり，動機づけを行うために有用な面接法であり，コーチングなどの支援を拒む人にも適応できる。医療においても対応が困難とされてきた禁煙，アルコール依存症，強迫性障害（汚いものに触る治療の導入など），糖尿病のインスリン導入など適応範囲は広がりつつある。

　動機づけ面接法は行き詰まりから人を解放し，両価性を解決して，前向きに行動を変えるように援助する（Miller & Rollnick, 2002）。閉じた質問より開かれた質問を多くする，聞き返しも単なるオウム返しではなく，語尾を下げたより複雑な聞き返しを推奨している。そして質問より聞き返しをより多くすることを重視している。

60代男性
医師：糖尿病があり，血圧も高いですね。動脈硬化や糖尿病合併症の予防のため禁煙をお勧めします。
患者：禁煙？　それは難しいなあ。
医師：それはどういうことでしょう？
患者：会社のみんな吸ってるよ。喫煙所が社交場になってる。吸わずにいられないのさ。健康によくないのはわかっているけど。
医師：社交のために吸わずにはいられない，その一方で健康でありたいというお気持ちなんですね（両価性：複雑な聞き返し）。
患者：そう。タバコをやめる気はないよ。……でもね，あと2年で定年さ。そしたらタバコやめようと思う。病気これ以上増やしたくないから。
医師：病気を増やさないために2年後にタバコをやめようと思っていらっしゃるのですね。（単純な聞き返し）

3-3. ナラティヴ・コーチング

　ナラティヴ・ベイスト・メディスン（NBM：Narrative Based Medicine: Greenhalgh, 1998）あるいはナラティヴ・アプローチは患者の物語りを重視した医療で，EBM（Evidence Based Medicine：根拠に基づく医療）とともに両輪とされ，医療ではよく用いられている。医師は，医学としてEBMなどの科学的な方法論を実践しようとするが，実際には患者の人生観と衝突するなどそれだけでは対応できない問題に直面する。そこで「物語と対話に基づく医

第9章 医療におけるコーチングの応用

```
          抽象概念化 Abstract conception
                    ↑
                    |
                 コーチング
〈過去〉  内省                    行動   〈未来〉
     Reflection  ←――――→      Action
                    |
                    ↓
          具体的経験 Concrete experience
```

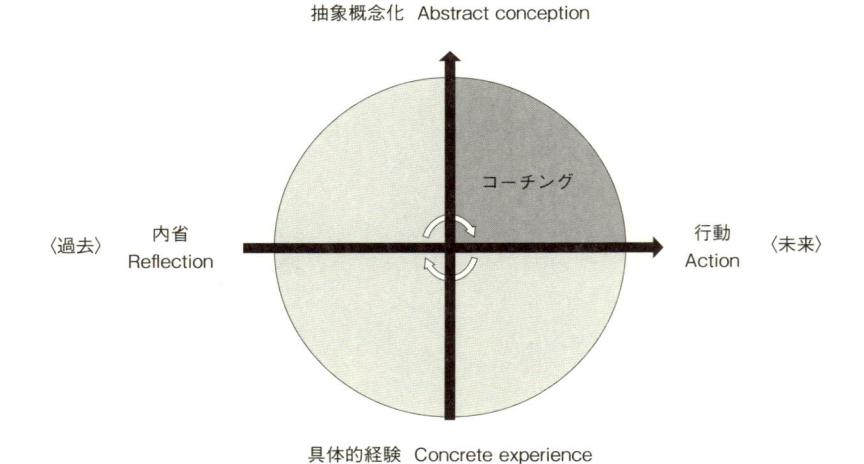

図 9-2. 学習の車輪（Law（2013）の原因にコーチングを加えた）

療」というもうひとつの視点である NBM が誕生した。

　Law の著書である *The Psychology of Coaching*（2013）とコーチング心理学ハンドブックでは，学習理論を加えたナラティヴ・コーチングが紹介されている（図 9-2，原図は Kolb（1984））。深い洞察が加わり新しい物語りを創作するこの方法は後述の幸せがずっと続く 12 の行動習慣を引き出すことが多く，注目すべき手法と考える（森谷ら，2014）。

40 歳代女性
患者：気分が重いです。こどもたちとのことです。つい勉強しなさいときつく言ってしまうんです。（具体的経験 Concrete experience）
医師：そうするとどんな気持ちになるのですか？
患者：言っちゃった後で言わなきゃよかったと……。自己嫌悪になるんです（内省 Reflection）。口うるさいママは嫌いだって。それで気分が重くなって……。
医師：自己嫌悪になって気分が重いのですね。どんなふうになったらいいのですか？
患者：こどもたちとうまく，仲良くやっていきたいです。（抽象概念化 Abstract conception）

医師：どんなことをしたら仲良くなるでしょう？（コーチング）
患者：う〜ん，……まず，勉強しないこどもたちを許す。そしてこどもたちを信用して勉強しなさいと言わない（行動 Action）。
医師：それいい方法だと思います。やってみましょう。
　　　――3週間後――
患者：こどもたちに勉強しなさいと言いかけてやめました。しばらくそうしていたら，黙って見守ってくれるママが大好きって言ってくれました。自己嫌悪もなくなりましたよ。日々とても幸せを感じています。

■3-4. ソリューション・フォーカスト・コーチング

　ソリューション・フォーカスト・アプローチ（solution focused coaching: SFA）の創始者であるインスー（Insoo, K. B.）が同アプローチを brief coaching と称した（Berg & Szabó, 2005）ように，ソリューション・フォーカスト・アプローチとコーチングは類似点が多く境界がない。したがってソリューション・フォーカスト・アプローチとソリューション・フォーカスト・コーチングはほぼ同一であると考える。

　ソリューション・フォーカスト・アプローチ（以下ソリューションと略す）は一般に解決志向アプローチと訳され，従来の心理療法とは異なって，原因の追及をせずに，解決を構築していくブリーフ・サイコセラピーである。図9-3に問題志向と解決志向を対比する。図の作成にあたっては（青木，2006）の図を参考にして医療向きに書き改めた。ソリューションでは原因の追及をせず，目標を定め，今あるリソースを探し出すことが基本である。コーチング心理学では，ソリューション・フォーカスト・コーチングと称し，認知行動コーチングと並び好んで用いられる。

　ソリューションでは，傾聴しつつ，コンプリメント（認める，労う，賞賛する）を行い，例外さがしで解決のかけらを探す質問をしていく。目標設定にウェルフォームド・ゴールと言われる原則がある。この点では従来のビジネス・コーチングと極めて類似し，境目なく移行できる。その他，ミラクル・クエスチョン，コーピング・クエスチョン，スケーリング・クエスチョン，関係性の質問などがある。詳細については『精神科医のための解決構築アプローチ』（藤岡，2010）をご覧いただきたい。この本の著者である藤岡は，近年10

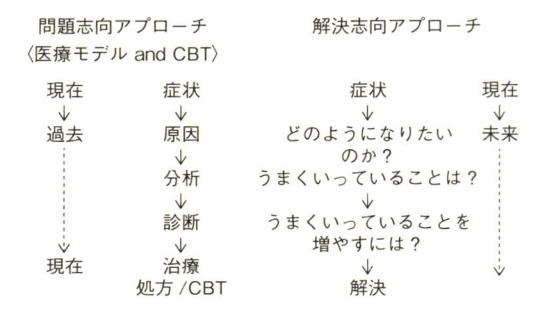

```
問題志向アプローチ              解決志向アプローチ
〈医療モデル and CBT〉
   現在    症状           症状      現在
    ↓      ↓             ↓        ↓
   過去    原因      どのようになりたい  未来
    ┆      ↓           のか？      ┆
    ┆     分析      うまくいっていることは？  ┆
    ┆      ↓             ↓        ┆
    ┆     診断      うまくいっていることを   ┆
    ↓      ↓          増やすには？    ↓
   現在    治療           ↓      
         処方/CBT         解決
```

図 9-3. 問題志向アプローチと解決志向アプローチの対比

分間のソリューションを提唱している。ソリューションは 1 回の診療時間および総診療時間とも短かくて済むため，医療の実践において有用性が高い方法と思われる。また，江花（2012）による DVD も販売されており学習しやすくなった。

例を示す。

非定型歯痛の 30 代女性
患者：痛みは半分くらいまでよくなった（スケーリング）のですが，これ以上はよくならないです。
医師：そんなつらい痛みの中いままでどうやって過ごしてこれたのですか？（コーピング・クエスチョン）
患者：痛いときはじっとしているだけです。ほかのことはできません。
医師：痛くないときはどんなときですか？（例外さがし）
患者：料理しているときくらいです。でも 1 日じゅう料理しているわけにはいきませんね。
医師：ほかに痛くないときは？
患者：思いつきません。……。やっぱり薬も最大量になって増やせないなら，痛みはこれ以上治らないです。
医師：薬や認知行動療法を行ってもこれ以上よくならないとお考えなのですね。
　　　[ここで，これ以上痛みという問題に焦点を当てても泥沼化することは明白であった。そこで痛みという問題に焦点を当てないソリューション・フォーカスト・アプローチに切り替えた（図

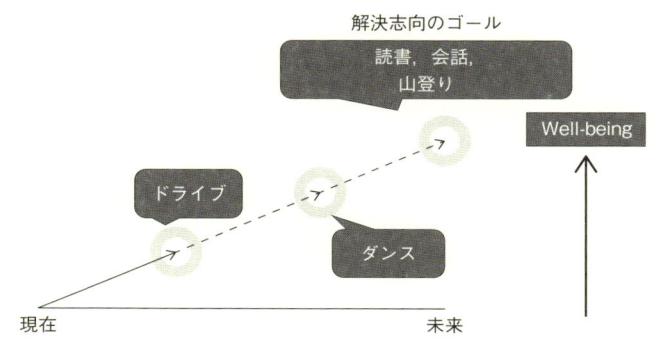

3. コーチング心理学の応用　199

```
              解決志向のゴール
               読書，会話，
                山登り
                                    Well-being
                           ↗
      ドライブ      ↗
              ↗   ダンス
        ↗
  現在                      未来
```

図 9-4．解決志向のゴール

9-4)]。
医師：もし痛みがなくなったら，どんなことをしたいのですか？（ミラクル・クエスチョンの変形）
患者：う〜ん，まず本を読みたいです。友達や主人とゆっくり会話したい。
医師：ほかには？
患者：かつて山登りをしていました。また登りたいです。
医師：活動的ですね。（コンプリメント）ほかにありますか。
患者：ダンスかな？今は痛くてできないけど。
医師：楽しそうでいいですね。（コンプリメント）次回までにしたいと思うことは何でしょうか？
患者：山へドライブです。（ゴール）途中で痛みがひどくならないか心配ですが。
医師：自然の中に行くなんてすばらしい。（コンプリメント）おいしい空気で気分も晴れますね。
　　　[本も十分読めない人がドライブ？と疑問ではあったが，少なくとも外にでることで改善する可能性が高く，行動を促した]。

　コーチングの目標設定では SMART（S: Specific 具体的な，M: Measureable 測定可能な，A: Attainable, Achievable 達成可能な，R: Realistic 現実的な，Relevant 適切な，Result-based, Result-oriented 結果に基づいた，T: Time-Limited, Time-phased 期限つき）の原則がある。ソリューションではウェルフォームド・ゴールという原則があり，クライエントにとって明確で，重要で

あること，具体的であること，現実的で達成可能であることはコーチングと共通する。ウェルフォームド・ゴールではさらに小さくシンプル（small stepの原則）であること，何かが「なくなること」ではなく，その代わりに何かが「あること」として述べられること，何か（望ましくないこと）の終わりではなく，何かの始まりとして記述されることがある。この例でドライブに行くというゴールは本人にとって重要で，現実的で具体的である。なんとか達成できるかどうかという程度であった。山登りに比べると小さなステップであった。

　禁煙のウェルフォームド・ゴールを考えたときには，何か（望ましくないこと）の終わりではなく，何かの始まりとして記述されることという原則から，タバコをやめるかわりに何をしますか？という質問して別のゴールを検討する。

動機づけ面接法の例の続き
患者：そう。タバコをやめる気はないよ。……でもね，あと2年で定年さ。そしたらタバコやめようと思う。病気これ以上増やしたくないから。
医師：病気を増やさないために2年後にタバコをやめようと思っていらっしゃるのですね。（単純な聞き返し）タバコをやめる代わりに何をしますか？
患者：ゴルフ三昧さ。いまは月1回しかできないけど。
医師：それはあなたの健康のためにたいへんすばらしい計画です。血糖や血圧にもいいですね。今月からでももっとゴルフができるといいですね。
患者：そうしたいよ。仕事が忙しくてね。でもなるべく時間つくってするわ。

　このように禁煙を維持する要因を探る質問であったが，ゴルフという運動を促進する結果となり，健康面で一石二鳥であった。

　ただし，ソリューション・フォーカスト・コーチングについては難点がある。純粋なソリューションを行えば問題点である病名を追及しないために，保険診療にならない危険性がある。したがって医療におけるソリューションでは，まず原因を追及し通常の診断・治療を行いつつ，ソリューションを行うという，いわゆるバイリンガル（三島，2014）（あるいは筆者はハイブリッドと

表現してもよいと考える）な形態をとらざるを得ない。

4. 変化のステージ・モデルと各技法の適用

　以上認知行動コーチング，動機づけ面接法，ナラティヴ・コーチング，ソリューション・フォーカスト・コーチングについて触れてきたが，これらをどう使い分けるかは，明確にはなっていない。図9-5に変化のステージ・モデル（Prochaska, 1992）を示す。変化のステージは前熟考期，熟考期，準備期，実行期，維持期の5つである。コーチングと認知行動コーチングは少なくても方向性が明確である必要があり，目標設定および実行のために準備期以降でないと困難である。その欠点を補うように動機づけ面接法は，初期段階である前熟考期と熟考期のクライエントに対する方法として優れており（Miller & Rollnick, 2002），コーチングおよび認知行動コーチングと動機づけ面接法は鍵と鍵穴の関係である。一方，ナラティヴ・コーチング，ソリューション・フォーカスト・コーチングはクライアントの対話を重要視するため基本的にどの段階でも適応である。

　筆者はまずソリューション・フォーカスト・コーチングを行い，自力で解決できそうなときはナラティヴ・コーチングを行っている。認知の歪みを扱うときに認知行動コーチング，両価性の状況で方向性が定まらないときに動機づけ

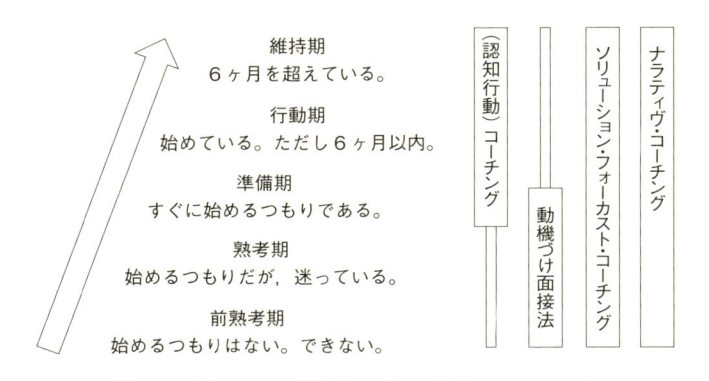

図9-5. 変化のステージと各アプローチ（Prochaska, 1992）

面接法を部分的に用いている。

5. 幸せがずっと続く12の行動習慣と各手法

幸せがずっと続く12の行動習慣と各手法の関係（案）を表9-1に示す。筆者は上記の各手法に加えて，下記の幸せがずっと続く12の習慣のひとつに言及があると，即座に反応して，賞賛して強化し，各技法にスイッチすることを心がけている。

6. おわりに

New England Journal of Medicine に Goal-Oriented Patient Care が紹介され（Reuben & Tinetti, 2012），またアドラー心理学（第5章参照）の登場により，必ずしも問題点である病いについて追及しないことも正しいとされる時代になると予想される。ソリューション・フォーカスト・コーチングはその具体的な方法である。一方，簡易精神療法の治療的要素として，患者要因と治療外の出来事，関係要素，期待・プラセボ効果，治療テクニックが挙げられている（堀越・野村，2012）が，認知行動療法は治療テクニックに含まれ，ソリュー

表9-1. 幸せがずっと続く12の行動習慣と各手法の関係（案）

	ナラティヴ・コーチング	ソリューション・フォーカスト・コーチング	認知行動コーチング
1. 感謝の気持ちを表す	○		
2. 楽観的になる	○		
3. 考えすぎない，他人と比較しない			○
4. 親切にする	○		
5. 人間関係を育てる		○	
6. ストレスや悩みへの対抗策を練る			○
7. 人を許す	○		
8. 熱中できる活動を増やす		○	
9. 人生の喜びを深く味わう	○		
10. 目標達成に全力を尽くす		○	
11. 内面的なものを大事にする	○		
12. 身体を大切にする瞑想と運動	○		

ション・フォーカスト・コーチングは治療テクニックというより残りの患者要因と治療外の出来事，関係要素，期待・プラセボ効果の強化につながると思われる。したがって，このソリューション・フォーカスト・コーチング，認知行動コーチング，ナラティヴ・コーチング，動機づけ面接法をうまく組み合わすことができれば，対応が困難と言われている患者にも対応できる可能性があり，問題解決への糸口さらには患者と医療スタッフの幸せにつながれば誠に幸いである。

参考文献

青木安輝（2006）．解決志向（ソリューションフォーカス）の実践マネジメント　河出書房新社，p.29.
安藤　潔（2005）．がん患者を支えるコーチングサポートの実際　真興交易医書出版
安藤　潔・柳沢厚生（2002）．難病患者を支えるコーチングサポートの実際　真興交易医書出版部
Berg, I. K. & Szabó, P. (2005). *Brief coaching for lasting solution*. New York: W. W. Norton.（長谷川啓三（訳）(2007). インスー・キム・バーグのブリーフ・コーチング入門　創元社）
Bonanno, G. A. (2010). *The other side of sadness: What the new science of bereavement tells us about life after loss*. New York: Basic Books.（高橋祥友（訳）(2013). リジリエンス　金剛出版）
江花昭一（2012）．ブリーフセラピー：しっかりと前を向いて歩むために　チーム医療
藤岡耕太郎（2010）．精神科医のための解決構築アプローチ　金剛出版
Greenhalgh, T. & Hurwitz, B.(Eds.) (1998). *Narrative based medicine*. London: BMJ.（斎藤清二・岸本寛史・山本和利（訳）(2001). ナラティブ・ベイスト・メディスン―臨床における物語りと対話　金剛出版）
畑埜義雄（2010）．医師のための実践！マネジメント・コーチング　*Nikkei Medical*, 10, 148-149.
堀越　勝・野村俊明（2012）．精神療法の基本　支持から認知行動療法まで　医学書院　pp.14-16.
池見酉次郎（1986）．幸せのカルテ　三笠書房　pp.32-33, & 131-145.
石井　均（2011）．糖尿病療養行動を促進する　糖尿病医療学：こころと行動のガイドブック　医学書院　pp. 92-190.
出江紳一（2009）．リハスタッフのためのコーチング活用ガイド　医歯薬出版
出江紳一・鈴鴨よしみ・辻　一郎（監修）(2009). コーチングを活用した介護予防ケアマネジメント　中央法規出版
出江紳一・鱸　伸子（2006）．メディカル・コーチングQ＆A　真興交易医書出版部

pp. 53-55.
出江紳一・坪田康佑（2013）．看護管理者のためのコーチング実践ガイド　医歯薬出版
加藤　敏・八木剛平（2009）．レジリアンス現代精神医学の新しいパラダイム　金原出版
Kolb, D. A. (1984). *Experimental learning: Experience as the source of learning and development.* Englewood Cliffs, NJ: Prentice Hall.
Law, H. (2013). *The psychology of coaching, mentoring and learning.* West Sussex, UK: Wiley Blackwell. pp. 23-51.
Lyubomirsky, S. (2007). *The how of happiness.* New York: Penguin Books.（渡辺　誠（監修）金井真弓（訳）（2012）．幸せがずっと続く12の行動習慣　日本実業出版社 pp.91-272.）
松本一成（2015）．コーチングを利用した糖尿病栄養看護外来：行動変容を促すスキルを身につける　中山書店
Miller, W. R. & Rollnick, S. (2002). *Motivational interviewing: Preparing people for change.* 〈Applications of motivational interviewing series〉 (2nd ed.). New York: Guilford Press.（松島義博・後藤　恵（訳）（2007）．動機づけ面接法─基礎・実践編 星和書店　p. 49.）
Miller, W. R. & Rollnick, S. (2002). *Motivational interviewing: Preparing people for change.* 〈Applications of motivational interviewing〉 (2nd ed.). New York: Guilford Press.（松島義博・後藤　恵・猪野亜湖（訳）（2012）．動機づけ面接法─応用編　星和書店　pp.8-18.）
三島徳雄（2014）．バイリンガル・ドクター　医療の中でSFBTをシームレスに使う　第8回ソリューションランド〈solutionland.com/taikai/08/annai08.pdf〉
森谷　満・井上清美・川島美保・野村美千江・高田和子（2014）．ナラティヴ・コーチングの実践と幸せへの行動習慣　第7回国際保健医療行動科学会議　プログラム・抄録集　p. 35.
森谷　満・菊地英豪・宮本光明（2010）．医療コーチング・スキルにより改善した機能性ディスペプシアの1例　消化器心身医学，**17**，55-60.
太田　肇（2011）．看護師を対象にした研究　承認とモチベーション　同文堂出版　pp. 123-155.
奥田弘美・木村智子（2003）．メディカルサポートコーチング：医療スタッフのコミュニケーション力＋セルフケア力＋マネジメント力を伸ばす　日本医療情報センター
Palmer, S. (2007). Stress, performance, resilience and well-being: The 'fit' vs 'unfit' manager. Paper given at Institution of Safety and Health National Conference, Telford, UK, 27 April.
Palmer, S. & Whybrow, A. (2007). Coaching psychology; An introduction. In S. Palmer & A. Whybron (Esd.), *Handbook of coaching psychology: A guide for practitioners.* Hove, East Sussex, UK: Routledge.（堀　正（訳）（2011）．コーチング心理学とは何か　堀　正（監修・監訳）　自己心理学研究会（訳）　第1章　コーチング心理学ハンドブック　金子書房　pp. 1-24.）
Prochaska, J. O., Diclemente, C. C., & Nocross, J. C. (1992). In search of how people

change: Applications to addictive behaviors. *American Psychologist*, **47**, 1102-1114.
Reuben, D. B. & Tinetti, M. E.（2012）. Goal-oriented patient care: An alternative health outcomes paradigm. *New England Journal of Medcine*, **366**, 777-779.
臨床コーチング研究会（2010）．本会の目的と活動内容
〈http://rinsho-coach.net/mt/public/hp/2010/04/about-01.html〉
西城卓也・田口智博・若林英樹（2011）．研修医との効果的な面談：魅力的なメンタリング＆コーチング　岐阜大学医学教育開発研究センター（編）　新しい医学教育の流れ'10 秋　三恵社　pp. 103-126.
Studer, Q.（2004）. *Hardwiring excellence:Purpose, worthwhile work, making a difference.* Baltimore, MD: Fire Starter Publishing.（鐘江康一郎（翻訳）（2011）．エクセレント・ホスピタル　ディスカヴァー・トゥエンティワン　pp. 352-355 & 356-358.）
諏訪茂樹（2011）．看護にいかすリーダーシップ-ティーチングとコーチング　場面対応の体験学習　医学書院　pp. 29-46.
鱸　伸子・いとうびわ・柳澤厚生（2010）．保健指導が楽しくなる！医療コーチングレッスン　南山堂
鱸　伸子・森谷　満・柳澤厚生（2010）．コーチングの技法　特集不定愁訴に立ち向かう治療，**92**, 255-261．南山堂
鱸　伸子・柳澤厚生（2010）．ナースのためのセルフコーチング　医学書院
鈴木敏恵（2006）．ポートフォリオ評価とコーチング手法―臨床研修・臨床実習の成功戦略！医学書院
高橋憲男（2004）．ポジティブ共同社会と健康支援　津田　彰・馬場園明（編）現代のエスプリ 440　至文堂　pp.104-115.
塚原康博（2010）．患者満足の国際比較　医師と患者の情報コミュニケーション　薬事日報社　p. 147.
山崎喜比古・坂野純子・戸ヶ里泰典（2008）．ストレス対処能力 SOC 有信堂高文社
柳澤厚生・鱸　伸子・平野美由紀（2006）．ニュートリションコーチング　自ら考え，決断し，行動を促すコミュニケーションスキル　臨床栄養別冊　医歯薬出版
柳澤厚生・鱸　伸子・田中昭子・磯さやか（2008）．コーチングで保健指導が変わる！医学書院　pp. 1-41.

コラム 9

世界のコーチ現状：ICF グローバルスタディの紹介

林健太郎

　国際コーチ連盟（International Coach Federation：ICF）はグローバル・コーチングスタディ（Global Coaching Study）と呼ばれる市場動向に関する調査を定期的に実施し，コーチングの職業および産業の基礎データとして活用している。ここでは117ヶ国，12,133 件の有効回答（日本単体では 183 件の有効回答）があった 2012 年の調査結果から抜粋する。

　この調査では，過去にコーチの総数について調査が行われたデータは存在しないと定義しており，本調査の有効回答から独自の計算根拠にてその総数を算出している。本調査の推計によると世界には 47,500 人のコーチが存在し，その内，調査回答時に顧客を 1 人以上有するコーチ（以下アクティブ・コーチと呼ぶ）の割合が 87% であったことを根拠にアクティブ・コーチの数は 41,300 人と定めた。コーチとしての経験年数がアクティブ率を上昇させる傾向が見られ，3 年以上の経験を持つ回答者においては 92%，経験年数 2 年以下の回答者の平均は 75% となっている。

　アクティブ・コーチの中でも保有顧客数には差が見られ，経験年数 1 年以下のコーチは平均 5.4 人，経験年数 1 年以上 2 年未満のコーチは 6.8 人とゆるやかに上昇し，経験年数十年以上の回答者においては約 15 人のクライアントを持つことがわかった。この結果から読み取れることは，コーチングの顧客層を構築するためにある程度の期間が必要であるということである。

　コーチとして活動する個人の属性に関しては性別，年齢，経験年数などの傾向が明らかになった。性別については女性が占める割合が若干高く，グローバルで 67.5%，日本では 58.3% となった。またコーチの年齢層に関してはグローバル全体の回答では 46–55 歳が一番多く 36.6%，36–45 歳が二番目に多い 27.4% となった。日本でも同様の傾向が見られ 46–55 歳が 33.9%，36–45 歳で 31.7% であった。

　コーチの経験年数は前回調査に比べ長くなっており，およそ 10 人に 3 人の回答者が 5 年以上 10 年未満の経験年数を有しているという結果になった。具体的な数値では全体の 29.7%，アジアにおいても 27.6% がそれに該当している。

　コーチの収入についての調査では，コーチング以外の収入を除いた年収の平均がグローバル全体で 47,900 米ドルと算出され，アジアでは 36,500 米ドルとグローバル平均を下回った。このグローバル平均をもとに市場規模を推測した場合，コーチング産業全体の市場規模は 1,979,000,000 米ドル規模となる。アジア全体の市場規模としては 95,000,000 米ドルと推測され，グローバル全体の 4.8% を占めている。

　コーチが 1 時間あたりの料金として顧客に請求している金額の平均はグローバル

全体で229米ドル，アジアの平均は239米ドルとグローバルの平均値を上回る結果となった。ことアジアに関して言及すると，中央値が147米ドルとなった。これは，2人に1人が147米ドル以上の料金を請求しており，2人に1人はそれ以下の料金を請求しているということになり，平均値を下回るコーチが多く存在することがわかる。

また，コーチの経験年数によって1時間あたりの料金に開きがあることもわかった。10年以上の経験があるコーチの請求額平均が321米ドルに対して，経験1年未満のコーチの平均が128米ドルと大きな開きがあり，コーチングを実施する対象によっても料金に開きがあることがわかった。エグゼキューティブを対象とするコーチの請求額平均が347米ドル，個人向けコーチングの平均が118米ドルという結果にそれが表れている。

コーチが1週間のうちコーチングに割いている時間数の平均は13時間。先の収入，顧客数および，請求金額から逆算するとコーチは1回のセッションを実施するにあたり，およそ2時間の準備時間を使っていることがわかった。

コーチングを受ける顧客数については，グローバル全体では59%のコーチが過去12ヶ月の間に顧客数が増えたと回答した。ただし，この数値は顧客層により差異が見られ，経営幹部，ビジネスオーナー，起業家へのコーチングにおいて63%のコーチが顧客数の増加があったと回答，パーソナルの場合，その数値が56%となった。

コーチングを表す表現として職業，産業，スキルセットの内どれが最もふさわしいか，という設問については，職業であるとの回答が最も多く，グローバル全体で68.9%，スキルセットであると回答したのは26.2%となった。日本単体では，スキルセットであると回答したコーチが最も多く67.2%，職業であるとの回答が23%とグローバルの傾向と異なる数値を示した。

今後，業界の発展を阻害する最大の課題は何か，という設問については，適切な教育を受けずに自らをコーチと呼び活動する個人の存在であるとされ，グローバル全体で42.8%のコーチがそのように回答した。そして，コーチング産業に規制を設ける必要があるか，という設問に対しては，その必要があると回答したコーチが多く，グローバル全体では53.3%が同意している。さらには，こういった規制は誰が制定するべきかという設問にはグローバル全体で84%が業界団体と回答した。

参考
ICF Global Coaching Study (2012).
〈http://www.coachfederation.org/about/landing.cfm?ItemNumber=828〉

第10章
キャリア支援のコーチング

斉藤真一郎

1. 大学生にとってのキャリア

　大学生という時期は心理学的に見てどのような時期になるのであろうか。大学生にとってのキャリアを考える前に，発達過程の中における大学生の特徴を捉えることで，キャリアを考えるヒントが得られる。

1-1. 発達過程の中の大学生

　エリクソン（Erikson, 1959）は，生涯発達の視点からライフサイクルを8段階に分けている。12歳から20歳を青年期とし，この時期の課題と危機として，自我同一性（アイデンティティ）と同一性拡散を挙げている。大学生になると高校の地域的な都道府県レベルを越えて日本各地域の学生との出会い，日本にやってくる留学生との交流，さらには海外留学をすれば世界各国からの学生との交わりがあり，さまざまな価値観に触れる機会が増える。自分が過去において持っていた価値観，自信が揺さぶられることになる。「自分はいったい何者か」という自分への問い返しをする時期になる。自分自身への問い返しを経て，自我同一性の確立へと繋がっていく。自我同一性を獲得していく過程は，自分が何者であるか，自分自身がどう生きるべきかの方向性を得ていく作業である。この作業は青年期に留まらず生涯にわたり継続していくものであるが，特に青年期において地域性を越えた広い視野に初めて自らが立たされるということは，自らの価値観，信念，自分自身への信頼の確立に対して，それまでにはない影響がある。

　この自我同一性の獲得は，この青年期の重要な課題であるが，その課題を遂げるためには，一人前の社会人として社会から要請されるさまざまな義務や責

任をひとまず脇に置き，触れることを避け棚上げにする，いわば，猶予が設けられる。このことを心理・社会的な「モラトリアム」としてエリクソンは説明している。この猶予期間にさまざまな課題に直面し模索するなかで，自らを問い返し，モラトリアムを抜けていく道筋が見えてくる。

同一性を形づくるさまざまな側面の中で職業に関わる側面を「職業的同一性」（鑪ら，1984）としておこう。ハーシェンソン（Hershenson, 1968）の職業的発達段階論は，職業的発達を5段階に分けており（表10-1），その職業的同一性を獲得していく流れがよくわかる。特に「自己分化段階」，「有能性段階」を経て，職業を決めていく「独立段階」になっていくところは青年期の職業的同一性獲得の点で重要な段階である。職業を決める前の発達段階としては，徐々に段階的に進むというようなことが理想的であろうが，個人の置かれたさまざまな環境によって相違し，なかなか思うようには進まないのが普通である。

「私は誰なのであろう」に始まり，「私には何ができるのだろう」と自ら問うことを経ずに，就職活動時期になってしまう大学生が見受けられる。さらにこの2つの問いに加え，「私は何をしようか」を含めた3つの問いが一挙に押し寄せることで混乱する学生もいる。選択すべき時期に自ら選択ができないまま，就職活動を終了してしまうことにもなる。

表10-1. Hershenson の職業的発達段階論（Hershenson, 1968, 一部改める）

職業的発達段階	エネルギーの用いられ方	職業の様式	職業と関係する問いかけ	Erikson の心理・社会的発達段階
社会的羊膜段階	意識（awarenss）	存在すること（being）	私は存在するのだろうか	基本的信頼
自己分化段階	統制（control）	遊び（play）	私は誰なのだろう	自律性 / 自主性
有能性段階	方向づけ（directed）	作業（work）	私には何ができるのだろう	勤勉
独立段階	目標志向（goal-directed）	職業（occupation）	私は何をしようか	自我同一性
積極的関与段階	投与（invested）	天職（vocation）	私がすることは私にとってどんな意味があるのだろう	親密性 / 生産性 / 自我の統合性

注）Erikson の段階の欄は，達成されるべき課題のみ掲げた。

発達過程の中にいる大学生という観点をもって理解するということは，大学生に対してコーチングを行う際に重要である。人生の中でのどのような時期にあるのか，どのような課題を一般的に抱えているかを理解しておくことは，大学生が個別に抱える課題の背景を理解するうえでも大きな一助となるからである。

■1-2. キャリアとは何か

「キャリア」と聞くと，一般には「職務経歴」をイメージする。「彼はこれまでどのような仕事をしてきたか」ということである。「彼はこの仕事のキャリアが長い」と言う場合，その仕事のプロフェッショナル，という意味合いも含まれてくる。また「彼はキャリア官僚を目指している」と言う場合は，「国家公務員総合職を目指している」ということになる。このようにキャリアという言葉は，仕事に関連するイメージが想起されることが多い。

厚生労働省は「キャリア形成を支援する労働市場政策研究会」報告書(2002) の中で，「『キャリア』とは，一般に『経歴』，『経験』，『発展』さらには，『関連した職務の連鎖』等と表現され，時間的持続性ないし継続性を持った概念として捉えられる」としている。

また文部科学省は，2004 年の「キャリア教育の推進に関する総合的調査研究協力者会議報告書〜児童生徒一人一人の勤労観，職業観を育てるために〜」の中で，「キャリア」の解釈・意味づけは，それぞれの主張や立場，用いられる場面等によって多様であるとし，「『キャリア』とは『個々人が生涯にわたって遂行する様々な立場や役割の連鎖及びその過程における自己と働くこととの関係付けや価値付けの累積』」と説明している。

両省の定義の中で「時間的持続性ないし継続性をもった概念」，「生涯に遂行する様々な立場，役割」，「累積」といった言葉で表されているように，単に仕事の一面だけではなく，キャリアは時間的な幅があり，累積していくものであることがわかる。

両省の定義は長年にわたる研究者の見解が活かされている。「時間的持続性ないし継続性」，「累積」，「生涯に遂行する様々な立場，役割」などが，それらの見解や視点であろう。たとえば，シャイン (Schein, 1978) は，人には「生

涯を通して，自己開発のための挑戦と機会があり，保障された仕事環境を見つけていきたいという欲求」がある点について言及している。花田（2006）は，キャリアとは「過去・現在・将来に渡り，継続的なより深い自分自身への気づきを通して，自分らしさの発揮を，スキルの獲得と発揮・仕事やビジネス活動への参画・社会活動への参画，豊かに生きる活動の実践などを通して，能動的に行為する一連のプロセス」としている。また，スーパー（Super, 1976）は，キャリアを「職業的な立場の連続から職業に就く前の立場，退職後の立場，それらに付随する趣味や家族，市民的な役割（立場）も含んだ連続」であり，「職務の連続，仕事の歴史であり，個人のたどる一生」とも述べ，ライフ・スパン／ライフ・スペースという概念に，役割と継続的な時間感覚を導入した「ライフ・キャリア・レインボー」を描いている（図10-1）。

　キャリアの視点から見ると，学生時代は連続した人生の中での一過程だが，それまでより広い世界で自分らしさを表現，発揮していくスタート点でもある。生涯におけるさまざまな立場，役割の視点から見れば，ライフステージに

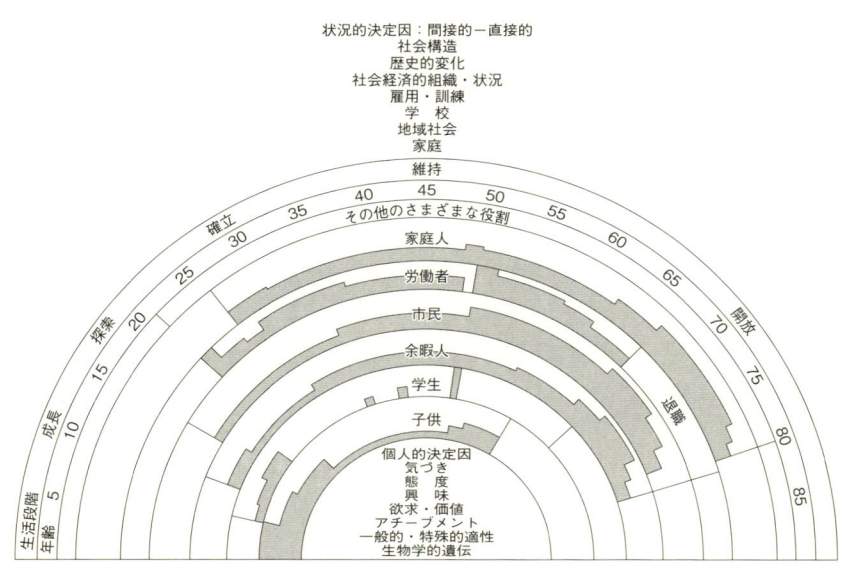

図 10-1．ライフ・キャリア・レインボー（Nevill & Super, 1986 を一部改める）

立つ「学生」という立場，役割を演じていることになる。

■1-3. 学生生活の中でのキャリア

学生生活の中でのキャリアには，「アカデミックキャリア（学びのキャリア）」「就職活動の中でのキャリア」「地域社会の中でのキャリア」がある。

(1) アカデミックキャリア（学びのキャリア）

「アカデミックキャリア」というと，一般的に大学院への進学，研究者への道と捉えられるが，ここでは，「学びのキャリア」という観点で捉える。大学入学後は専門科目を学び，体系化した知識を得ることが始まる。このように本格的な「学びのキャリア」のスタートが大学生から始まるのである。そこで学生生活の中での授業，ゼミ活動は極めて重要な位置づけになる。この学びのスタートは入学時から卒業までの期間をどのように学んでいくかを自ら決めていくことから始まりはするが，大学での学業にとどまらず，生涯学習という視点を持って学び続けることが「学びのキャリア」としての意味を持っている。ただ，大学で学んだ専門知識を自らの職業に繋げようとする意思がはたらくのは当然ではあるが，それが望みどおりに実現するのは極めて限定的である。

(2) 就職活動の中でのキャリア

近年，インターンシップが多くの企業で導入されている。学生にとり，インターンシップの過程を体験することは，企業と仕事の実際を知ることで企業理解，職業理解が深まることの一助となる。その機会が増えることは大変良いことだと思う。キャリアを考えるうえでも職業理解は重要であり，具体的な現場でのインターンシップ体験は，学生が持つ職業のイメージと実際とのギャップを埋めるうえで重要な役割を果たしているからである。金井（2002）は，入社前に，仕事のいいところも，大変なところも知っておく（RJP: Realistic Job Preview）ことの重要性を説いている。

また，学生が就職活動の中で，「キャリアを考える」とは，人生を歩んでいくにあたり，自分が生きるため，自分の価値を最大限に発揮していくための取り得る道として，職業を捉え選択していくことである。

就職活動は，職業選択に一歩踏み込んでいくステップである。職業理解は，インターンシップを体験することで，理解度が高まることはすでに述べた。インターンシップの折に接するさまざまな社会人や一緒に参加するほかの学生と自分の持つ価値観，考え方のぶつかり合いが起きてくることがあるだろう。この衝突が自分を考えるきっかけとなり，社会の中での自分を考えることとなり自己理解も進むことになる。大学の授業，ゼミ，サークル活動でも同様なことが起きるが，インターンシップ，職業選択の中で「自分を考えること」はインパクトをもった体験となる。学生にとってこの体験は大変大きい。特に「自分自身がどう生きるべきかの方向性」を得ることは，人生の中で多くの時間を費やすこととなる職業の選択の際に，非常に意義深い重要なものになってくる。

(3) 地域社会の中でのキャリア

　「知の拠点」としての大学による地域貢献に大きな期待が寄せられている（文部科学白書，2008）。これまで地域の学校教育を担う教員や地域医療を支える医師，医療技術職（看護師，臨床検査技師，臨床工学士，理学療法士，作業療法士等）を養成してきたのが大学である。一方で地域性を活かした産業の創生，地域ニーズを吸い上げた企業などが地域社会の中での人材育成の面で存在意義が高まっている。こうした好例として「大学コンソーシアム石川」の事例を見てみよう。この「大学コンソーシアム石川」は，2008年に発足した，高等教育機関（2009年3月現在20校が加盟），県内すべての自治体，経済団体などからなる連合体で，「地域貢献型学生プロジェクト推進事業」を推進し，特徴的な取り組みとして，「地域課題研究ゼミナール支援事業」「地域貢献型学生プロジェクト推進事業」などを展開している（文部科学白書，2008）。

　地域の課題を大学のゼミで取り上げその問題解決を図ったり，学生の課外におけるボランティア活動を組み入れたりしている。これは「学びのキャリア」とも重なるが，そうした活動への参加が地域における学生のキャリアとしても捉えられる。たとえば地域の祭りは，伝統行事に学生が参加することで地域の活性化がなされる一方，学生の地域の中でのキャリアが積まれていく始まりでもある。卒業してほかの地域に就職したとしても，そうした体験によりその地域での活動参入が容易になり，その地域にうまく馴染めることが考えられる。

また地域防災での協力度合いが高まったり，高齢者の見守りに役立ったりすることも期待される。

2. キャリア支援のコーチングの特徴と進め方

前節を踏まえ，キャリア支援のコーチングの特徴，進め方，その実際とポイントを述べる。

■2-1. 大学生のキャリア支援分野

ここでは，前節で挙げた大学生の3つの分野について再び焦点を当てる。

アカデミックキャリア（学びのキャリア）の具体的なテーマを挙げた（表10-2）。学生は大学選びに際して，大きな学部学科という枠組みを決めてきているが，いざ履修選択となると，特に選択の自由度が大きい文系学部の学生は，学びの方向性を決めていくことに迷う学生もいる。また，たとえば理系学部から文系学部への転部や，第一希望の大学を再受験する学生は，人生の方向性を決めていく岐路に立つことになる。ここでの支援はそうしたテーマの解決支援のための介入となる。

「就職活動の中でのキャリア」の具体的なテーマ例は表10-3にまとめた。

表10-2. 学びのキャリアに関するテーマ例

1.	履修	①どの科目を履修したらよいのかわからない。 ②単位取得が簡単な科目を取得したい。 ③どの科目を取得すると就職に有利か。
2.	授業	①授業についていけない。 ②授業がつまらない。 ③グループワークが苦手だ。
3.	ゼミ	①希望するゼミに入りたい。 ②希望しないゼミに入った。 ③ゼミの仲間（先生）と合わない。
4.	転部，再受験，留学	①他の学部に転部したい。 ②第一希望の大学に入り直したい。 ③海外の大学に留学したい。

表 10-3. 就職活動の中でのキャリアに関連するテーマ例

1.	就職活動全体	①自分のやりたいことがわからない。 ②自分は何に向いているのかがわからない。 ③就職活動は何をどのように始めたらよいのか。
2.	エントリーシート	①志望動機が書けない。 ② PR ポイントが書けない。 ③どう書くと受かるのか。
3.	面接	①面接であがってしまい、うまく話せない。 ②面接に受かったことがない。 ③最終面接で必ず落ちる。
4.	内容	①志望度が低い企業しか内定をもらえなかった。 ②内定を断り、就職浪人してリベンジしたい。 ③内定先に就職することを親が反対している。
5.	その他	①不採用通知を多く受け取り、自信がなくなり就職活動をやめたい。 ②公務員を諦めきれず、来年再度公務員試験を受け直したい。 ③親が地元就職を望んでいるが、自分は東京で就職活動したい。

　自分が何をやりたいのか，どんな職業に向いているのかという大きなテーマから，細かな面接までといろいろあるが，学生にとって職業人生の最初の場を自分の手でつかみとるということは，これまでにないチャレンジである。そこにどうかかわるのかが支援のポイントとなるであろう。

　「地域社会の中のキャリア」のテーマ例としては，地域活動へのきっかけがつかめない，どのようなボランティアをしてよいのかわからないなどがある。

　上に掲げたテーマ例以外にも多数のテーマがあり千差万別である。また同じようなテーマであっても個々人が持つ背景は各々違い，同じように見える背景でも，その個人の考え方，思い入れ，言葉の選び方，話しぶり，ニュアンスの伝え方は微妙に違うことが支援の際に浮上してくる。人生に正しい答え，正解がないように，キャリアとキャリア支援にも正しい答え，正解はない。しかし，ここにキャリア支援のコーチングの危うさが潜んでいる。

　コーチには，コーチ自身の独自の歩んできた人生，キャリアの道がある。そうした体験がコーチングに影響を及ぼすことがある。簡単に言えば，「私の場合は……」とどうしても話したくなるということである。この気持ちが起きると，人の話を聴けなくなる状況になる。これはキャリア支援のコーチングの大

きな特徴のひとつであり、キャリア支援を行うコーチが乗り越えなければいけない課題である。

■2-2. キャリア支援のコーチングの進め方

コーチングのアプローチはさまざまである。以下に一般にも使えるアプローチのひとつを紹介する。

(1) コーチの在り方

前項で述べたように、キャリアとキャリア支援に正しい答え、正解はなく、求めるべきではない。だがコーチ自身が自分はこうしてきた、という考えが出てくる。年齢を重ねれば、誰でも経験、特にキャリアに関して語れるようになる。経験を語ることとコーチングは別である。このため、コーチ自身の「在り方」が非常に重要になる。

キャリア支援での「コーチの在り方」とは、「自分はこうしてきた、キャリアの選択はこうすべきだ。こうすればもっと良い選択ができるはずだ」などの思い込みを手放すことである。自分の思い込みをなくし、コーチ自身がクライアントの前で虚心坦懐になることである。いかに平常心を保てるかということにもなる。

こうした心の状態を保つにはコーチ自身に心の余裕がなくてはできない。良いコーチを選ぶ選択基準として、コーチ自身がコーチをつけているかという点がある。コーチ自身の課題を解決していくことで、心の余裕を保つことができる。コーチ自身がコーチをつけているかという点は、コーチの在り方としても大切である。

ウィットモア（Whitmore, 2002）は、「コーチングは、人の潜在能力を解き放ち最高の成果を上げさせることだ。教えるのではなく、自ら学ぶことを助けるのである」と述べている。コーチとしての在り方も、このクライアントが「自ら学ぶ」ことを助けるという点が重要である。「自ら学ぶことを助ける」ということは、コーチはクライアントが自らが考えることができる「場と機会」を提供する、ということでもある。

(2) コーチングのステップ

前項で述べたコーチの在り方を前提として，おおまかに次のようなステップを踏んでいく。筆者はコーチングを CTI（Coaches Training Institute）のプログラムで学んだ。ここではそれをベースに体験的に感得したことを合わせ，独自に簡略化したプロセスを述べる。

ステップとして，①良い点を探す，②前に進める，③行動計画を作る，の順に述べていく。

まず，図 10-2 に全体像を示す。

①ステップ 1　良い点を探す（キーワード：ポジティブ）

まずクライアントの話を聴いていくが，今日，焦点を当てたいことは何かを冒頭に確認することが重要である。そのうえで，信頼関係構築を意識して，クライアントの気持ち，感情に反応して話を聴いていく。図 10-2 に「傾聴レー

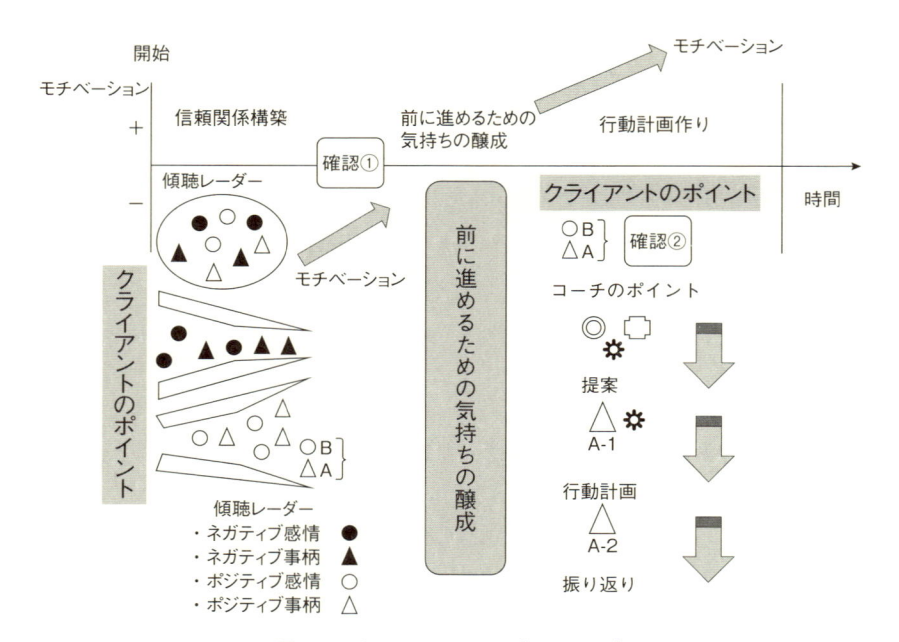

図 10-2. キャリアコーチングのイメージ

ダー」とあるように，クライアントの話の中のポジティブな感情，事柄，ネガティブな感情，事柄を頭の中でレーダーに映すようにして，選り分けていく。「記憶する，覚え込む」ということではなく，レーダーに光の点が映し出されるように，特にポジティブな感情，事柄の言葉が頭の中できらめくような感じである。次のステップである「前に進める」ことを意識してポジティブな点を拾っていく。事柄，事実関係の確認，情報収集を多くしがちだが，それよりも気持ち，感情の言葉を拾い，コーチが反応していくことで，クライアントはより深く聴いてもらえる心持ちになり，信頼関係が促進されていく。事柄，事実関係を聴かないということではなく，必要なことは逃さず，多く聞き過ぎないという感覚である。

②**ステップ2　前に進む（キーワード：エネルギー）**
　次に「前に進める段階」へ進む。図10-2の「確認①」は，クライアントが感情，事柄について十分に話ができ，感情，気持ちが落ち着き，次のステップである前に進んでもよいかという確認を取る。重要なことは，クライアントに次の行動に移れるような気持ちが出てきているかである。行動に移れるだけのエネルギーがあるかである。気持ちの強さが出てこなければ，行動計画は絵に描いた餅になる。一歩踏み出すために，どんな小さいことであれ，クライアントが前に進めたいという気持ちになることが大切である。前に進められない何か（障がいなど）があり，前に進めたい気持ちが出てこないのであれば，ステップ1に戻り，その何かを取り除くことが，クライアントが焦点を当てたいことなのかを確認する必要がある。クライアントの本当に話したいことに繋げる必要がある。

③**ステップ3　行動計画作り　（キーワード：チャレンジ）**
　最後が「行動計画を作る段階」である。図10-2の「確認②」は，図の右側下にあるポジティブ感情，ポジティブな事柄の△A，○Bを活用することをコーチがクライアントに確認する。この「クライアントのポイント」を基盤に行動計画作りが始まる。それまでのクライアントが話した中からコーチが捉えた鍵となる「コーチのポイント」を見つけていく。具体的には，「傾聴レー

ダー」に映ったさまざまなものから「コーチのポイント」を探し出し，クライアントに提案する。上から目線になりがちなアドバイスではなく，図10-2にあるように，確認②にある△Aをもとに△A-1の提案をする。これは，△Aにコーチのポイントを加え，何らかの味づけをして，△A-1の提案をするということである。コーチがクライアントに提案をしていくが，この答えには，「はい」「いいえ」「逆提案」の3つの選択肢がある（Kimsey-House et al., 2011）ことが重要である。コーチから提案された△A-1をもとに，クライアント自身の考えを入れ，△A-2を創り出す（逆提案）。クライアント自身が考え，コーチが提案した△A-1をそのまま行動計画としてもよいが，クライアント自身が十分に考えた後に決めるという点が大切である。クライアントが「自分で決めたことで自分自身が前に進める感覚を持つ」ことがモチベーションを上げる。ここで大切なことは，コーチがクライアントの選択を尊重することである。コーチから見れば，随分と遠回りな方法だったりするかもしれないが，クライアントが決めたことにコーチが最大限の応援をしていくスタンスが必要である。このことによりコーチとクライアントとの信頼関係がさらに深まり，クライアントに寄り添うコーチがいることでクライアントの前に進めていく推進力が増していく。

　セッションの終わりに振り返りをする。セッションの冒頭と終了時を比べて，クライアントの感情，気持ち，考えの変化をコーチと共に振り返る。自分自身で振り返ることで，新たな発見やセッション冒頭より前に進んだことを自覚して，モチベーションが上がっていく。

　以上にステップ1からステップ3までのプロセスを述べたが，コーチングはさまざまな場面があり，常にこのプロセスのように進むとは限らない。基本的なプロセスの例として理解してほしい。

　筆者が捉えているキャリアカウンセリングとキャリアコーチングの違いは，キャリアコーチングは，より行動面に重きを置いている点である。もし「前に進められない何か」が存在するのであれば，それを取り除くには「何をすればよいのか」という点に焦点を当てる。昨日よりほんの少しでも前に進めるために，今日何ができるかである。もちろん，そのようなクライアントの心情に寄り添いつつ，前に進めるということである（カウンセリングとコーチングとの

違いについては，第1章第1節第3項「コーチングと近接領域との違い」に詳細が述べられているので参照されたい）。

3. 事　　例

　就職活動の事例を示す。就職活動は「自分自身がどう生きるべきかの方向性」を得るひとつの大事な機会であり，人生におけるキャリアの分岐点である。下記に示す事例は，学生が親の言葉に戸惑いを覚えるが，自分が本来持っている意思，そもそも何を大事にして生きていくか，何を大切にして働いていくかを再度考える道筋をたどったものである。

鉄道の運転士のケース（就職活動）
　A男は，東京のある私立大学の理系学部3年生で，両親と同居。幼い頃から鉄道が大好きで，カメラ片手に大学入学後もさまざまな車両や駅舎を撮影してきた。就職活動も鉄道会社を中心に応募。先週やっと鉄道の駅務，車掌，運転士（現業職）の最終面接が終了し，2日前に内々定通知書が届き，達成感で一杯だった。父親に結果を勇んで話したが，あまりいい顔をされず，逆に，「総合職ではないんだな」と聞かれ，大変がっかりした。鉄道の運転士は一生かけてできる仕事と考えていたA男は父親に反発したが，親が望む総合職を探させばよいのだろうか考え始めた。

コーチング・セッション例（Co：コーチ，　CL：クライアント）
　Co1：内定が出たというメールをいただきありがとうございました。そのわりには，元気がないね。
　CL1：そうなんですよ。どうしたらよいか訳がわからなくて……。ゼミの仲間もほとんど決まりつつあるのに，自分はこれからまた就活と思うと……。応募できる会社はまだあるんですかね……。
　Co2：ちょっと待ってください。どういうことですか？　内々定が出たんですよね。
　　　［A男はこれまでの経緯をコーチに説明する］
　Co3：そうでしたか。がっかりした気持ちがよく伝わってきました。大変でしたね。元気がないのも当然ですね。そうすると，今日のテーマ

はどのようにすればよいですか？
CL2：そうですね……。鉄道会社で総合職をまだ募集をしているところ知りたいんですよね……。でもなぁ，運転士がいいんだけどな……。なんだかなぁ……。
Co4：まだ気持ちが残っているでんすね。そうですか，まずその気持ちを大事にするのもよいですね。

〈ポイント①　ポジティブな点に反応する〉
CL3：ん……。でもなぁ……。（少し考えていたが）　わかりました。運転士がやりたいのは……。
　　［話し始めた A 男をいったん止めて］
Co5：今日のテーマの確認をしていいですか？
CL4：はい。
Co5：「なぜ運転士をやりたいと思ったか，なぜ運転士を長く続けたいか」でよいですか。
CL5：はい，OK です。

〈ポイント②　テーマの確認〉
　　［A 男は熱く語り始めた……］
　　中学，高校と野球を続けてきた。準レギュラーだったが，ここぞという時に打てなかった。自分が打てないために負けた試合もあり，責任を全うできず悔しかった。社会に出たら責任ある仕事をしたい。それも自分がやってみたい鉄道の仕事でと思っている。長く運転士をやりたいのは，毎日をいつまでも現場の中で過ごしたいから。
Co6：とても勢いがあって，やる気が凄いね，迫力があったよ。そういった気持ちで電車を運転してくれるんだね。頼もしいね。
CL6：そうですか。最近いつも考えていたことなので言えました。

〈ポイント③　前に進める為の気持ちを醸成〉
Co7：その熱い想いを家族に話したことがあるのかな？　今の勢いで話をしたら，お父さんもビックリするんじゃないかな。見直すと思うよ。思い切って話してみたら？

〈ポイント④　コーチのポイントから提案をする〉
CL7：恥ずかしいですよ，家族にこんな話はしないですよ。
Co8：そうかな。でも運転士やりたいだよね。
CL8：それはそうです。

Co9：就活をやり切ったと言えるようにするといいねって，前に話したよね。
（少しの沈黙）
CL9：そうですね。確かに……。
Co10：いつ言えそうですか。
CL10：言うでんすか……，ほんとに。ん……。（手帳を見ながら）来週の日曜かな。
Co11：話ができたか，メールで連絡をくれますか。
CL11：わかりました。やってみます。
Co12：A男さんなら，きっと話せるよ。

〈ポイント⑤　具体的な行動計画を作り，報告をもらうようにする〉

　前節で，キャリアカウンセリングとキャリアコーチングの違いの説明として「前に進められないクライアントに寄り添いつつ，前に進める」と述べた。事例の中でいえば，ポイント③「前に進めるための気持ちの醸成」→ポイント④「コーチのポイントから提案をする」→ポイント⑤「具体的な行動計画を作り，報告をもらうようにする」という流れを意識して丁寧に進めることで，「クライアントに寄り添いつつ，前に進める」ことができてくる。
　会話例の中に沈黙があるが，慣れないコーチは沈黙に戸惑い，直ぐにほかの質問をしてしまいがちである。沈黙はクライアントが「考えている時間」であり，その時間を奪わないようにし，落ち着いて待つことが必要である。クライアントは質問の意味を探り，心の深いところまで考えを巡らしている時間かもしれない。第2節第2項で述べたクライアント自らが考えることのできる「場と機会」を提供することにもなる。クライアントがどう考えてよいかわからない様子であれば，クライアントがふと口にする言葉や言いかけた言葉を拾い，コーチが次へと展開していくことも方法である。クライアントにとって良いコーチング・セッション，より良い時間となることを目指すことが大切である。
　第1節第2項「キャリアとは何か」で述べたように，キャリアは「生涯に遂行する様々な立場，役割」という言葉でも表される。就職しても1社だけの経験で定年を迎えることは少なくなり，何らかの経緯で働く場を変えることは多

くの人が経験することになってきている。退職しても平均寿命は長くなり，退職後のキャリアを考えることも多くなってきている。キャリアを支援する方法は多種多様であるが，キャリアコーチングはそのひとつであり，今後の発展の余地が大きいと思われる。キャリアコーチングに興味を持たれた方々による実践がさらなる発展の一助となるだろう。

引用文献

Erikson, E. H.（1959）. *Psychological issues: Identity and the life cycle*. New York: International Universities Press.（小此木啓吾（訳編）（1973）. 自我同一性：アイデンティティとライフサイクル　誠信書房）

Erikson, E. H.（1968）. *Identity: Youth and crisis*. New York: W. W. Norton.（岩瀬庸理（訳）（1989）. アイデンティティ：青年と危機　金沢文庫）

花田光世（2006）. キャリアの定義
〈http://gc.sfc.keio.ac.jp/class/2006_14924/slides/03/9.html〉（2015年3月14日）

Hershenson, D. B.（1968）. Life-stage vocational development system. *Journal of Counseling Psychology*, 15（1）, 23-30.（Cited in：鑪　幹八郎・山本　力・宮下一博（編）（1984）. アイデンティティ研究の展望Ⅰ　ナカニシヤ出版）

金井壽宏（2002）. 働くひとのためのキャリア・デザイン　PHP研究所

Kimsey-House. H., Kimsey-House. K., Sandahl. P., & Whitworth, L.（2011）. *Co-active coaching: Changing business, transforming lives*（3rd ed.）. Boston, MA: Nicholas Brealey.（CTIジャパン（訳）（2012）. コーチング・バイブル（第3版）　東洋経済新報社）

厚生労働省（2002）. 2002年「キャリア形成を支援する労働市場政策研究会」報告書について
〈http://www.mhlw.go.jp/houdou/2002/07/h0731-3.html〉（2015年3月3日）

文部科学省（2004）. 2004年キャリア教育の推進に関する総合的調査研究協力者会報告書～児童生徒一人一人の勤労観，職業観を育てるために～の骨子
〈http://www.mext.go.jp/b_menu/shingi/chousa/shotou/023/toushin/04012801.htm〉（2015年3月3日）

文部科学白書（2008）.
〈http://www.mext.go.jp/b_menu/hakusho/html/hpaa200901/detail/1283348.htm〉（2015年3月3日）

Nevill, D. D., & Super. D. E.（1986）. *The values scale: Theory, application, and research*. Palo Alto, CA: Consulting Psychologists Press.（Cited in：岡田昌毅（2013）. 働く人の心理学　ナカニシヤ出版）

岡田昌毅（2013）. 働く人の心理学　ナカニシヤ出版

岡本祐子（1994）. 成人期における自我同一性の発達過程とその要因に対する研究　風間

書房

岡本祐子（2002）．アイデンティティ生涯発達論の射程　ミネルヴァ書房

Schein, E. H. (1978). *Career dynamics: Matching individual and organizational needs.* Reading, MA: Addison-Wesley.

Super, D. E. (1976). *Career education and the meaning of work. Monographs on career education.* U.S. Department of Health, Education, and Welfare.

鑪　幹八郎・山本　力・宮下一博（編）（1984）．アイデンティティ研究の展望Ⅰ　ナカニシヤ出版

渡辺三枝子（編著）（2007）．新版キャリアの心理学　ナカニシヤ出版

Whitmore, J. (2002). *Coaching for performance: Growing people, performance and purpose* (3rd ed.). Boston, MA: Nicholas Brealey.（清川幸美（訳）（2003）．はじめのコーチング　ソフトバンクパブリッシング）

コラム 10

日本のコーチ調査の結果より：コーチは専門職なのか？

西垣悦代

　私たちはコーチングを実践し収入を得ている人を「プロ・コーチ」と呼んでいるが，コーチは専門職（profession）なのだろうか。スペンス（Spence, 2007）は専門職の条件として，公的な教育歴，強制力のある倫理規定に対する忠誠，十分な能力ある成員にのみ与えられる実践資格，制裁権のある規則の適用に対するコンプライアンス，共通した知識と技能の集合体を挙げている。これに対してコーチには，固有の明確なスキルが存在しない，コーチとしての必須の訓練や教育がない，世間や関連領域の専門職はコーチを専門職と見なしていない，コーチのほとんどが参加するような共同体が存在しない，コーチが実践の基礎とすべき明確な理論の欠如，といった課題が指摘されている（Lane et al., 2010）。さまざまなコーチ団体の努力によって改善しているとはいえ，欧米においてもコーチは専門職としてまだ発展途上にあるようだ。

　明確な法的規制のない中，実態の捉えにくいコーチの現状について，西垣らはコーチらの協力を得て無記名のウェブ調査を行い，478名の有効回答を得た。そのうち，独立の有無を問わずコーチングを主たる職業としている「職業コーチ」（195名）を中心に，会社員や医療者が仕事の中でコーチングを活用している「職務内コーチ」（187名）と比較しながら分析を行った（西垣，2014）。

　結果より，職業コーチの98％，職務内コーチの80％がコーチングスクールでの教育歴があった。また，職業コーチの81％，職務内コーチの60％が現在有効なコーチ資格を持っていた。何らかのコーチの職能団体（ICFや日本コーチ協会など）に所属している職業コーチは56％，職務内コーチは36％であった。つまり職業コーチであってもコーチとしてのトレーニング経験や資格を持たない人がいる一方，他の職業の中で活用しているノンプロのコーチの中にもかなり本格的に勉強し，活動している人がいることがわかった。

　職業コーチのコーチ活動年数は1/3以上が5年未満であった（図1）。また，1ヶ月の平均活動時間は，10時間未満が30％，20時間未満が33％で，全体の63％を占めていた。短い活動時間を反映してか，職業コーチのコーチ活動による年収は，2,000万円を超える人がいる一方で，40％以上が100万円未満であった（図2）。職業コーチのコーチング形態は，Skype® など非対面のセッション（50％）の方が対面でのセッション（35％）より多かった。これはカウンセリングやメンタリングなどとは異なる傾向であると思われ，対面セッションの多い（59％）職務内コーチとも対照的であった。今回の調査協力者の中でICF等世界規模のコーチ団体（日本支部のみ所属の場合も含む）に所属するコーチは全体の10％にも満たなかったが，それらの団

体を通して世界の動向を知ることは，コーチの専門職化を促進する一助となることだろう。

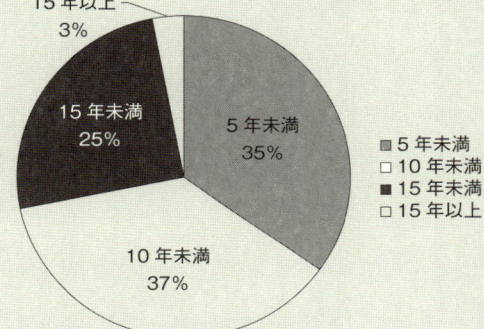

図1. 職業コーチの活動期間年数（n=195）

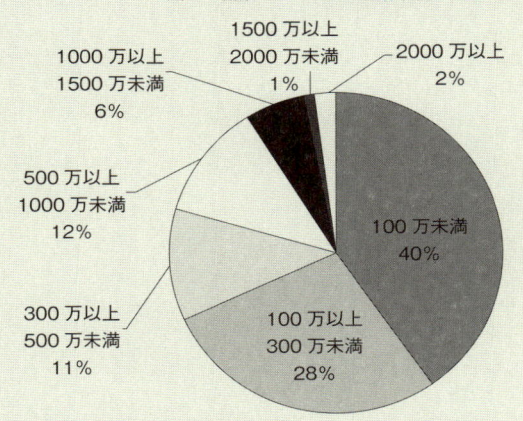

- 5年未満 35%
- 10年未満 37%
- 15年未満 25%
- 15年以上 3%

図2. 職業コーチの年収（n=195）

- 100万未満 40%
- 100万以上300万未満 28%
- 300万以上500万未満 11%
- 500万以上1000万未満 12%
- 1000万以上1500万未満 6%
- 1500万以上2000万未満 1%
- 2000万以上 2%

参考文献

Lane, D., Stelter, R., & Roston, S. S. (2010). The future of coaching as a profession. In E. Cox, T. Bachkirova, & D. Clutterbuck (Eds.), *The complete handbook of coaching*. London: Sage. pp. 357-368.

西垣悦代（2014）．日本のコーチに対するウェブ調査：コーチの現状と展望　支援対話研究, 2, 4-23.

Spence, G. B. (2007). Futher development of evidence-based coaching: Lessons from the rise and fall of the human potential movement. *Australian Psychologist*, 42(4), 255-265.

参考図書紹介

木内敬太

■コーチング心理学の概論書

『コーチング心理学ハンドブック』スティーブン・パーマー，アリソン・ワイブラウ編著（堀　正監修・監訳　2011）金子書房　[Palmer, S. & Whybrow, A. (Eds.) (2007). Handbook of coaching psychology: A guide for practitioners. Hove, East Sussex, UK: Routledge.]

　　本書の原著は2007年に出版されており，コーチング心理学という研究・実践領域が確立されたことを示す1冊と言える。コーチング心理学設立の経緯から，今後の方向性，各種心理学的アプローチの概要，コーチ－クライアント関係やスーパービジョンなどの定番の議論まで，コーチング心理学の基本が網羅されている。原著副題に「実践家のための手引き」とあるように，心理療法に習熟した人がコーチングを行う際のガイドブックとして書かれている（誤訳があるので理解しづらい場合は，原著を参照するとよいだろう［編著者代表注］）。

"Evidence based coaching handbook: Putting best practices to work for your clients" Stober, D. R. & Grant, A. M. (Eds.) (2006). Hoboken, NJ: Wiley.

　　本書は「コーチング心理学ハンドブック」と同時期にオーストラリアで出版されたコーチング心理学のテキストである。人間性心理学や行動主義に基づくアプローチなど，個々の理論に加え，統合的目標焦点化アプローチ，成人の学習アプローチなど，統合的・理論横断的アプローチについても取り上げられている。特に，第11章の「システムの視点からのコーチング」では，他の書籍では見ることができない，システムに関する理論を統合的にコーチングに応用したアプローチ法について論じられている。巻末にはコーチング心理学創始期のエグゼクティブ・コーチングに関する学術的な研究の状況がまとめられた章が付けられている。

"The Wiley-Blackwell handbook of the psychology of coaching and mentoring" Passmore, J., Peterson, D., & Freire, T. (2012). Chichester, West Sussex, UK: Wiley-Blackwell.

　　『コーチング心理学ハンドブック』の出版から6年，その後のコーチング心理学の発展が1冊にまとめられたような書籍。たとえば，コーチングの定義ひとつ取っても，7つの異なる実践家や研究者による定義が吟味されている。「コーチングの神経科学」では，目標設定，メタ認知，モチベーション

などコーチングに関する諸問題が神経科学の研究成果との関連で論じられており，将来的に神経科学に基づくコーチングが体系立てられる可能性が示唆されている．

"The coaching manual: The definitive guide to the process, principles and skills of personal coaching. 3rd edition" Starr, J. （2011）. London: Pearson Prentice Hall.

　"Evidence Based Coaching Handbook"とともに，シドニー大学コーチング心理学課程でテキストとして使用されている書籍のひとつ．著者は20年以上の実務経験を持つコーチ兼コンサルタント．初版は2007年に出ており，複数の言語に翻訳され，長年にわたりコーチングのマニュアルとして活用されている．コーチングにおける協働関係とその前提としての原則，共感の重要性，コーチングの主体としてのクライアント，セッションの構造，コーチの資質，学習・トレーニング教材など，コーチングの実践を学ぶための初めの一冊として有益である．

"The psychology of coaching, mentoring and learning. 3rd edition" Law, H. （2013）. Malden, MA: Wiley-Blackwell.

　本書は，コーチングとメンタリングを，相互に交換可能な促進的なアプローチ（ファシリテーション）から指示的なアプローチ（インストラクション）までの連続体として捉え，学習（知識やスキルの習得）に関する心理学に基づいて，コーチング／メンタリングの万能モデルを提案している．そのモデルの枠組みの中で，認知行動，ゲシュタルト，ナラティヴなど，臨床心理学の技法を統合的に活用しようとする点が本書のアプローチの特徴である．

"The complete handbook of coaching. 2nd edition" Cox, E., Bachkirova, T., & Clutterbuck, D. （2014）. London: Sage.

　初版は2010年出版．『コーチング心理学ハンドブック』で取り上げられたアプローチのほかに，オントロジカル・コーチング，トランス・パーソナル・アプローチ，ポジティブ心理学アプローチ，トランスアクショナル・アプローチなど多数収録されている．パフォーマンス・コーチング，エグゼクティブ・コーチング，ライフ・コーチングなどの文脈別の説明や，倫理，スーパービジョン，メンタルヘルスとの関連などの専門家としての実践に関する問題についても充実している．第2版では，生活習慣やストレス・マネジメントに関するコーチングについて説明された「健康とウェルネスのコーチング」と，最新の効果研究と今後の研究の課題について論じた「コーチングの研究」という章が追加された．

■コーチングの優れた古典

『コーチング―人を育てる心理学』武田　建著（1985）　誠信書房

　　　本書の著者，武田建は，日本のコーチング心理学の先駆けとも言えるカウンセリング心理学者である。武田は行動理論をスポーツ・コーチングに応用した先駆者で，まだ欧米においてもスポーツ心理学が体系づけられる前，1977年に，アメリカのフットボール・コーチの協会で，「コーチングの心理学」という題の講演を行っている。その後のスポーツ・コーチングの実践に関する基礎理論と経験をまとめたのが本書である。行動コーチングは現代のコーチング心理学においても主要な理論のひとつである。本書は，スポーツ以外のコーチング領域にも応用可能であり，時代を超えて語り継がれるべき著作である。武田はほかに『リーダーシップの条件』（大和書房）や『コーチングの心理学』（日本 YMCA 同盟出版部）も著している。

『潜在能力をひきだすコーチングの技術』ジョン・ホイットモア著（真下　圭訳　1995）　日本能率協会マネジメントセンター　[Whitmore, J.（1992）. *Coaching for performance: Growing people, performance and purpose*. London: Nicholas Brealey.]

　　　本書は，ヨーロッパでコーチングを広めたウィットモアが1992年に執筆した書籍。コーチングモデルとして最も有名な GROW モデルや目標設定のための SMART, PURE, CLEAR といったアイディアが紹介されているほか，コーチの役割がわかりやすくまとめられている。なお，『はじめのコーチング』（2003年ソフトバンククリエイティブ　絶版）は原著の第3版を翻訳したもので，2009年には原著の第4版が出版されていて，内容も多少変化している。引用文献が示されていないのが残念である。

■特定のアプローチ法や基礎理論に関する書籍

『認知行動療法に学ぶコーチング』マイケル・ニーナン，ウィンディ・ドライデン著（吉田　悟監訳　2010）　東京図書　[Neenan, M. & Dryden, W.（2002）. *Life coaching: A cognitive behavioural approach*. London: Routledge.]

　　　認知行動コーチングに関する代表的な書籍。特に認知行動アプローチに関して，基本的な理解とスキルを有している方が，コーチングにおける具体的な活用例を知るために有効。問題解決，先延ばし，時間管理，長期目標への継続的取り組み，批判への対応，自己主張，決断など，ライフ・コーチングの主要なテーマについて，認知行動コーチングではどのように対応するのかが具体的にまとめられている。

『メタ・コーチング』マイケル・ホール，ミシェル・デュヴァル著（田近秀敏監修　2010）　ヴォイス　[Hall, M. & Duval, M.（2004）. *Meta-coaching: Volume 1, Coaching change for higher levels of success and transformation.* Clifton, CO: Neuro-Semantics.]

　　本書は認知行動科学者のホールと，ICFシドニー支部の共同会長を務めたデュヴァルらによる共著である。メタ・コーチングは，コーチングにひとつの包括的な理論的枠組みを提供した。つまり，言語と意味論，自己意識，変化，心－身体－情動システム，自己実現能力の5つの次元についてのフレームワークを用い，メタ的な高次の状態に導くことで，クライアントを支援するというコーチングモデルである。メタ・コーチングには，人間性心理学やトランスパーソナル心理学を中心に，さまざまな心理学的，社会学的知見が取り込まれている。また，コーチに必要なスキルとその基準を明確に定義している点も本書の特徴である。

『コーチングのすべて』ジョセフ・オコナー，アンドレア・ラゲス著（杉井要一郎訳　2012）　英治出版　[O'Connor, J. & Lages, A.（2009）. *How coaching works: The essential guide to the history and practice of effective coaching.* London: A & C Black.]

　　訳者が前書きで述べているように，本書は，オントロジカルコーチングの立場に立つオコナーとラゲスというICC（国際コーチング連盟）の共同設立者で，15年以上にわたり世界中でコーチングを行ってきた著者たちが，コーチングの成り立ちや理論，効果について体系的にまとめた書籍である。ジョン・ウィットモア，フェルナンド・フローレス，アンソニー・グラントなどが本書を推薦し，自身のコーチング観についてコラムを執筆している点も注目に値する。

『コーチング・バイブル　第3版』ヘンリー・キムジーハウス，キャレン・キムジーハウス，フィル・サンダール著（CTIジャパン訳　2012）　東洋経済新報社　[Kimsey-House, H., Kimsey-House, K., & Sandahl, P.（2011）. *Co-active coaching: Changing business, transforming lives.* London: Nicholas Brealey.]

　　本書はCTI（コーチ・トレーニング・インスティテュート）が提供しているICF認定のプログラムであるコーアクティブ・コーチングのマニュアルである。原著の初版は1998年に出版されている。本書では，コーアクティブ・コーチングの概要が理解できるだけでなく，傾聴に関連する反映，明確化，俯瞰，比喩，認知など，具体的なスキルが挙げられており，さらに，演習を通してそれらのスキルをトレーニングできるようになっている。また，巻末のツールキットには，チェックリストや記録用紙など，実際のコーチングで活用できるフォームが多数収録されている。

『ポジティブ心理学』島井哲志編（2006） ナカニシヤ出版
　　　本書は，ポジティブ心理学の発展期に関するテキストである。ポジティブ心理学の始まりから，フロー，ポジティブ感情，安寧（Well-being），ポジティブな要因といったポジティブ心理学の主要なテーマまで，2000年代初頭までの国内外の研究成果が集約されている。

『ポジティブ心理学の挑戦』マーティン・セリグマン（宇野カオリ監訳　2014）ディスカヴァー・トゥエンティワン　[Seligman, M. E. P. (2011). *Flourish: A visionary new understanding of happiness and well-being*. New York: Atria Books.]
　　　原著は2011年に出版されている。前作『世界で一つだけの幸せ』の出版から9年，ポジティブ心理学の生みの親マーティン・セリグマンが，彼の現在の考えについて，最新の研究成果を踏まえて論じた書籍。幸福理論からウェル・ビーイング理論へ。新しい理論では，前作で扱われた「ポジティブ感情」，「エンゲイジメント」，「意味・意義」に加え，「達成」と「関係性」を幸せの構成要素とし，測定時のポジティブ感情に左右される人生の満足度ではなく，持続的幸福（Flourish）の向上を目的とする。

■コーチング心理学に関する学術雑誌

International Coaching Psychology Review
　　　発行主体：英国心理学会コーチング心理学特別団体，オーストラリア心理学会コーチング心理学利益団体
　　　発行初年：2006

The Coaching Psychologist
　　　発行主体：英国心理学会コーチング心理学特別団体
　　　発行初年：2005

The International Journal of Evidence Based Coaching and Mentoring
　　　発行主体：オックスフォード・ブルックス大学
　　　発行初年：2003

Coaching: An International Journal of Theory, Research, and Practice
　　　発行主体：AC（Association for Coaching）
　　　発行初年：2008

Coaching Psychology International

発行主体:国際コーチング心理学会(International Society for Coaching Psychology)

発行初年:2008

事項索引

A

A (activating events) 145
ABCDE モデル 38
ABC 記録表 148, 149
ABC モデル 85, 146-149
AC (Association for Coaching) 54, 163, 187, 233
ACE モデル 41, 42
APA (American Psychological Association：アメリカ心理学会) 21, 22
APS (Australian Psychological Society：オーストラリア心理学会) 7, 21, 28, 126, 189, 233
B-C 関係 (B-C connection) 145, 147, 148, 152
B (beliefs or thoughts) 145
BPS (British Psychological Society：英国心理学会) 21, 28, 29, 38, 143, 162
C (emotional and behavioral consequences) 145
Centre for Coaching 21, 31, 33, 41, 162, 163, 187
CLEAR 45, 231
Coach U. (コーチ・ユニバーシティ, コーチ・ユー) 15, 17, 19, 177, 178, 184
Coaches Training Institute(CTI) 15-16, 17, 177, 178, 218, 232
DSM (Diagnostic and Statistical Manual of Mental Disorders) 58, 129, 130
est (Erhard Seminars Training) 14, 16, 17
G-ABCDEF コーチング・モデル 193
goal →目標
GROW（モデル） 17, 35-38, 41, 77, 85, 190, 191, 231
ICD-10 58
ICF (国際コーチ連盟) 171, 173, 177, 182, 186, 187, 206, 226
——コア・コンピテンシー（国際コーチ連盟が定める核となる能力水準） 35, 71, 75, 173, 177-179, 181, 184
—— Global Coaching Study 167-169, 174-176, 182
—— Global Coaching Client Study 167-169, 174, 175, 176
——グローバルスタディ 206
——の倫理規定 76, 170, 171, 181, 182, 184
Institute of Coaching 22, 139, 140
NLP 9
PACE モデル 41, 42
PRACTICE モデル 154
profession (専門職) 6, 226
PURE 45, 231
QOL 122
REB コーチング 81, 82, 144, 146, 148-150, 152, 153, 158
REBT (rational emotive behavior therapy：理性情動行動療法) 21, 38, 41, 82-84, 112, 113, 141, 142, 144, 145, 147, 150, 152, 154
REI (rational emotive imagery) 152
RJP (Realistic Job Preview) 213
small step の原則 200
SMART 43-45, 155, 199, 231

SPACE モデル　35, 38-41, 77
TIME　40
VIA　86, 130
　——簡略版（強みテスト）　86
　——-IS　130
well-being →ウェルビーイング

あ

アカデミックキャリア（学びのキャリア）　213-215
アドラー心理学　95, 96, 98, 100, 112-115, 202
アンコーチャブル　193
言い換え　33, 34
いま・ここ　108
インターンシップ　213
インナーゲーム（Inner Game）　16, 17, 35
ウェルビーイング（well-being：主観的ウェルビーイング）　7, 12, 61, 66, 122, 126-129, 133-135, 140, 145, 152, 158, 199, 233
ウェルフォームド・ゴール　199, 200
動かすスキル　34
エクセレント・ホスピタル　192
エサレン研究所　13, 14, 16
エンカウンターグループ　14, 107, 108, 113, 114
エンパワーメント　11

か

解決志向　5, 62, 74, 76, 197, 199
　——アプローチ→ソリューション・フォーカスト・アプローチ
ガイディング　5
会話的学習　9
カウンセリング　9, 10, 13, 19, 24, 28, 33, 34, 76-78, 109, 111, 140, 143, 146, 182, 220, 226
科学者 – 実践家モデル（scientist-practitioner model）　9, 77
科学的根拠（エビデンス）　9, 24, 52, 53, 63, 71, 73, 76, 90, 91, 126, 142
学習サイクル理論　85
拡張 – 形成理論　127
確認　33, 34, 218, 219
仮想論　38, 112-114
感情日記　149
カークパトリックモデル　64, 65
聞くスキル　34
キャリアコーチング　8, 218, 220, 223, 224
共感　33, 85, 230
　——的理解　32, 107
共通感覚　101, 114
共同体感覚　98, 100, 101, 114, 115
クライアント　5, 10, 12, 20, 31, 35-42, 44, 49, 51, 54, 55, 57-59, 63-65, 67, 71, 76, 77, 82, 83, 143-146, 148-150, 152, 163, 167-177, 179-185, 206, 217-220, 223, 230, 232
クライエント　32, 33, 43, 65, 82, 83, 107-109, 111, 193, 199, 201
　——中心療法（人間中心主義カウンセリング, 人間性中心療法, パーソン・センタード・アプローチ）　8, 9, 13, 19, 107, 109
傾聴（積極的傾聴：Active Listening）　12, 14, 33, 34, 85, 87, 109, 180, 191, 232
ゲシュタルト療法　8, 9
行動
　——コーチング　35, 38, 43, 231
　——主義　102, 103, 123, 229
　——主義的アプローチ　35, 77
　——分析学　13, 109, 110
　——療法（behavior therapy: BT）　9, 141
行動観察法　54, 56, 57
交流分析　8, 14, 83
コーチ　3, 5-7, 9, 10, 15-20, 22-24, 28,

29, 31, 33, 35-37, 40, 42, 49, 51, 53-55, 56, 58, 59, 63, 65, 66, 71, 73, 77-79, 82, 91, 111, 118, 148, 150, 154, 162, 167, 168-174, 176, 177, 179-184, 186, 187, 206, 207, 216-223, 226, 227, 229, 230
　——の在り方→プレゼンス
コーチング　3-24, 29, 31, 33-37, 40-42, 44, 45, 48, 49, 51-55, 57, 58, 62-65, 67, 71-80, 82, 85, 87, 90, 95, 109-115, 117, 118, 125, 134, 139, 143-146, 162, 167-171, 173-177, 179, 180-184, 186, 187, 189-193, 195, 197, 199, 201, 206, 207, 211, 215-218, 220, 226, 229-233
　——サイコロジスト　7, 9, 21, 23, 28, 38
　——心理学　3, 7-9, 13, 19-24, 28, 29, 35, 38, 51, 52, 54, 56, 58, 62-64, 66, 67, 71-81, 84, 85, 88, 90, 91, 113, 119, 124-127, 129, 131-135, 139, 143, 144, 163, 181, 186, 187, 189, 190, 193, 194, 197, 229-231, 233
国際コーチ連盟の倫理規定→ICFの倫理規定
国際コーチング心理学会（ISCS: International Society for Coaching Psychology）　7, 8, 21, 24, 28, 29, 162, 163, 187
国際ポジティブ心理学会　21, 117, 118, 139
個人実施式検査　58
個人心理学　96, 110
個人の主体性　112-114
5段階欲求説　103-106
コミュニケーション・スキル　6, 61, 80, 168
コンサルティング　10, 15, 24, 37, 76, 169

さ

サイコロジスト（psychologist）　9, 10, 20-22, 28, 29, 162, 187

幸せがずっと続く12の（行動）習慣　190, 196, 202
思考-行動レパートリー　127, 128
至高体験　105
自己
　——開示　34, 85, 108
　——概念　58, 108
　——教示訓練（self instruction training）　142
　——高揚的動機　122
　——効力感　85
　——実現　33, 105, 110, 112, 114, 123
　——卑下　150
自尊感情　58, 65
実践家→プラクティショナー
実存療法　9
私的論理　101, 115
社会的資源　128
社会統合論　112-114
社会認知理論　38
集団実施式検査　58, 63
主観的ウェルビーイング→ウェルビーイング
主観的幸福感（subjective happiness）　60, 129
守秘義務　162, 181, 182
職務経歴　211
身体的資源　128
心理検査法　54, 56
心理的査定（アセスメント）　11, 35, 49, 51-59, 62-67, 85, 121
心理的資源　128
スクリーニング　58
ストレス免疫訓練（stress inoculation training）　142
スーパーバイズ　7, 9
成果→パフォーマンス
成人学習理論　7, 73
精神疾患の診断・統計マニュアル→DSM
精神生理学的測定法　56

精神分析学　109
セルフヘルプ（自助）　82, 143, 144
センス・オブ・コヒアランス（首尾一貫感覚）　122, 189
全体論　112, 114
ソリューション・フォーカスト・アプローチ（SFA, 解決志向アプローチ）　8, 9, 38, 61, 134, 190, 197-200
ソリューション・フォーカスト・コーチング　189, 190, 197, 200-203
ソーシャルサポート　128, 132

た
第3勢力　103, 109, 110
対人行動　58
高い欲求不満耐性　150
他者非難　150
妥当性　52-54, 62-64, 67, 130
　基準関連——　53
　構成概念——　53, 60
　内容的——　53, 60
探検　33, 34
探索　33, 34
知能検査　56, 58, 59, 66, 81
調査法　56
挑戦　33, 34, 60
強み（ヒューマン・ストレングス）　49, 58, 63, 66, 85, 121, 125, 130-132, 134, 144, 172, 191
　——テスト→VIA簡略版
ティーチング　5, 191
同一性　210
　自我——　209, 210
　職業的——　210
動機づけ　22, 23, 35, 58, 62, 109, 128
動機づけ面接法　9, 109, 189, 194, 195, 200, 201, 203
統合的アプローチ　144, 154

な
ナラティヴ・コーチング　189, 195, 196, 201, 203
ナラティヴ療法　8, 9
ナラティヴ・ベイスト・メディスン（NBM: Narrative Based Medicine）　195, 196
人間関係論　74, 84, 85, 88
人間性回復運動（Human Potential Movement: HPM）　13, 14, 20, 108
人間性心理学　13, 14, 31, 79, 95, 102, 106, 109-112, 114, 123, 124
認知行動的アプローチ　9, 39, 77, 113, 144
認知行動コーチング（CBC: Cognitive Behavioural Coaching）　8, 21, 35, 38, 39, 41-44, 74, 85, 141, 143-145, 154, 158, 162, 163, 190, 193, 194, 197, 203, 231
認知行動療法（cognitive behavior therapy: CBT）　19-21, 38, 43, 141-144, 189, 190, 193, 194, 198, 202
　マルチモーダル行動療法（multi-modal behavior therapy）　142
　マルチモーダルセラピー　39
認知的資源　128
認知バイアス　122

は
発達検査　59
反映　14, 32-34, 62, 232
パーソナリティ検査　55, 59
パフォーマンス（performance）（成果）　4, 7, 8, 10-12, 21, 23, 39, 42, 53, 55, 62, 65, 67, 73, 78, 126, 131, 133, 145, 151, 158, 183, 184, 192, 217
低い欲求不満耐性　150
ヒューマン・ストレングス→強み
ビリーフ（信念）　19, 38, 113, 145, 148, 149, 150, 194, 209

イラショナル・──（irrational beliefs: iB, 不合理な信念） 112, 114, 145, 147, 150
ラショナル・──（rational beliefs: rB, 合理的な信念） 113, 145, 147, 150
ファシリテーション 5, 230
プラクティショナー（practitioner：実践家） 4, 9, 12, 33, 76, 118, 229
プレゼンス（存在） 31, 61, 98-102, 105, 111-114, 210
　　コーチの── 180, 184, 217, 220
　　セラピストの── 33
ベック派認知療法（Beck's cognitive therapy） 141, 142, 144
ヘルスコーチング 90, 91, 134
変化のステージ・モデル 201
変化理論 74, 77
ポジティブ・イリュージョン 122
ポジティブ心理学（positive psychology） 7, 9, 21, 22, 49, 74, 76, 85, 106, 117-126, 129, 131, 133-135, 139, 189, 190, 233
ホームワーク（宿題） 143, 144, 149, 150, 154

ま
マインドフルネス 128, 134
マルチモーダル行動療法→認知行動療法
マルチモーダルセラピー→認知行動療法
無条件の肯定的配慮 32, 107
無条件の自己受容 150, 152, 154
面接法 54, 56-58, 195
　　構造化面接 57
　　半構造化面接 57, 77
　　非構造化面接 57
メンタリング 5, 8, 10-12, 33, 34, 226, 230
メンター 11, 18
メンティー 11
目的（objective） 12, 44, 60, 96, 98, 113, 114, 128
目的論 96, 112-114
目標 36, 44, 190, 191
　　──設定 5, 6, 12, 33, 34, 43, 45, 51, 62, 66, 76, 79, 80, 84, 155, 191, 194, 197, 199, 201, 229, 231
　　──理論 38, 77
モラトリアム 210
問題解決技法 38, 144, 154
問題志向アプローチ 38, 198

や
要約 33, 34

ら
ライフ
　　──・キャリア・レインボー 212
　　──・スパン 212
　　──・スペース 212
　　──サイクル 209
　　──スタイル 98, 99, 114, 115
　　──ステージ 212
　　──タスク 98-100
楽観性 122, 129-131
利益相反 181
理解 33, 34, 111, 120, 152, 232
力動的精神療法 9
両価性 195, 201
レジリエンス 64, 85, 122, 128, 134, 189
劣等感 97, 98, 112, 114, 115
劣等コンプレックス 97

人名索引

A

安部哲也　17
Adler, A.　18, 95-97, 99-101, 109, 110, 112-115
Alexander, G.　17, 18, 35-37
Allworth, E.　53
Anderson, W. T.　14
安藤　潔　192
Ansbacher, H. L.　112
Antonovsky, A.　122
青木安輝　197
Arthur, J.　77, 81, 84

B

Bachkirova, T.　8, 10-12, 33, 230
Bandura, A.　122
Beck, A. T.　41, 141
Berg, I. K.　197
Biswas-Diener, R.　57
Bolier, L.　134
Bonanno, G. A.　189
Bowen, M.　76
Bozer, G.　125
Branigan, C.　127
Brock, V. G.　14-16, 18, 24
Brown, J. D.　122

C

Cavanagh, M.　58, 62
Clark, L.　82
Clutterbuck, D.　230
Collins, M. J.　63
Cox, E.　230

Csikszentmihalyi, M.　117, 121, 123, 124, 126
Cuper, P.　142

D

Deen, B.　139
DeAngelis, T.　22
出江紳一　6, 192, 193
Dembkowski, S.　35
Diener, E.　122, 127, 129
DiGiuseppe, R.　81-83, 154
Dilts, R.　5, 18
Dimidjian, S.　142
DiPietro, M.　82
Donaldson, S. I.　134
Doran, G. T.　44
Downey, M.　4
Dreikurs, R.　112
Drucker, P.　106
Dryden, W.　21, 23, 43, 44, 81-83, 144, 145, 150, 152, 154, 155, 231
Duval, M.　14, 232

E

Edgerton, N.　39-41
Eldridge, F.　35
Ellenberger, H. F.　96, 114
Ellis, A.　18, 21, 38, 41, 112-114, 141, 147, 150
Emmelkamp, P. M.　142
Epictetus　38
Erhard, W.　14-16, 18
Erikson, E. H.　209, 210

Eysenck, H. J.　141

F
Farson, R.　106
Fillery-Travis, A.　125
Fisher, F.　177, 178
Flaherty, J.　178
Fowler, R.　118
Frankl, V. E.　102
Fredrickson, B. L.　127, 128
Freire, T.　229
Freud, S.　95, 96, 102
藤村直子　55
藤岡耕太郎　197

G
Gallway, T.　13-18, 35
Ghosn, C.　17
Goldsmith, M.　5
Goleman, D.　81
Gordon, T.　83
Grant, A. M.　5, 7, 20-22, 51, 52, 62, 64, 73, 74, 125, 139, 140, 162, 229
Greenhaugh, T.　196
Griffith, C. R.　19
Gyllensten, K　144

H
Hall, M.　14, 232
花田光世　212
Hansen, T. G. B.　77
原口佳典　6, 17, 62
Harrington, S.　126
畑埜義雄　192
Hayes, S. C.　142
Heffernan, M.　29
Held, B. S.　123
Hershenson, D. B.　210
Hill, N.　14, 18
本間正人　5

堀　正　23, 62, 229
堀越　勝　202
Hudson, F. M.　177, 178

I
Iftene, F.　149
池見　陽　60
池見西次郎　189
Insoo, K. B.　197
Isen, A. M.　122, 127
Ishikawa, R.　61, 64
伊藤　守　17
伊藤正哉　60
岩崎祥一　62

J
Jenkins, L.　54, 55
Jew, C. L.　122
Joiner, T.　128
Joseph, S.　33
Jung, C. G.　18, 95

K
Kahneman, D.　122
金井壽宏　213
片柳弘司　60
加藤尚子　61
Kauffman, C.　10, 22, 139
Kimsey-House, H.　5, 10, 15, 16, 18, 31, 220, 232
Kimsey-House, K.　5, 10, 16, 233
木村智子　192
King, L.　121
Kirkpatrick, L. D.　64
岸　英光　17
岸見一郎　96
木内敬太　61
Kobasa, S. C.　122
小玉正博　60
Kodish, S. P.　144

Kolb, D. A.　　85, 86, 196
Kraiger, K.　　65

L
Ladyshewsky, R. K.　　84
Lages, A.　　15, 35, 110, 111, 232
Lane, D.　　28, 226
Law, H.　　11, 21, 196, 230
Lazarus, A. A.　　39, 124, 125, 141, 142
Leonard, T.　　13-16, 18, 19, 177
Linley, P. A.　　126
Lopez, S. J.　　119, 121, 132
Lupberger, T.　　177
Lupu, V.　　149
Lynch, T. R.　　142
Lyubomirsky, S.　　60, 129, 190

M
Mackie, D.　　65
Maltz, M.　　14
Manaster, G. J.　　96
真下 圭　　231
Maslow, A. H.　　13, 14, 18, 31, 32, 95, 102-106, 109, 110, 112, 114, 122
Masten, A. S.　　122
松田与理子（Matsuda, Y.）　　61
松井 豊　　60
松本一成　　192
May, R.　　102
McCain, V. D.　　51
McGregor, D.　　106
McLean, P.　　178
McMahon, G.　　5, 144
Meichenbaum, D. H.　　141, 142
Miller, W. R.　　195, 201
三島徳雄　　200
三浦正江　　60
Moore, M.　　139
森谷 満　　192, 196
諸富祥彦　　32

Murphy, D.　　33
Murphy, M.　　13

N
Neenan, M.　　21, 23, 38, 43, 44, 144, 150, 155, 162, 232
Nevil, D. D.　　212
西垣悦代（Nishigaki, E.）　　3, 4, 6, 23, 24, 29, 62, 85, 86, 134, 226
西川一二　　60
野村俊明　　202

O
O'Conner, J.　　15, 35, 110, 111, 232
奥田弘美　　192
Olalla, J.　　178
大野 裕　　143
太田 肇　　191
大竹恵子　　60, 130

P
Palmer, C.　　139
Palmer, S.　　7-9, 19-23, 28, 29, 38-42, 73, 143, 144, 154, 162, 189, 194, 229
Park, N　　130
Parsloe, E.　　4
Passmore, J.　　37, 53, 125, 229
Pawelski, J. O.　　125
Perls, F. S.　　13, 18
Peterson, C.　　119, 129-132, 229
Pierce, J.　　61
Price, R.　　13
Prince, T.　　84
Prochaska, J. O.　　201

R
Reding, P.　　177, 178
Renshaw, B.　　36
Reuden, D. B.　　202
Richarde, P.　　177

Rickheim, P. L.　64
Rogers, C. R.　13-15, 18, 32, 33, 79, 95, 102, 106-114
Rollnick, S.　195, 201
Rust, J.　29

S

西城卓也　192
坂野純子　189
坂野雄二　60
坂柳恒夫　61
Sandahl, P.　5, 10, 232
Sarros, J.　125
Satir, V. M.　13
佐藤　寛　143
佐藤　徳　60
沢宮容子　143
Schein, E. H.　211
Seligman, M. E. P.　21, 86, 117, 119-121, 123-126, 129, 130, 139, 233
Sheldon, K. M.　121
嶋田洋徳　60
島井哲志（Shimai, S.）　60, 121, 131, 233
Shimazu, A.　61
新村　出　3
白樫三四郎　61
Skiffington, S.　35
Skinner, B. F.　13, 79, 141
Smith, M. B.　123
Snyder, C. R.　119, 121, 132, 139
Soja Lyubomirsky　60
Spaten, O. M.　77
Spence, G. B.　226
Starr, J.　230
Steele, C.　77, 79-81, 84,
Stober, D. R.　229
Studer, Q.　192
菅沼憲治　150
杉井要一郎　232
角野善司　60

Summers, D.　4
Super, D. E.　212
諏訪茂樹　191
鱸　伸子　192, 193
鈴木伸一　60
鈴木敏恵　192
Szabó, P.　197
Szentagotai, A.　142
Szymanska, K.　39, 41, 42, 144

T

田近秀敏　232
高橋弘司　61
高橋憲男　189
武田　建　19, 20, 231
Tayler, S. E.　122, 123
Teri-E Belf　177, 178
Theeboom, T.　126, 133
Tinetti, M. E.　202
戸ヶ里泰典　189
徳吉陽河　62
坪田康祐　192
Tugade, M. M.　128
塚原康博　190

U

右馬埜力也　60
宇野カオリ　233
宇津木成介　60, 62, 86

V

Vandaveer, V.　28
Van-Nieuwerburgh, C.　63, 64

W

和田さゆり　60
Wagnild, G. M.　122
Waltz, T. J.　142
Wasik, B.　38
Waterman, A. S.　123

Watson, J. B.　79, 102
Watts, A.　13
Weiss, P.　177
Westen, D.　64
Whitmore, J.　4, 5, 16-18, 35, 44, 45, 217, 231
Whitworth, L.　14-19, 177
Whybrow, A.　9, 19, 38, 143, 189, 229
Wildflower, L.　13
Williams, H.　38, 39, 143, 144
Wilson, C.　5
Winswanger, L.　102
Wolpe, J.　141
Wundt, W.　109

Y
山上敏子　141
山本眞理子　60
山成由紀子　60
山崎喜比古　189
柳澤厚生　191, 192
Yankura, J.　150, 152
安田朝子　60
吉田　悟　151, 231
Young, H. M.　122

Z
Zeus, P.　35

【編著者】
西垣悦代（にしがき・えつよ）
関西医科大学医学部心理学教室教授
博士（学術）
財団法人生涯学習開発財団認定コーチ
日本コーチ協会認定メディカルコーチ
Certificate in Coaching（Centre for Coaching, UK 認定）
国際コーチ連盟日本支部個人パートナー
認定心理士
主著：『発達・社会からみる人間関係』（編著，北大路書房，2009）
担当：1章，2章，4章1節，4章3節（共著），4章5節，コラム1（共著），コラム7，コラム8（共著），コラム10

堀　正（ほり　ただし）
群馬大学名誉教授
放送大学群馬学習センター客員教授
文学修士
主要翻訳書：『コーチング心理学ハンドブック』（監修・監訳，金子書房，2011）
担当：4章3節（共著）

原口佳典（はらぐち・よしのり）
株式会社コーチングバンク代表取締役
株式会社キャリアクリエイツ代表取締役
ビズナレッジ株式会社代表取締役
国際コーチ連盟日本支部理事
主著：『人の力を引き出すコーチング術』（平凡社，2008），『100のキーワードで学ぶコーチング講座』（創元社，2010）
担当：8章

【執筆者】（五十音順）
荒木　光（あらき・ひかる）
北里大学大学院医療系研究科博士課程
修士（心理学）
日本人生哲学感情心理学会（J-REBT）
認定　REBT 心理士
精神保健福祉士
担当：7 章（共著）

伊澤幸代（いざわ・さちよ）
早稲田大学アドラー心理学研究会
担当：5 章 2 節

石川利江（いしかわ・りえ）
桜美林大学心理・教育学系教授
博士（人間科学）
臨床心理士
指導健康心理士
担当：3 章，コラム 4

宇野カオリ（うの・かおり）
筑波大学大学院人間系研究員
応用ポジティブ心理学修士（Master of Applied Positive Psychology（MAPP））
一般社団法人日本ポジティブ心理学協会（JPPA）代表理事
担当：コラム 5，コラム 6

大島裕子（おおしま・ゆうこ）
文教大学大学院人間科学研究科修士課程
日本人生哲学感情心理学会（J-REBT）
認定　REBT 心理士
社会福祉士　精神保健福祉士
担当：7 章（共著）

大竹恵子（おおたけ・けいこ）
関西学院大学文学部総合心理科学科教授
博士（人間科学）
担当：6 章

木内敬太（きうち・けいた）
東北大学大学院医学系研究科博士課程
修士（心理学）
臨床心理士
日本人生哲学感情心理学会（J-REBT）
認定　REBT 心理士
担当：4 章 2 節，参考図書紹介，コラム 3

向後千春（こうご・ちはる）
早稲田大学人間科学学術院教授
博士（教育学）
担当：5 章 3 節

斉藤真一郎（さいとう・しんいちろう）
所沢公共職業安定所飯能出張所学卒ジョブサポーター
修士（カウンセリング）
国際コーチ連盟グローバル正会員，日本支部会員
米国 CTI 認定 Certified Professional Co-Active Coach（CPCC）
2 級キャリア・コンサルティング技能士
日本キャリア開発協会認定 CDA（キャリア・デベロップメント・アドバイザー）
担当：10 章

紫藤由美子（しとう・ゆみこ）
ヒューマン・キャピタル・アドバイザリー・パートナーズ代表
経営管理科学修士（Master of Science (MS) in Management and Administrative Science）
国際コーチ連盟日本支部副理事長
国際コーチ連盟認定プロフェッショナル認定コーチ
CRR グローバル認定 ORSC 認定コーチ
担当：コラム 2

堂坂更夜香（どうさか・さやか）
早稲田大学大学院人間科学研究科修士課程
担当：5章1節

野田浩平（のだ・こうへい）
株式会社ココロラボ代表取締役
博士（学術）
産業カウンセラー
担当：コラム1（共著）

林　健太郎（はやし・けんたろう）
合同会社ナンバーツー取締役
国際コーチ連盟日本支部代表理事
国際コーチ連盟アソシエイト認定コーチ
Team Diagnostic Assessment 認定ファシリテーター
担当：コラム8（共著），コラム9

森谷　満（もりや・みつる）
北海道医療大学個体差医療科学センター教授
北海道医療大学病院内科心療内科医師
博士（医学）
コーチクエスト認定プロフェッショナル・ウェルネス・コーチ
一般財団法人生涯学習開発財団認定プロフェッショナル・コーチ
国際コーチ連盟グローバル正会員
Institute of coaching 会員
担当：9章

吉田　悟（よしだ・さとる）
文教大学人間科学部心理学科教授
博士（学術）
日本人生哲学感情心理学会（J-REBT）
認定　インストラクター
担当：4章4節，7章（共著）

コーチング心理学概論

2015 年 9 月 20 日　初版第 1 刷発行　　　　　　定価はカバーに
　　　　　　　　　　　　　　　　　　　　　　　表示してあります。

　　編著者　　西垣悦代

　　　　　　　堀　　　正

　　　　　　　原口佳典

　　発行者　　中西健夫

　　発行所　　株式会社ナカニシヤ出版
　　〒606-8161　京都市左京区一乗寺木ノ本町 15 番地
　　　　　　　　　　　Telephone　075-723-0111
　　　　　　　　　　　Facsimile　075-723-0095
　　　　　　　Website　http://www.nakanishiya.co.jp/
　　　　　　　Email　iihon-ippai@nakanishiya.co.jp

　　　　　　　　　　　　振替口座　01030-0-13128

扉イラスト＝堀　安寿／装幀＝白沢　正／印刷・製本＝ファインワークス
Printed in Japan.
Copyright © 2015 by E. Nishigaki, T. Hori, & Y. Haraguchi
ISBN978-4-7795-0982-7

◎本書のコピー，スキャン，デジタル化等の無断複製は著作権法上での例外を除き禁じられています。本書を代行業者等の第三者に依頼してスキャンやデジタル化することはたとえ個人や家庭内の利用であっても著作権法上認められておりません。